Elemente der Landschaft

Elemente der Landschaft

Flächen, Abstände, Dimensionen

Astrid Zimmermann

Birkhäuser
Basel

Inhalt

1	**Einleitung**	7
2	**Maßstab Mensch**	9
	2.1 Grundmaße des Menschen	9
	2.2 Bedarfsgrößen	12
3	**Topografie**	17
	3.1 Höhenplanung	17
	3.2 Entwässerung	20
4	**Erschließung**	25
	4.1 Fuß- und Radwege	25
	4.2 Straßen	33
	4.3 Stellplatzanlagen für Fahrräder und Kraftfahrzeuge	44
	4.4 Rampen und Treppen	53
5	**Vertikale Bauelemente**	59
	5.1 Einfriedungen	59
	5.2 Handläufe, Geländer und Brüstungen	66
6	**Möblierung**	69
	6.1 Müllstandorte	69
	6.2 Sitzplätze	72
	6.3 Beleuchtung	77
7	**Wasser**	81
	7.1 Wasseranlagen und Becken	81
	7.2 Regenwasserversickerung	84
	7.3 Beckenbäder und Badeteiche	86
	7.4 Wassertretanlagen	95

8	**Gehölze**		97
	8.1	Bäume	97
	8.2	Hecken	111
	8.3	Begrünung unterbauter Flächen	114
	8.4	Vertikalbegrünung	118

9	**Freizeitelemente**		129
	9.1	Spielräume und Spielplätze	129
	9.2	Sportanlagen	133
	9.3	Campingplätze	147
	9.4	Freilichtbühnen und Tribünen	150

Literatur	155
Index	161

1 Einleitung

Ein Kennzeichen von Planungsprozessen ist die Einbeziehung unterschiedlichster Ansprüche und Wünsche, die es in die Gestaltung zu integrieren gilt. Neben den gestalterischen und konzeptionellen Gesichtspunkten sind dies häufig auch Maßvorgaben und Kennwerte, die in die Entwurfsaufgabe einfließen. Diese können einerseits als Inspirationsquelle ein Ausgangspunkt für das Wie eines Entwurfs sein, andererseits in einem Abwägungsprozess in das beabsichtigte Konzept integriert werden. In beiden Fällen kommt es zu einem Wechselspiel von Bedingen und Ausschließen, von logischen Konsequenzen und unvermeidbaren Widersprüchen. Diese auszutarieren und den optimalen Mittelweg zu finden ist Aufgabe des Planers.

Eine Vielzahl an Maßvorgaben und Kennwerten begleitet nahezu jeden Entwurfsprozess. Häufig wirken sie sich raum- oder gestaltbildend auf den Entwurf aus. Bei der späteren Nutzung gewährleisten sie Funktionalität und Sicherheit einer Freianlage. Je früher die relevanten Maße in den Planungsprozess einbezogen werden, desto besser lassen sie sich mit der Entwurfsidee verbinden. Spätere Änderungsaufwände oder Planungsmangel können so vermieden werden.

Elemente der Landschaft ist ein Auszug aus dem umfassenden Referenzwerk *Landschaft planen* (Astrid Zimmermann, Basel 2014) und ist in einem handlichen Format als Werkzeug und Planungshilfe neu konzipiert und zusammengestellt, um den Prozess des landschaftsarchitektonischen Entwerfens zu begleiten.

Soweit entsprechende Richtlinien vorliegen, sind europäische oder internationale Regelungen die Datengrundlage. In Bereichen mit abweichenden Vorschriften auf nationaler Ebene, ist die deutsche Normung und Gesetzgebung die Basis. Im Einzelfall wird diese durch Regelungen anderer Länder ergänzt. Da es mitunter unterschiedliche Festlegungen auf regionaler oder kommunaler Ebene gibt, lassen sich nicht immer allgemeingültige Aussagen treffen. Die hier aufgeführten Angaben sind dann als Orientierungswerte zu verstehen. Das sehr weitreichende Feld der Pflanzenverwendung wird in diesem Rahmen nur auszugsweise behandelt. Schwerpunkte liegen auf der Betrachtung von Gehölzen und dem bauwerksbezogenen Pflanzeneinsatz.

2 Maßstab Mensch

Nahezu jeder Gestalter legt bei der Planung seiner Vorhaben in irgendeiner Form den menschlichen Maßstab zugrunde. Dabei kann es sich sowohl um den Menschen und seine Proportionen handeln als auch um Aspekte der sinnlichen und sozialen Wahrnehmung. Während das menschliche Maß die Gestalt des einzelnen Objekts formt, stellen die Parameter der visuellen und auditiven Wahrnehmung eine Basis für die Raumbildung dar.

2.1 Grundmaße des Menschen

Als Hilfestellung für die Planung dienen Grundmaße, die immer nur einen Durchschnittswert menschlicher Maße wiedergeben können und deshalb auch kreativ und bewusst eingesetzt werden sollten. Für die Dimensionierung von Spiel- und Bewegungsräumen oder die Gestaltung von Sitzmöglichkeiten stellen sie die grundlegenden Orientierungswerte dar, die nach Bedarf und unter Berücksichtigung der zu erwartenden Nutzung modifiziert werden können.

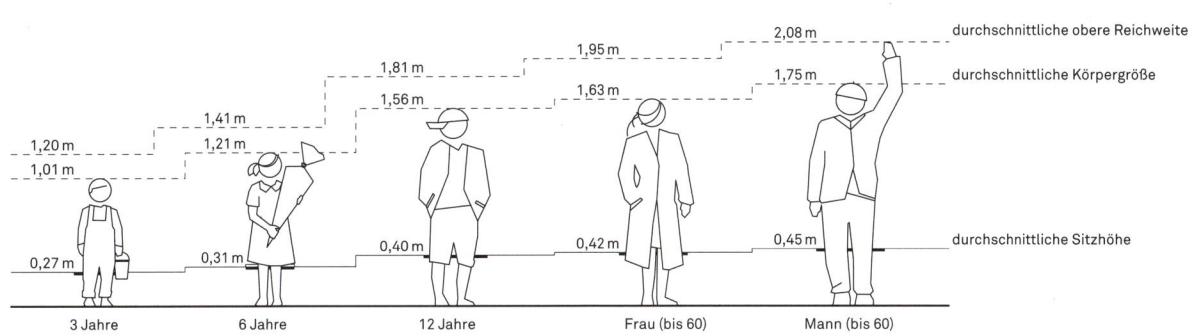

Abb. 2.1 Das menschliche Maß – Größe nach Altersgruppen

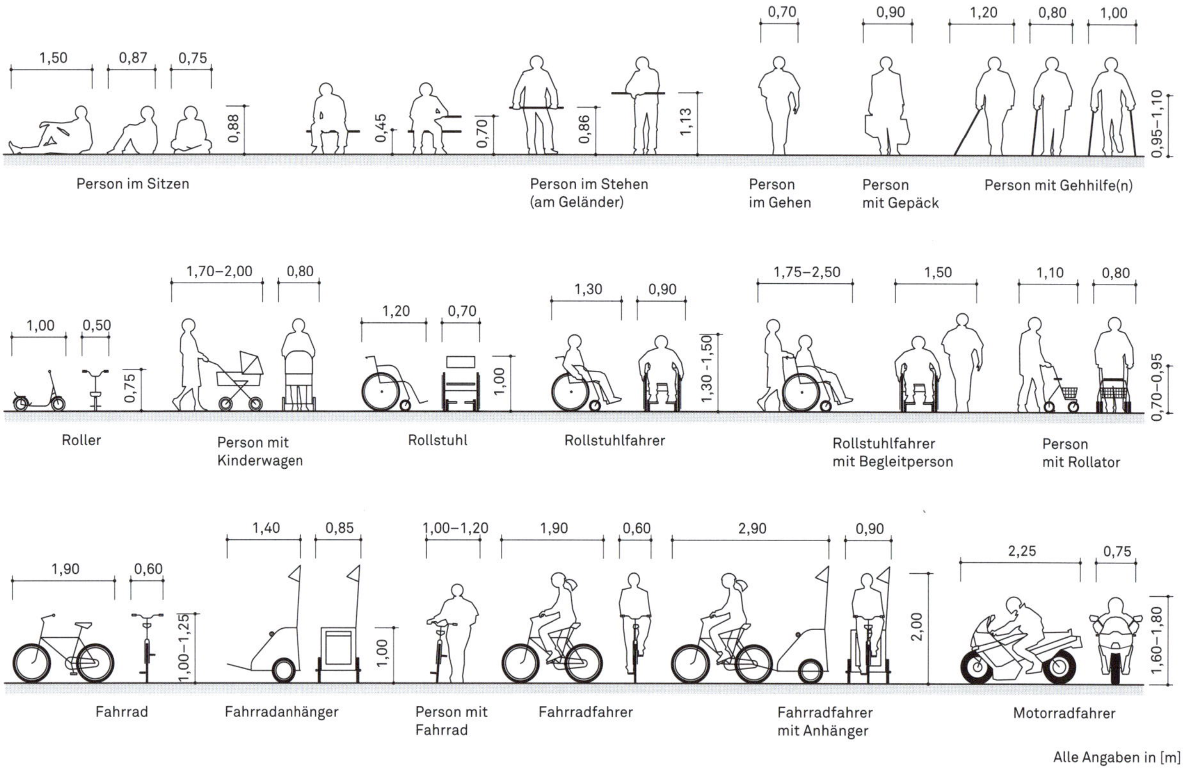

2 Maßstab Mensch

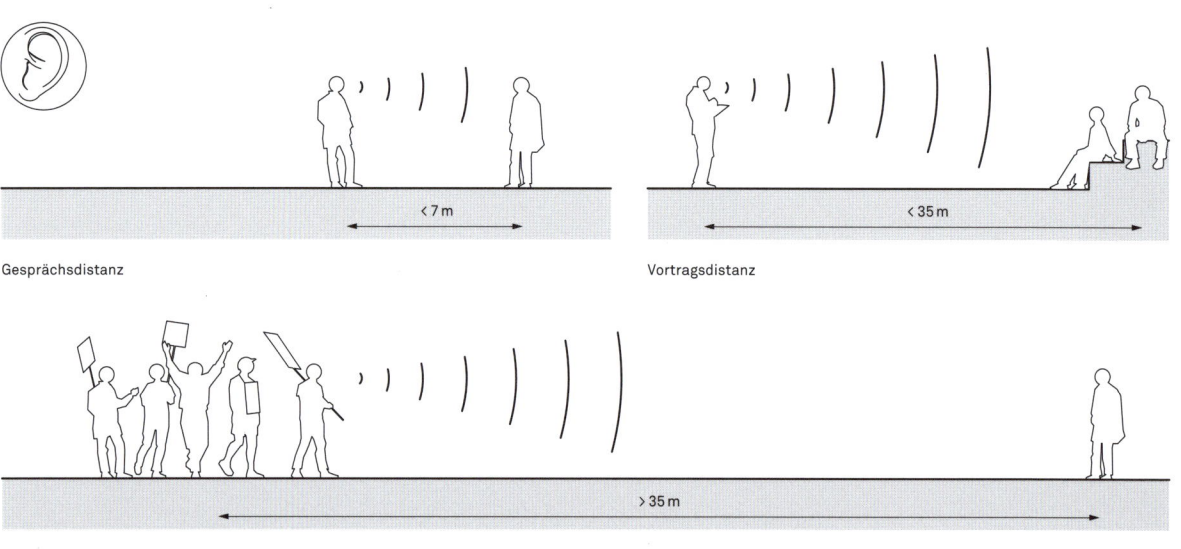

Abb. 2.2 Abmessungen von Verkehrsteilnehmern (ohne Bewegungsraum)

Abb. 2.3 Distanz der Wahrnehmung – Hören (nach J. Gehl, „Life between buildings", 1987)

2.1 Grundmaße des Menschen

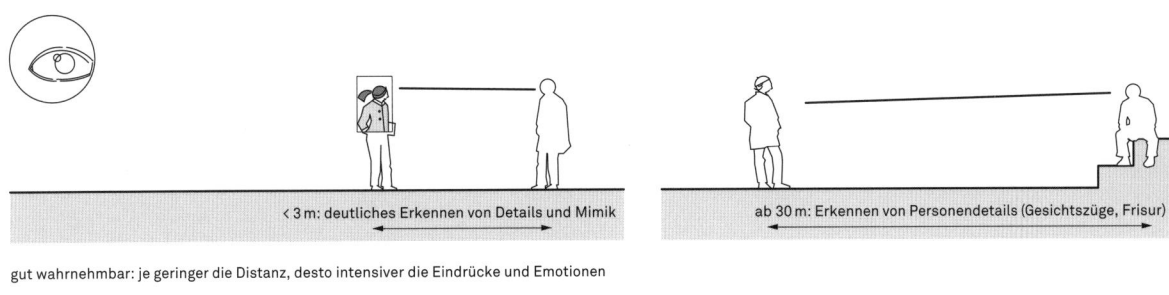

gut wahrnehmbar: je geringer die Distanz, desto intensiver die Eindrücke und Emotionen

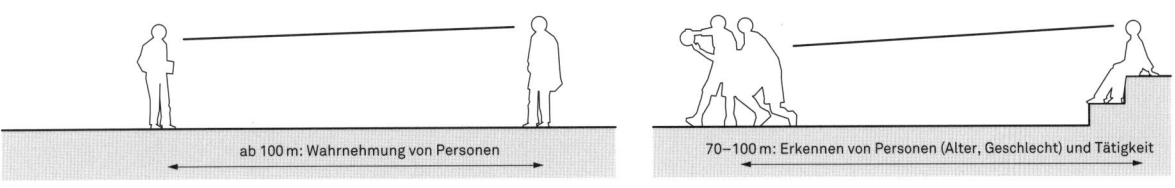

eingeschränkt wahrnehmbar

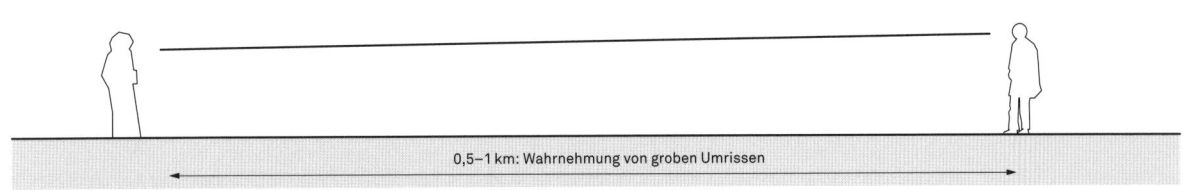

kaum wahrnehmbar

Abb. 2.4   Distanz der Wahrnehmung – Sehen (nach J. Gehl, „Life between buildings", 1987)

2 Maßstab Mensch

2.2 Bedarfsgrößen

Für die Planung von Freiräumen gibt es nur wenige Vorgaben in Bezug auf Größe und Anzahl der jeweiligen Grünflächen.
Wie viel Freiraum braucht der Mensch? Richtwerte können eine Orientierung bei der Planung bieten, die konkrete Bedarfsermittlung aber nur selten ersetzen.

Die folgenden Bedarfszahlen können, unter Berücksichtigung möglicher lokaler Vorschriften, als Richtwerte herangezogen werden.

Freiraum/Bezugsgröße	Richtwert/Bedarfszahlen	Mindestgröße	Erläuterung
Allgemein öffentliche Freiräume			
Parkanlagen/Grünflächen • Wohnungsnah (wohnungsbezogen)	6 m²/E [1] 3,5–4 m²/E [2]	1 ha 2000 m² 5000 m² (Berlin)	• Bis 500 m Fußwegentfernung • Insbesondere Kinderspielplätze, Freiräume im Geschosswohnungswohnbau, Mietergärten
• Wohngebietsbezogen	3–6 m²/E [2]	10 000 m²	• Kleinere Parks, Stadtgrünplätze, Jugendspielplätze
• Siedlungsnah	7 m²/E	10 ha	• Stadtteilparks • 1000 m Fußwegentfernung
• Stadtteilbezogen	7–8 m²/E [2]	5 ha	• Stadtteilparks, Teile von Grünzügen
• Übergeordnet	7 m²/E	75 ha	• Bezirksparks, bis 5 km Fahrbereich ÖPNV
Parkanlagen	6–7 m²/E [3] 8 m²/E bei GFZ 0,2 ≤15 m²/E bei GFZ 1,0	2–25 ha [2] (Stadtgrün 0,5 ha; Stadtgarten 0,1–0,2 ha)	
Zweckgebundene öffentliche Freiräume			
Gesamtbedarf Spiel- und Sportflächen • Bis 2500 Einwohner • 2500–10 000 Einwohner • Über 10 000 Einwohner • Stadtteilbezogen	4 m²/E (D) 3,5 m²/E (A) 5,0 m²/E 3,5 m²/E 2,5 m²/E 3,5 m²/E [2]	6 ha	• Nettofläche = sportlich nutzbare Fläche • Bezirkssportanlagen (Bsp.)
Sportplätze	6 m²/E brutto [1]		• Auf das gesamte Stadtgebiet bezogen, Sportflächen ohne Hallen
Sporthallen	0,2 m²/E Nettofläche [3]		
Freibäder/Badegewässer	1 m²/E [1] oder 0,05–0,15 m² Wasserfläche/E [3]		• Auf das gesamte Stadtgebiet bezogen, öffentliche und private Bäder
Spielflächen allgemein • Wohnungsnah, in offener Bauweise • Wohnungsnah in geschlossener Bauweise • Siedlungsnah • Übergeordnet		500 m² 5000 m² Bei großflächigen, naturnahen Bereichen bis 10 000 m² 10 000 m²	• Flächen umfassen in der Regel mehrere Spielbereiche

Tab. 2.1 Richtwerte für städtische Freiräume je Fläche, Einwohner oder Wohneinheit
(Quellen: [1] Landschaftsprogramm HH, 1997 [2] Gälzer, 2001/Stadt Wien [3] Richter, 1981)

2.2 Bedarfsgrößen

Freiraum/Bezugsgröße	Richtwert/Bedarfszahlen	Mindestgröße	Erläuterung
Spielflächen für Kinder bis 5/6 Jahre	Mind. 30 m² [2] 0,75 m²/E; 0,50 m²/E netto; 60–225 m² Bruttofläche; 40–50 m² nutzbare Spielfläche [3]		
Spielflächen für Kinder von 6–12 Jahren	mind. 500 m² [2] 0,75 m²/E; 0,50 m²/E netto [3] 675–1200 m² Bruttofläche		
Spielflächen für Jugendliche ab 12 Jahren	0,75 m²/E 0,5 m²/E netto 800–3750 m² Bruttofläche 1 m²/E Mittelwert [3]		
Spielflächen für Erwachsene	1,5 m²/E		
Friedhofsflächen	5 m²/E 3,5–5,0 m²/E		• Auf das gesamte Stadtgebiet bezogen, staatliche und konfessionelle Friedhöfe
Parkplätze	1 Parkplatz auf 1,1–1,2 Wohneinheiten		
Halböffentliche und halbprivate Freiräume			
Schulhöfe	5 m²/Schüler (ohne Sportflächen)	–	–
Kindergärten, -tagesstätten, -heime	Mind. 600 m² nutzbare Fläche, Rasenfläche mind. 300 m², befestigte Spielfläche mind. 200 m², 10 m²/Kind [2]		• Einfriedung 1,5 m hoch
Altenheime	0,45–0,50 m²/E [3]		
Krankenhäuser	0,80–1,20 m²/E oder 80–150 m² pro Bett 1,0–1,7 m²/E [3]		
Kleingärten	1 Kleingarten je 7–10 gartenlose Wohnungen 1 Kleingarten je 7 Wohneinheiten bei Geschosswohnungen 2,8 m²/E bei 0,2 GFZ bis 15 m²/E bei 1,0 Gfz 10–17 m²/E [3]	320 m²; Anlage: 1,8–4,5 ha²	• Max. Größe: • 400 m² (D) • 650 m² (A)
Bruttowohnbauland	70–150 m²/E		
Nettowohnbauland	45–75 m²/E		
Kinderspiel- und Freizeitflächen auf Wohngrundstücken (siehe auch BauO der jeweiligen Bundesländer)			
Spielplätze für Kleinkinder (bis 5 Jahre)	2 m²/WE [1]	30 m²	• Gemäß HBauO bei Gebäuden mit 3–5 Wohnungen auf dem Grundstück
Kinderspiel- und Freizeitflächen	10 m²/WE [1]	150 m²	• Gemäß HBauO bei Gebäuden mit mehr als 5 Wohnungen auf dem Grundstück, inkl. Spielplatz für Kleinkinder (30 m²) auf dem Grundstück oder in der Nähe

Tab. 2.1 (Fortsetzung) Richtwerte für städtische Freiräume je Fläche, Einwohner oder Wohneinheit (Quellen: [1] Landschaftsprogramm HH, 1997 [2] Gälzer, 2001/Stadt Wien [3] Richter, 1981)

2 Maßstab Mensch

Regelbreite	Nutzungs- und Gestaltungsmöglichkeiten
3–5 m	Weg
5–10 m	Weg + Pflanzung
10–30 m	Weg + Straße + Pflanzung; Weg + Rasen; Weg + Sitzplatz; Ballspielplatz (Längsrichtung) + Pflanzung; Promenade + Bäume
30–100 m	Kinderspielplatz, Spiel- und Liegewiesen, Kleinsportanlage, evtl. Kleingartenanlage
100–500 m	Spiel- und Sportanlage, Kleingartenanlage, Friedhof, Stadtgärten aller Art, Grünzüge mit Erholungseinrichtungen
500–1000 m	Sportstadion, Friedhof, Freizeitpark, Volkspark, Wasserflächen, Wald, Obstbau, Freilandgartenbau, Sonderanlagen, z. B. Pferdesport, Tiergarten
>1000 m	Gartenbau, Acker und Grünland, Wald, Erholungsgebiete (Landschaftsteile)

Tab. 2.2 Regelbreiten von Grünverbindungen und Grünzügen (Quelle: Gälzer, 2001)

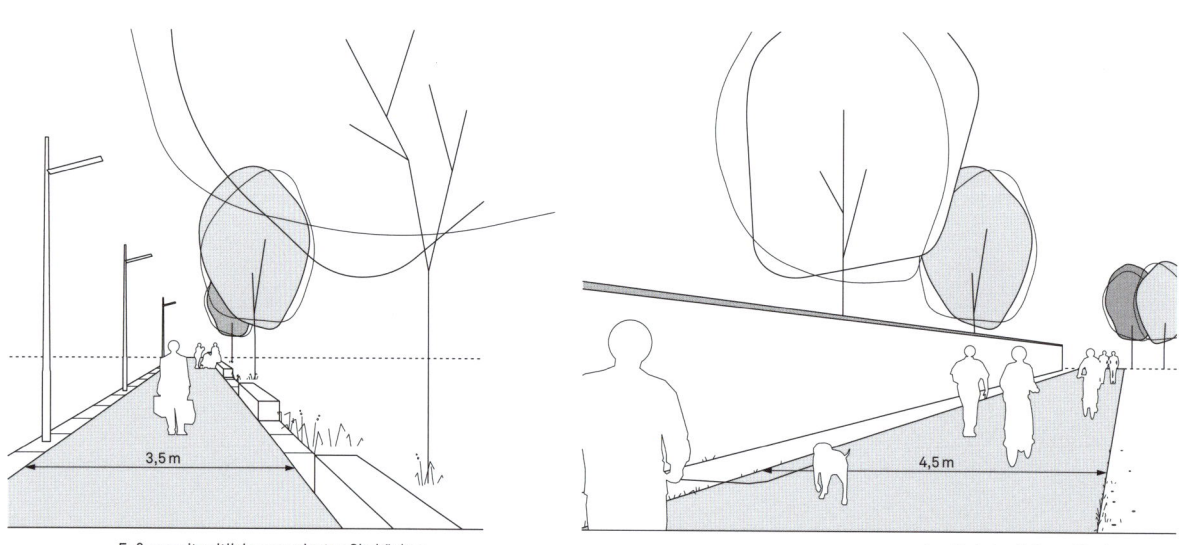

Fußweg mit seitlich angeordneten Sitzbänken   kombinierter Fuß- und Radweg

Abb. 2.5 Beispiele für Breiten von Grünverbindungen

2.2 Bedarfsgrößen

Grünverbindung mit Fußweg und seitlich angeordnetem Spielbereich

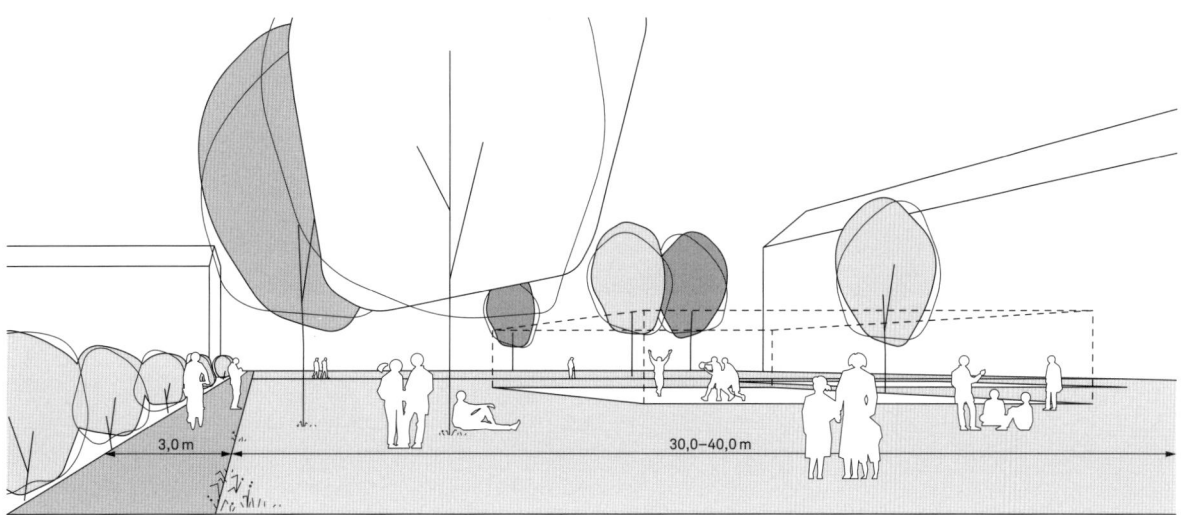

Grünverbindung mit Fußweg und seitlich angeordneten Kleinsportfeldern

3 Topografie

Grundlage für jeden Entwurf in der Landschaftsarchitektur ist die Auseinandersetzung mit der vorgefundenen Höhensituation. Selbst im flachen Gelände können leichte Geländemodellierungen erforderlich werden, um die Entwässerung zu gewährleisten.

3.1 Höhenplanung

Grundlage für jede Höhenplanung ist die genaue Kenntnis über die Höhensituation. Hierfür sollten die entsprechenden Bestandspläne vorliegen.

Bestandshöhen, die in ihrer Lage nicht veränderbar sind, können sich einschränkend auf die Planung auswirken. Es gehören dazu:

- Höhen im Wurzelbereich von Bestandsbäumen
- Anschlusshöhen an angrenzende Grundstücke und Straßen
- Bestands- und Planungshöhen von angrenzenden Gebäuden und anderen Bauwerken
- Mindestüberdeckungen bei Bestandsleitungen/-rohren je nach Erfordernis (z. B. Frostfreiheit, Belastbarkeit)

Land	Bezeichnung	Abkürzung	Pegel als Bezugsgröße
Deutschland (DHHN92)	Meter über Normalhöhennull*	m. ü. HNH	Amsterdam
Österreich	Meter über Adria	m ü. Adria	Triest 1875
Schweiz, Liechtenstein (LN02)	Meter über Meer	m ü. M.	Vom Pegel Marseille abgeleitet > Referenzpunkt ist der Repère Pierre du Niton im Genfer See (373,6 m über Pegel Marseille)
Belgien	meter boven Oostends Peil	m O. P.	Ostende
Frankreich (NGF-IGN69)	mètres au-dessus du niveau de la mer	m	Marseille
Großbritannien	meters above sea level	m ASL/m a. s. l.	Newlyn
Italien	metri sul livello del mare	m s. l. m.	Genua
Niederlande	meter boven/onder NAP	m NAP	Amsterdam
Polen	metry nad poziomem morza	m n. p. m.	Kronstadt
Spanien	metros sobre el nivel del mar	msnm	Alicante
Tschechien	metrů nad mořem	m n. m.	

* 1993 im Zuge der Wiedervereinigung in ganz Deutschland eingeführt, davor DHHN12/m ü. Nn (West) und SNN76/m ü. Hn (Ost)

Tab. 3.1 Amtliche Höhenbezugssysteme Europas

3 Topografie

Oberfläche/Nutzungstyp	Mindestgefälle	Maximalgefälle	Anmerkungen	Regelwerk
Nach Oberfläche				
Beton- und Asphaltdecke	1,5 %		≥ 2,5 % bei Straßen	
Betonstein- und Klinkerpflaster	2,5 %	–	Querneigung	
Natursteinpflaster	3 %			
Beton- und Natursteinplatten	2 %			
Wassergebundene und andere ungebundene Wegedecken	3 % (2 %)	5 %		
Versickerungsfähige Beläge (Pflaster mit Splitt- oder Rasenfuge, Rasengitter etc.)	1 %	5 %		FLL-Richtlinie „Begrünbare Flächenbefestigungen"
Straßen und Stellplatzflächen				
Öffentliche Erschließungsstraßen (bis 50 km/h), Längsneigung	–	8 % (12 %)		RASt 06
Im Bereich von Knotenpunkten	–	4 %		
Beton- und Asphaltdecken, Querneigung	2,5 %	Im Regelfall 5 %	Falls Querneigung nicht eingehalten werden kann: Schrägneigung ≥ 2 %	RAS-Ew*
Pflasterdecken, Querneigung	3 %		Falls Querneigung nicht eingehalten werden kann: Schrägneigung ≥ 3 %	
Rampen und Zufahrten zu Garagen, Parkhäusern und Stellplätzen	–	15 % (Kurze Rampen max. 20 %)	Bei Neigungswechsel ab einer Differenz von 8 % Ausrundung oder Abflachung erforderlich Rampenquerneigung sollte vermieden werden, max. 2 % zur Entwässerung	EAR 05
Fuß- und Radwege				
Fußwege, Längsneigung	–	12 % (15 %)	Auf kurzen Abschnitten 15 %, im Höchstfall 20 %, alternativ	
Fußwege, Querneigung	–	Im Regelfall 2,5 %		EFA 02
Radwege, Längsneigung	–	6 % (5 % bei Deckschichten ohne Bindemittel)	Breitenbedarf erhöht; bei mehr als 3 % Gefälle ist eine asymmetrische Querschnittsaufteilung sinnvoll	ERA 10
Radwege, Querneigung	2,5 %	≤ 4 %	Bei geringer Ebenheit sollte die Querneigung von 2,5 % auf 3 % erhöht werden	ERA 10
Wege für Inlineskater, Längsneigung	–	12 %	Für ungeübte Läufer können längere Strecken mit ≥ 3 % bereits eine Leistungsgrenze darstellen	Deutsche Verkehrswacht e.V.
Barrierefreie Wege und Plätze/ Längsneigung	–	≤ 3 %		DIN 18040-1/-3
	–	≤ 4 %	Erschließungsflächen mit bis zu 10 m Länge	DIN 18040-1
	–	≤ 6 %	Mind. alle 10 m ein Zwischenpodest mit max. 3 %, bei Erschließungsflächen an Eingängen sind Rampen von max. 6 m Länge anzuordnen, → Tab. 4.18	DIN 18040-1/-3
Barrierefreie Wege, Querneigung	–	≤ 2 %	≤ 2,5 % in ebenen Bereichen bei Rampenläufen keine Querneigung	DIN 18040-1/-3

* ERA: Empfehlungen für Radverkehrsanlagen; RAS-Ew: Richtlinie für die Anlage von Straßen – Teil: Entwässerung

Tab. 3.2 Empfohlene Mindest- und Maximalgefälle in Abhängigkeit von Oberfläche und Nutzung

3.1 Höhenplanung

Oberfläche/Nutzungstyp	Mindestgefälle	Maximalgefälle	Anmerkungen	Regelwerk
Sitzplätze insb. mit Tischaufstellung (z. B. Terrassen)	1%	2%		
Sportplätze	0,5%	1%	Mit Tennen-/Kunstrasenbelag ≥ 0,8%	DIN 18035-4
Tennisplätze	0,5%	0,5%		DIN 18035-5
Rasenspielfeld	1%	5%		

* ERA: Empfehlungen für Radverkehrsanlagen; RAS-Ew: Richtlinie für die Anlage von Straßen – Teil: Entwässerung

Tab. 3.2 (Fortsetzung) Empfohlene Mindest- und Maximalgefälle in Abhängigkeit von Oberfläche und Nutzung

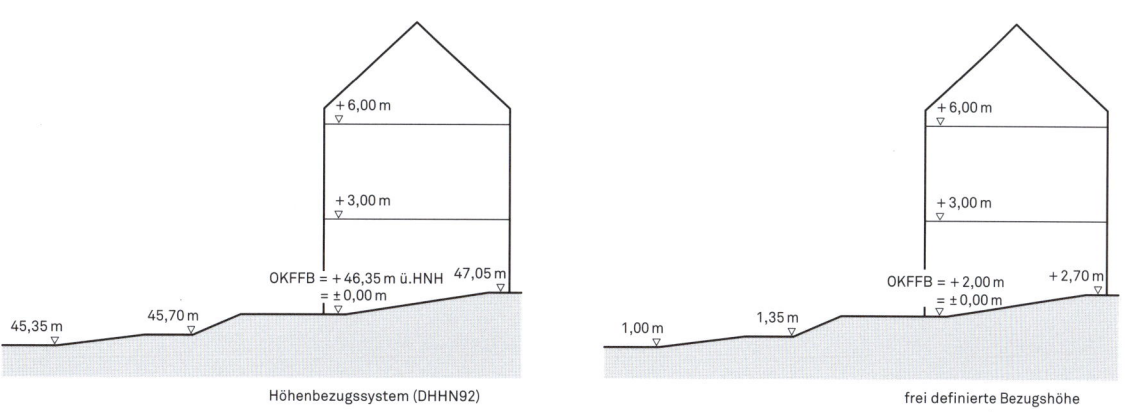

Abb. 3.1 Planungshöhen basierend auf einem Höhenbezugssystem und auf einer frei definierten Bezugshöhe

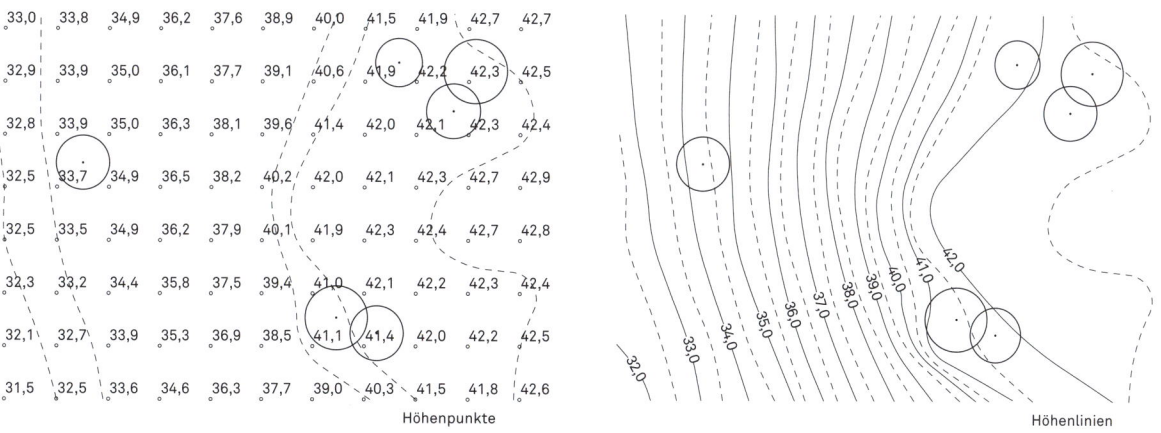

Abb. 3.2 Darstellung der Geländesituation mittels Höhenpunkten und Höhenlinien

3 Topografie

3.2 Entwässerung

Ziel der Entwässerungsplanung ist, das Regenwasser von Wegeflächen schnellstmöglich abzuleiten und von Bauwerken wegzuführen.

Insbesondere von befestigten Flächen sind Niederschläge auf direktem Wege abzuführen, um eine witterungsunabhängige, gefahrlose Benutzung der Flächen zu gewährleisten. Auch wird dadurch eine Schädigung vorhandener Gebäude durch eindringendes Wasser verhindert. Im bewegten wie auch im flachen Gelände stellt dies hohe Anforderungen an die Planung und sollte daher von Anfang an berücksichtigt werden.

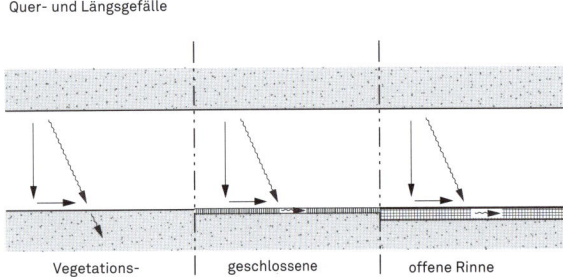

Quer- und Längsgefälle

Vegetationsfläche | geschlossene Rinne | offene Rinne

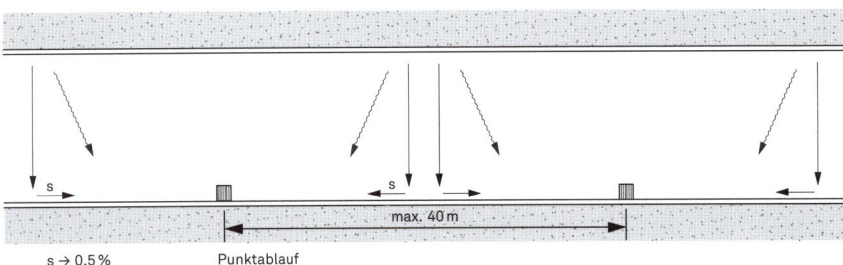

$s \rightarrow 0{,}5\,\%$ Punktablauf   max. 40 m

Abb. 3.3   Beispiele für lineare Entwässerung

3.2 Entwässerung

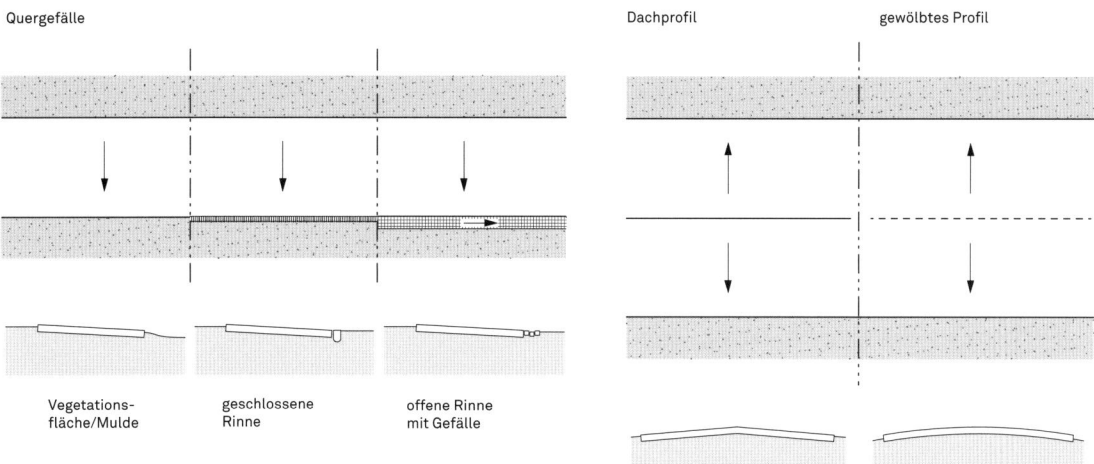

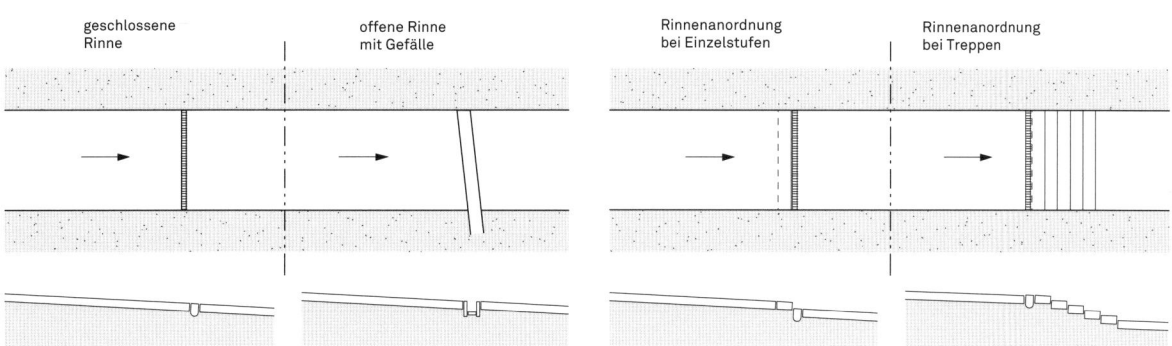

3 Topografie

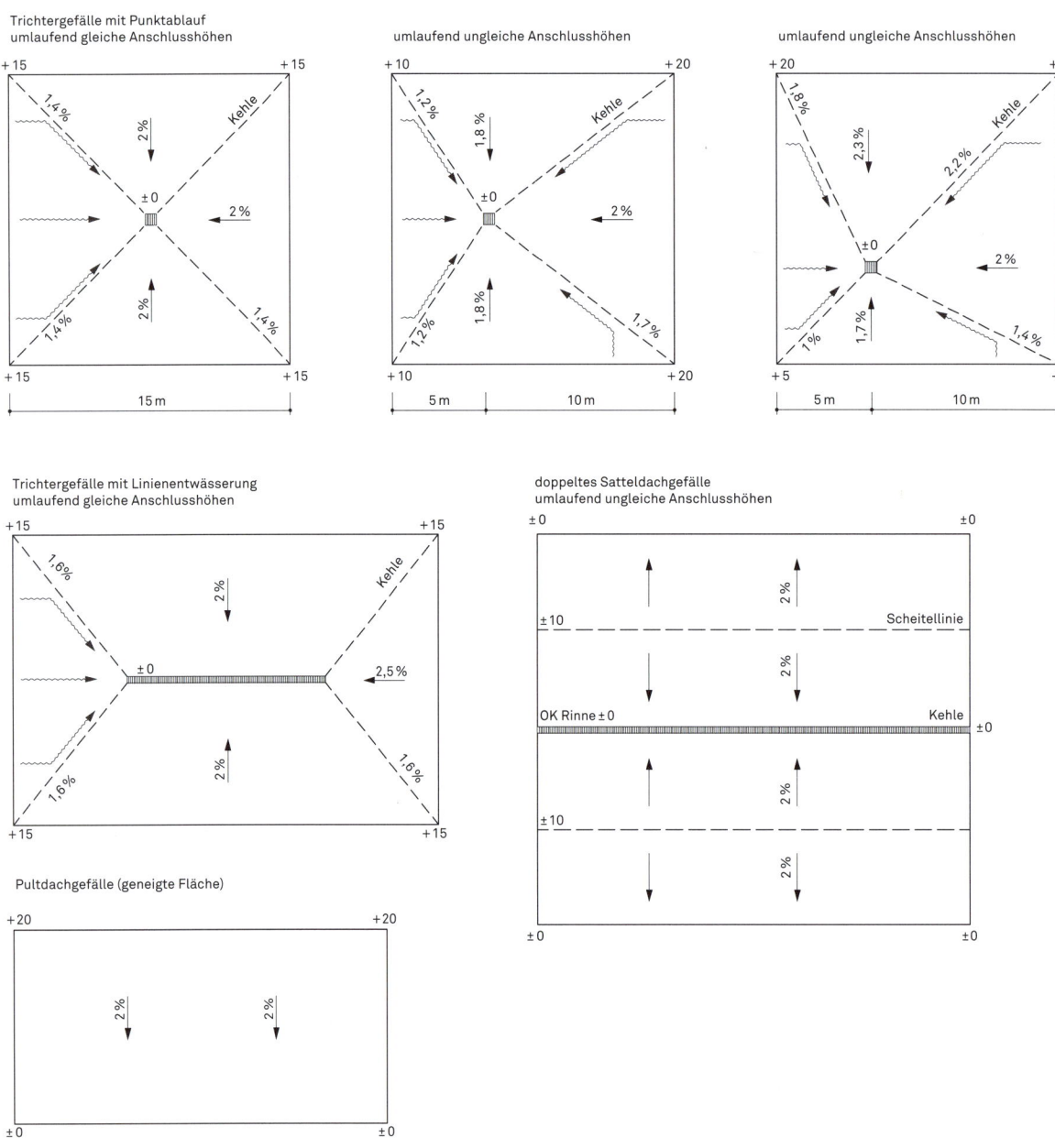

Abb. 3.4 Beispiele für die Entwässerung von Platzflächen und Sportplätzen

3.2 Entwässerung

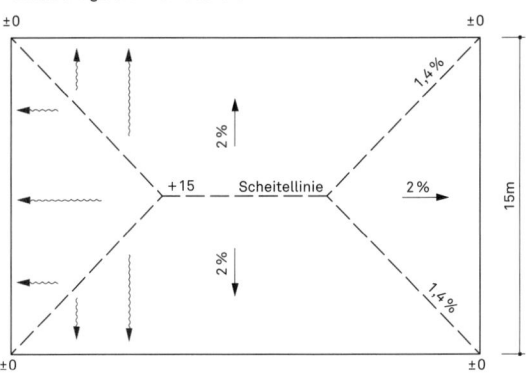

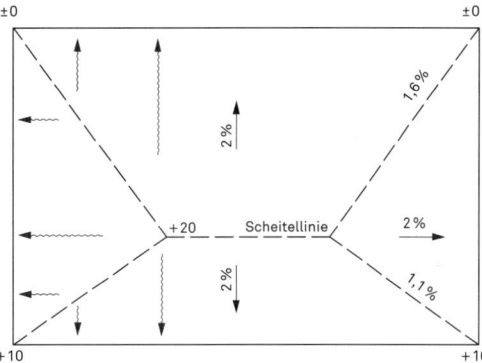

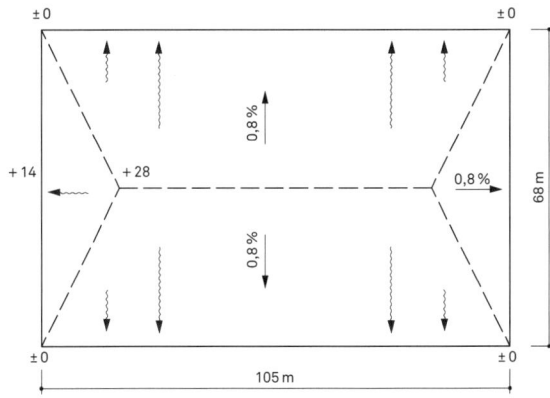
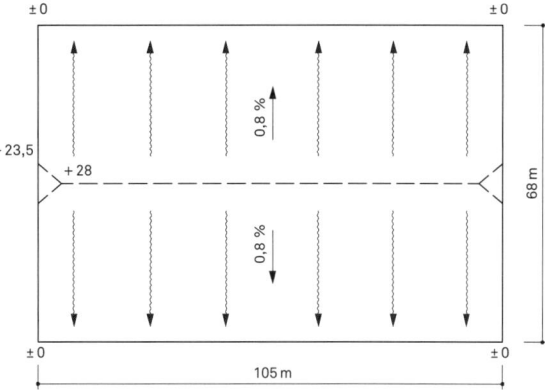

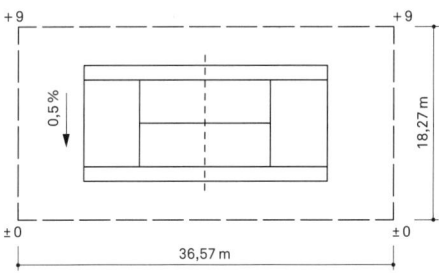

4 Erschließung

Anforderungen an Erschließungsflächen ergeben sich aus der Art und Frequenz ihrer Nutzung. Sie müssen außerdem an deren Standort in Gartenanlagen, Parks, übergeordneten Grünverbindungen oder im Straßenraum angepasst sein. Im Rahmen der Freiraumplanung gilt es dabei, insbesondere die Bedürfnisse von Teilnehmern des Fuß- und Radverkehrs inklusive mobilitätseingeschränkter Personen zu berücksichtigen. Im Straßenraum, bei der Grundstückserschließung und auf Stellplätzen entstehen durch den Kraftfahrzeugverkehr ganz eigene Ansprüche, denen durch funktionsgerechte Gestaltung und unter Berücksichtigung entsprechender Regularien (u. a. Straßenverkehrsverordnung) Rechnung getragen werden muss.

Bei Straßen überwiegt die funktionale Trennung der Fahrspuren für die verschiedenen Verkehrsarten, wie Fuß-, Fahrrad-, Kraftfahrzeug- und Straßenbahnverkehr, mit parallel angeordneten Bereichen.

4.1 Fuß- und Radwege

Bei der Erschließung von Grünflächen mit Fußgängerwegen können sich in Abhängigkeit von der Nutzung und der zu erwartenden Frequentierung ganz unterschiedliche Wegebreiten ergeben. Für straßenbegleitende Gehwege gelten spezifische Anforderungen.

Auch die barrierefreie Ausgestaltung von Gehwegen umfasst verschiedene Maßnahmen. Um eine Orientierung im Wegeverlauf zu erleichtern, sollten kontrastierende und taktil erfahrbare Oberflächen Verwendung finden, die den Gehweg gliedern. Außerdem ist die Hauptlaufrichtung hindernisfrei zu gestalten. Daneben kommt der Gestaltung von Querungsstellen mittels Bordsteinabsenkungen und Bodenindikatoren große Bedeutung zu. Getrennte Querungsstellen arbeiten mit differenzierten Bordhöhen. Dabei stellen Bordhöhen von 6 cm und mehr eine klare Grenzlinie zwischen Gehweg und Fahrbahn dar.

Bei der Anlage von Radwegen ist zwischen straßenbegleitenden Radwegen und selbstständig geführten Radwegen (in Parkanlagen Radwanderwege oder parallel zur Straße geführte, aber durch Grünstreifen getrennte Radwege) zu unterscheiden. Die Wegebreite richtet sich zum einen danach, ob die Wege im Ein- oder Zweirichtungsverkehr geführt werden, und zum anderen nach der Nutzungsfrequenz.

Bei Fahrbahnbreiten bis 6,00 m und 500 Kfz/h beziehungsweise 7,00 m und 800–1000 Kfz/h ist das Führen des Radverkehrs auf der Fahrbahn möglich. Ab 7 m Breite kann auf 2-streifigen Fahrbahnen ein Schutzstreifen für den Radverkehr eingeplant werden (von anderen Fahrzeugen überfahrbar), ab etwa 9,20 m Fahrbahnbreite ein Radfahrstreifen (eigene Fahrspur, die auf der Fahrbahn angeordnet ist).

Werden Radwege im Seitenraum angeordnet, sind diese deutlich durch 0,30 m breite Begrenzungsstreifen (taktil und optisch kontrastierend) vom Gehweg abzugrenzen. Straßenbegleitende Radwege sind vorzugsweise im Einrichtungsverkehr anzulegen.

Die in Tab. 4.4 dargestellten Sicherheitsräume lassen sich sinngemäß auch auf den Fußgängerverkehr übertragen.

Die Richtlinie für den ländlichen Wegebau (RLW 75/88) sieht für Radwege Mindestbreiten von 1,00 m, bei Gegenverkehr von 1,60 m vor. Bei stark frequentierten Radwanderwegen wird man Breiten von 2,00–2,50 m wählen müssen, um Faktoren wie Fahrkomfort, Sicherheit und möglichst geringe Belästigungen der Verkehrsteilnehmer miteinander in Einklang zu bringen.

2,00 m
S
1,80 m
S
0,20 m
0,50 m
2,50 m

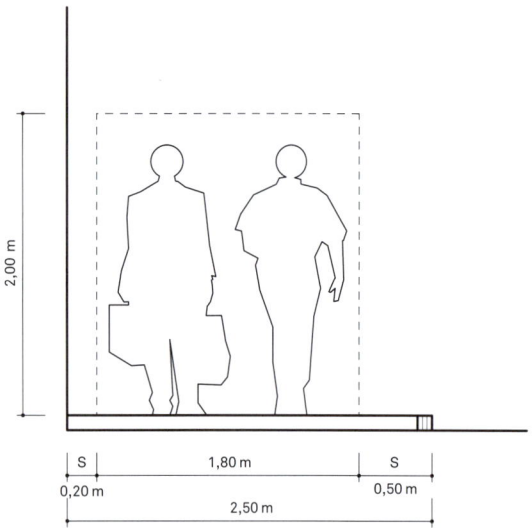

Abb. 4.1 Regelbreite eines Seitenraumes (gem. RASt 06)

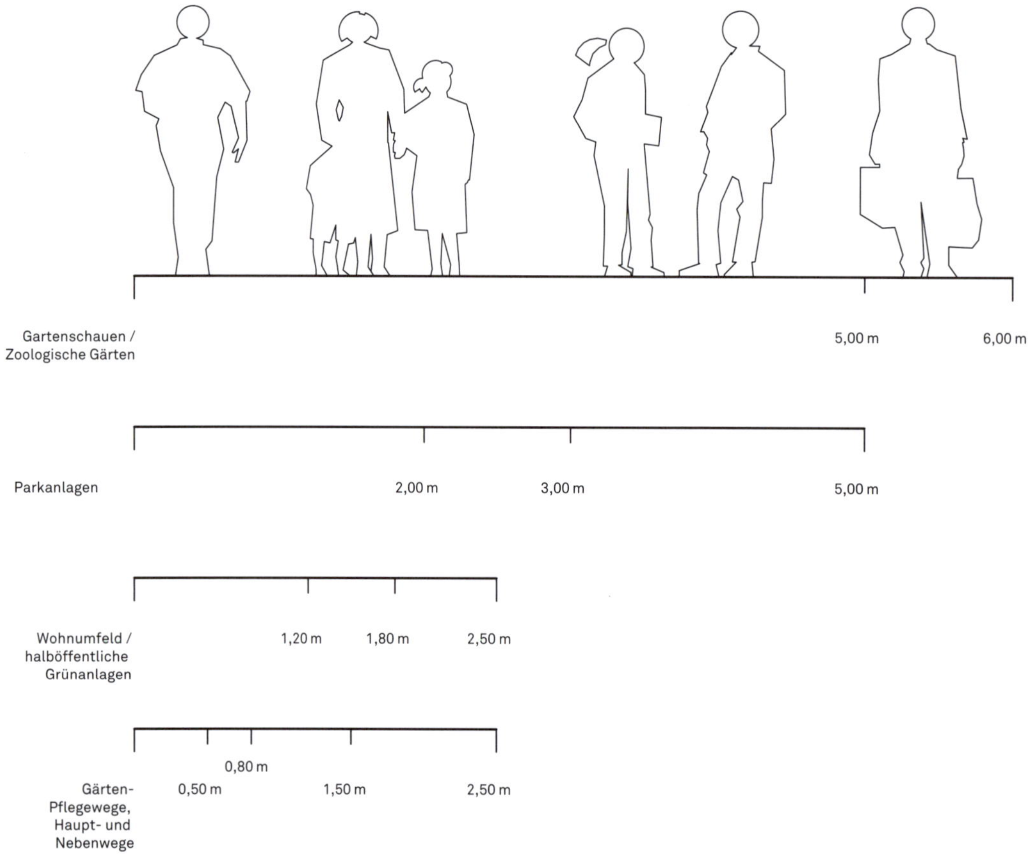

Gartenschauen / Zoologische Gärten
5,00 m
6,00 m
Parkanlagen
2,00 m
3,00 m
5,00 m
Wohnumfeld / halböffentliche Grünanlagen
1,20 m
1,80 m
2,50 m
0,80 m
Gärten-Pflegewege, Haupt- und Nebenwege
0,50 m
1,50 m
2,50 m

Abb. 4.2 Platzbedarf von Fußwegen

4.1 Fuß- und Radwege

Nutzung	Breite (Richtwerte)
Gärten	
Hauptwege	1,5–2,5 m
Nebenwege	0,8–1,5 m
Pflegewege, nicht barrierefrei	0,5 m
Erschließung öffentliche / halböffentliche Gebäude / halböffentliche Grünanlagen / Wohnumfeld	
Hauptwege	1,8–2,5 m
Nebenwege	1,2–1,8 m
Parkanlage	
Hauptwege (inkl. Nutzung durch den Radverkehr)	3,0–5,0 m
Nebenwege	2,0–3,0 m
Gartenschauen, Zoologische Gärten	
Hauptwege	5,0–6,0 m

Tab. 4.1 Orientierungswerte für Wegebreiten in Freianlagen

Anforderungen im Seitenraum von Straßen	Raumbedarf
Regelbreite für Gehwege	2,50 m
Zuzüglich	**+**
Flächen für Kinderspiel	≥ 2,00 m
Verweilflächen vor Schaufenstern	≥ 1,00 m
Grünstreifen ohne Bäume	≥ 1,00 m
Grünstreifen mit Bäumen	≥ 2,00–2,50 m
Ruhebänke	≥ 1,00 m
Warteflächen an Haltestellen	≥ 2,50 m
Auslagen vor Ladengeschäften	1,50 m
Stellflächen für Zweiräder Aufstellwinkel 100 gon/90° Aufstellwinkel 50 gon/45°	2,00 m 1,50 m
Fahrzeugüberhang bei Senkrecht- oder Schrägparkstreifen	0,70 m

Tab. 4.2 Richtwerte für den zusätzlichen Raumbedarf im Seitenraum aufgrund besonderer Anforderungen und Nutzungen (gem. RASt 06)

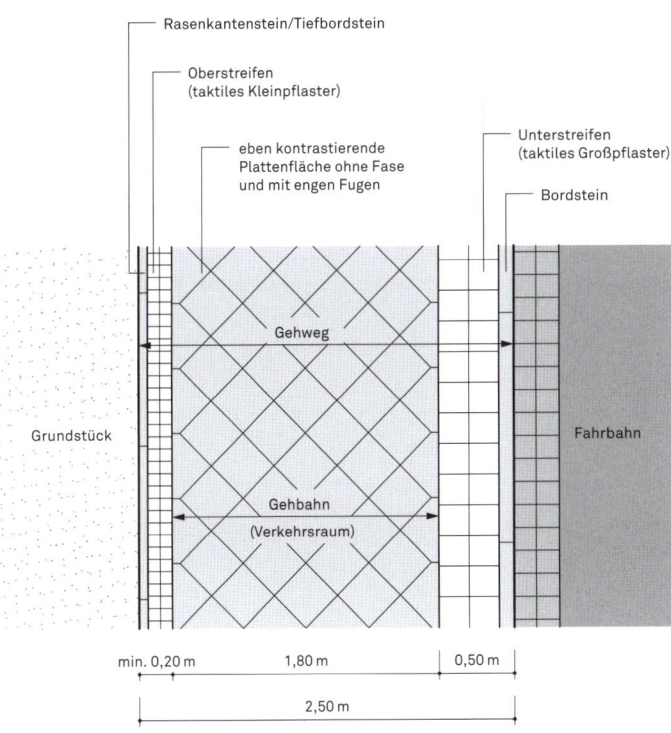

Abb. 4.3 Taktil und visuell erfahrbar gestaltete Gehwege

4 Erschließung

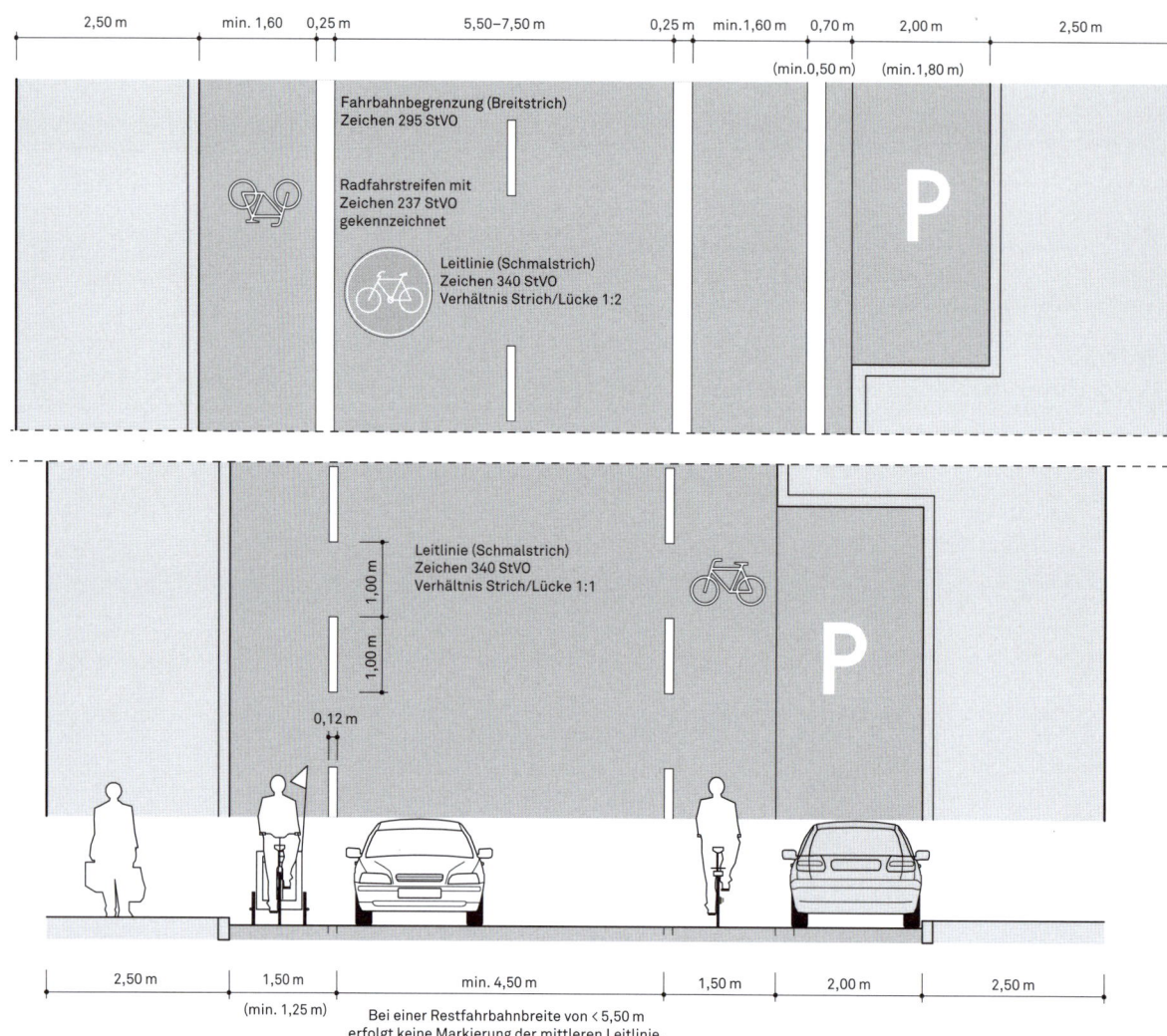

Abb. 4.4 Anordnung von Schutzstreifen (in Österreich Mehrzweckstreifen) und Radfahrstreifen für den Radverkehr auf der Fahrbahn

4.1 Fuß- und Radwege

Anlagentyp	Wegebreite	Breite des Sicherheitstrennstreifens		
		Zur Fahrbahn	Zu Längsparkständen	Zu Schräg-/Senkrechtparkständen
Auf der Fahrbahn				
Schutzstreifen	1,50 m (Mindestmaß 1,25 m)	–	Sicherheitsraum: 0,25–0,50 m (keine Markierung erforderlich)	Sicherheitsraum: 0,75 m
Radfahrstreifen	1,85 m (einschl. Markierung)	–	0,50–0,75 m (als durchgezogener Streifen markiert)	0,75 m (als durchgezogener Streifen markiert)
Neben der Fahrbahn				
Einrichtungsradweg	2,00 m (1,60 m*)	0,50 m (Überhangstreifen kann darauf angerechnet werden) 0,75 m bei festen Einbauten oder hoher Verkehrsstärke	0,75 m	1,10 m (Überhangstreifen kann darauf angerechnet werden)
Beidseitiger Zweirichtungsradweg	2,50 m (2,00 m*)			
Einseitiger Zweirichtungsradweg	3,00 m (2,50 m*)			
Gemeinsamer Geh- und Radweg (innerorts)	≥ 2,50 m (abhängig von Fuß- und Radverkehrsstärke, vgl. **Tab. 4.8**)			
Gemeinsamer Geh- und Radweg (außerorts)	2,50 m	1,75 m bei Landstraßen		

* Bei geringer Radverkehrsstärke

Tab. 4.3 Abmessungen von straßenbegleitenden Radwegen (gem. RASt 06)

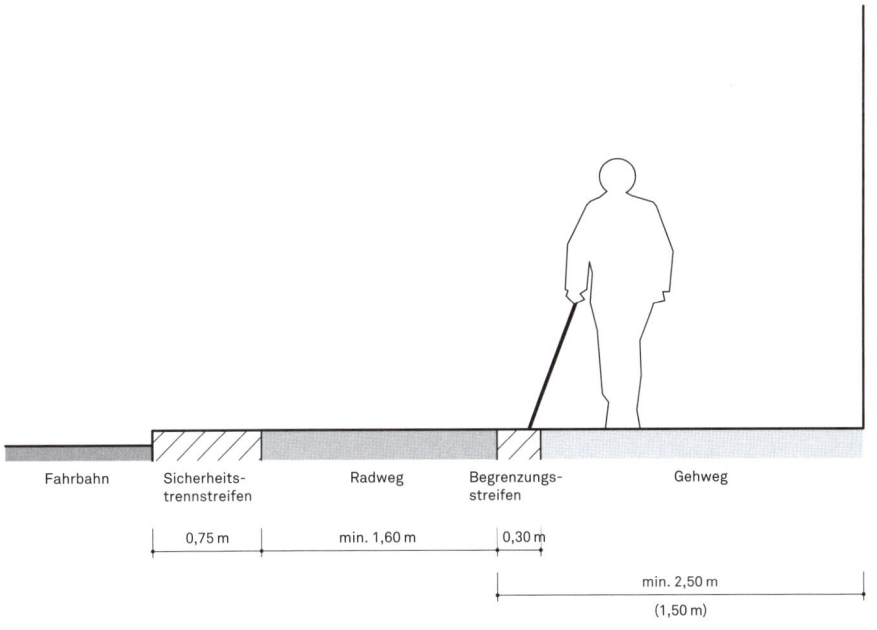

Abb. 4.5 Begrenzungsstreifen zwischen Rad- und Gehweg

4 Erschließung

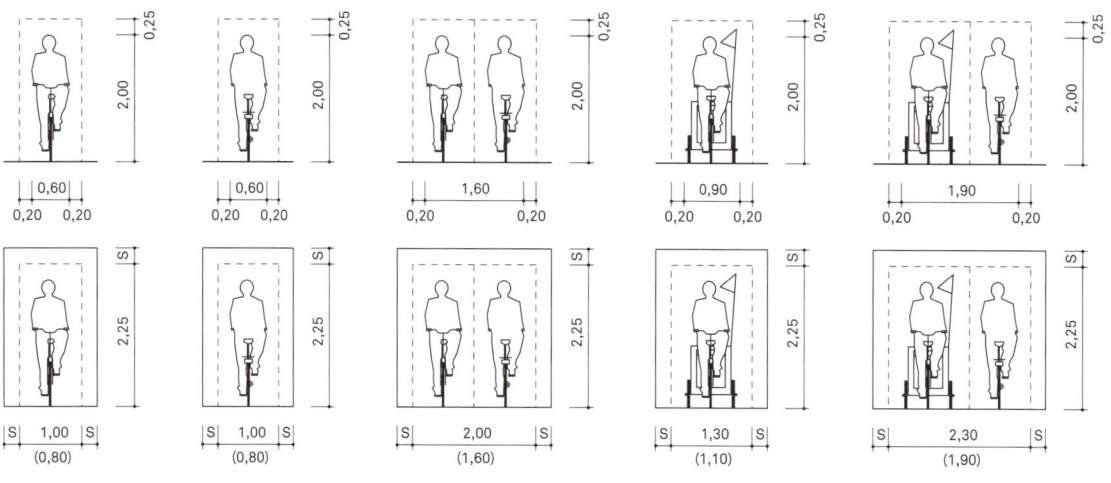

Abb. 4.6   Platzbedarf für den Radverkehr ohne und mit Sicherheitsraum (S)

Radweg	Selbstständig geführte Radwege (gem. RLW 75/88) Mindestbreite	Sicherheitsraum
Einrichtungsradweg	1,00 m	Mind. 0,25 m je Seite zu Hindernissen
Zweirichtungsradweg	1,60 m, bei stark frequentierten Wegen 2,00 m und mehr	Mind. 0,25 m je Seite zu Hindernissen

Tab. 4.4   Abmessungen von selbstständig geführten Radwegen (gem. RLW 2005)

Mindestkurvenradius Asphalt/Betonverbundpflaster [m]	2,50	5	10	15	20	30
Geschwindigkeit [km/h]	10	16	24	28	32	40

Tab. 4.5   Erforderliche Mindestkurvenradien von Radwegen bei einer Querneigung von 2,5 % in Abhängigkeit von der Geschwindigkeit

Geschwindigkeit	Mindestkurvenradius		Kuppenhalbmesser min H_k	Wannenhalbmesser min H_w	Anhalteweg bei nasser Oberfläche
	Asphalt/Betonverbundpflaster	Ungebundene Decke			
20 km/h	10 m	15 m	40 m	25 m	15 m
30 km/h	20 m	35 m	80 m	50 m	25 m
40 km/h	30 m	70 m	150 m	100 m	40 m

Tab. 4.6   Radien und Anhaltewege in Abhängigkeit von der Geschwindigkeit für die Trassierung von selbstständig geführten Radwegen (gem. ERA 10)

4.1 Fuß- und Radwege

Steigung [%]	Max. Länge Steigungsstrecke	Höhendifferenz
12	8,00 m	0,96 m
10	20,00 m	2,00 m
6	65,00 m	3,90 m
5	120,00 m	6,00 m
4	250,00 m	10,00 m
3	>250,00 m	>10,00 m

Tab. 4.7 Vertretbare Längen von Steigungsstrecken bei Radwegen (gem. ERA 10, ergänzt)

Max. Seitenraumbelastung in der Spitzenstunde*	Erforderliche Breite zuzüglich Sicherheitstrennstreifen
70 (Fg + R)/h	≥2,50–3,00 m
100 (Fg + R)/h	≥3,00–4,00 m
150 (Fg + R)/h	≥4,00

* Der Anteil der Radfahrer an der Gesamtbelastung sollte dabei ein Drittel nicht überschreiten.

Tab. 4.8 Gemeinsame Geh- und Radwege im Straßenraum (Quelle: RASt 06)

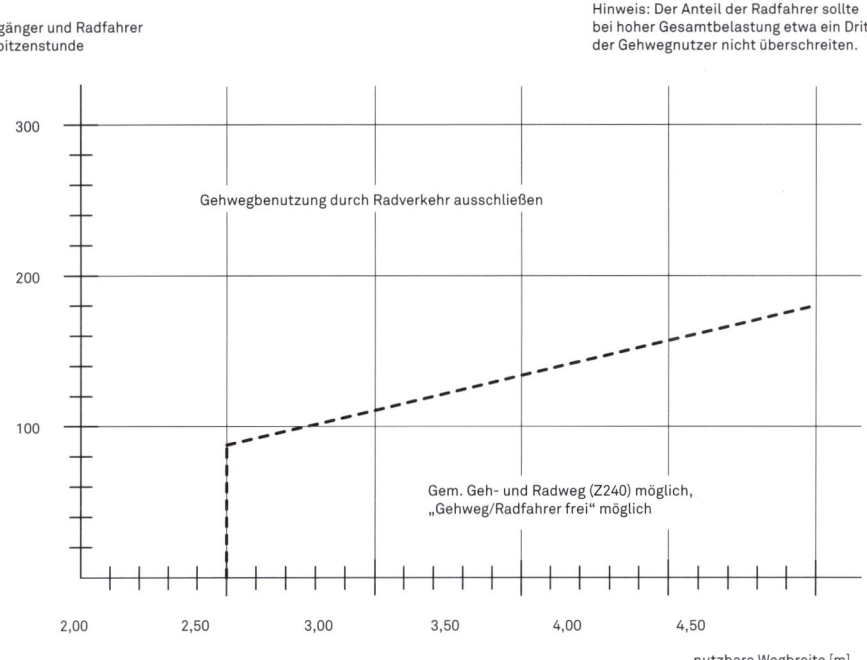

Abb. 4.7 Einsatzgrenzen für die gemeinsame Führung von straßenbegleitendem Fußgänger- und Radverkehr gemäß den Empfehlungen für Radverkehrsanlagen, ERA-R2

4 Erschließung

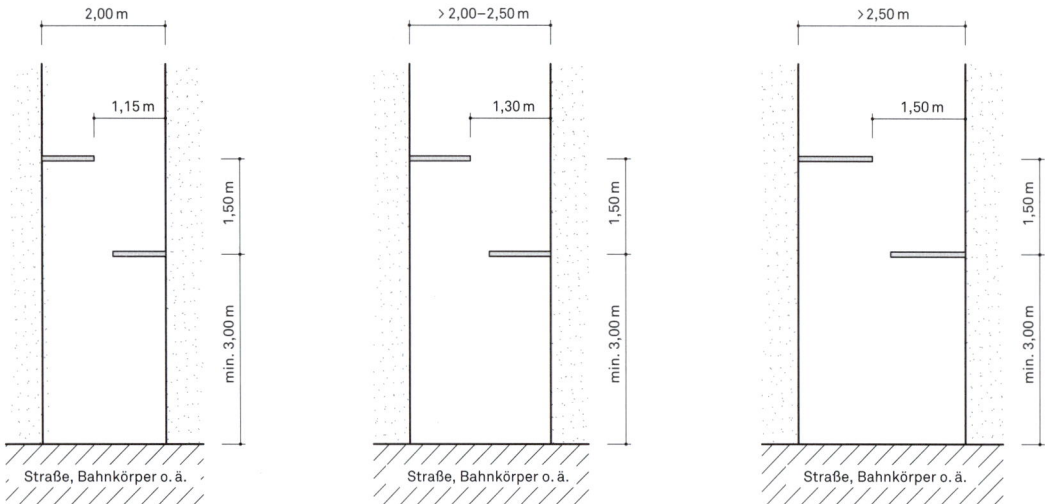

Abb. 4.8　Umlaufsperre an selbstständigen Geh- und Radwegen

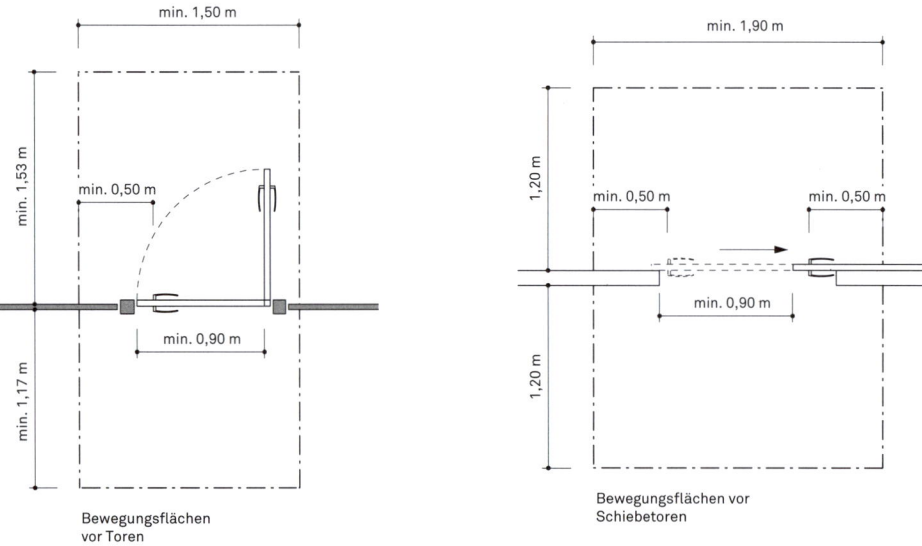

Abb. 4.9　Bewegungsflächen vor Toren und Türen

4.2 Straßen

Bei der Anlage von Straßen für den Kraftfahrzeugverkehr wird zwischen dem Trennungs- und dem Mischungsprinzip unterschieden. Sind Fahrbahnen baulich abgetrennt, spricht man vom Trennungsprinzip. Werden hingegen mehrere Verkehrsarten auf demselben Fahrbahnniveau vereint, ist vom Mischungsprinzip die Rede.

Wie und in welcher Form die Fahrbahn ausgelegt wird, hängt vom Verkehrsaufkommen, dem zusätzlichen Vorhandensein von öffentlichen Verkehrsmitteln, der Führung des Radverkehrs sowie den Nutzungsansprüchen ab. Dabei richtet sich die Dimensionierung der Fahrbahn nach den Verkehrsräumen und den lichten Räumen von Verkehrsteilnehmern. Die erforderliche Breite der Fahrbahn wird in Deutschland gemäß der „Richtlinie für die Anlage von Stadtstraßen" (RASt 06) festgelegt. Dabei deckt die zweistreifige Fahrbahn ein breites Spektrum möglicher Kraftfahrzeugverkehrsstärken ab.

Aus der Kombination der Verkehrsräume verschiedener Verkehrsteilnehmer und den erforderlichen Sicherheitsabständen sowie den Seitenräumen ergeben sich je nach Nutzungsanforderung und Verkehrsaufkommen unterschiedliche Straßenraumprofile.

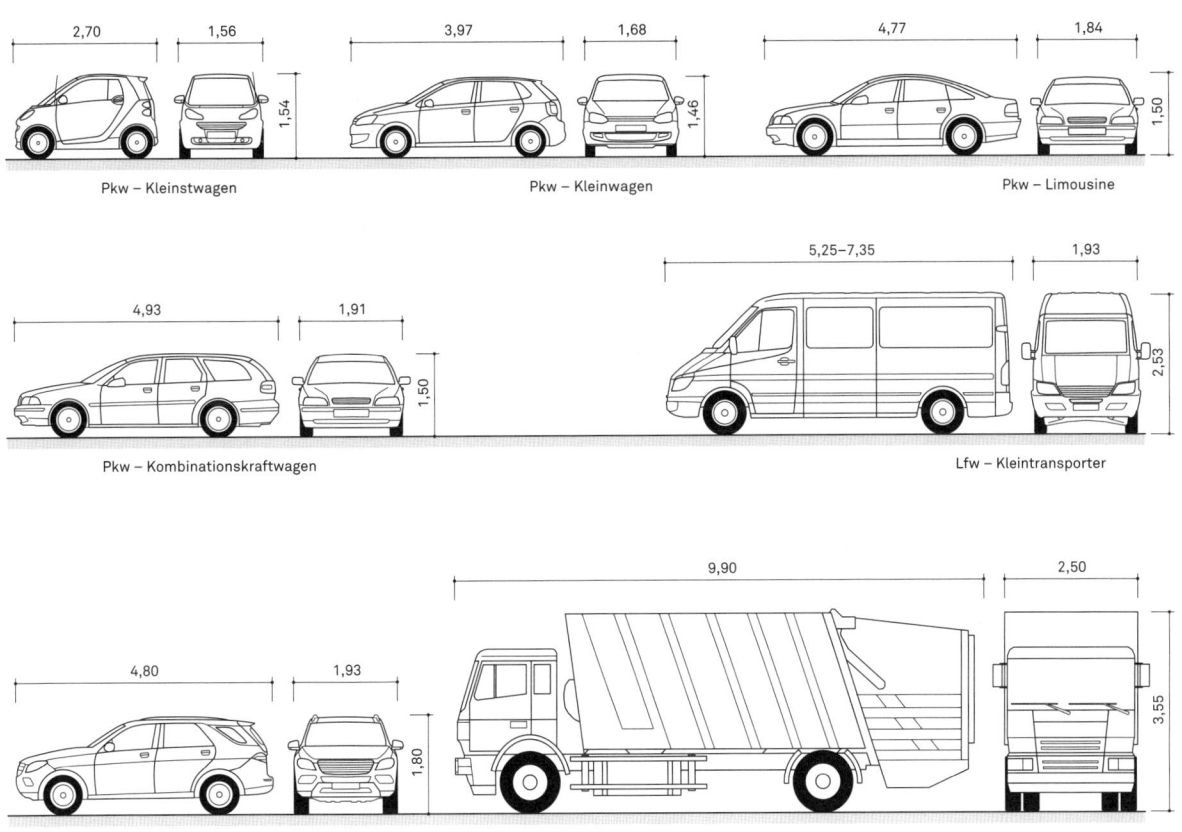

Abb. 4.10 Abmessungen von Kraftfahrzeugen

4 Erschließung

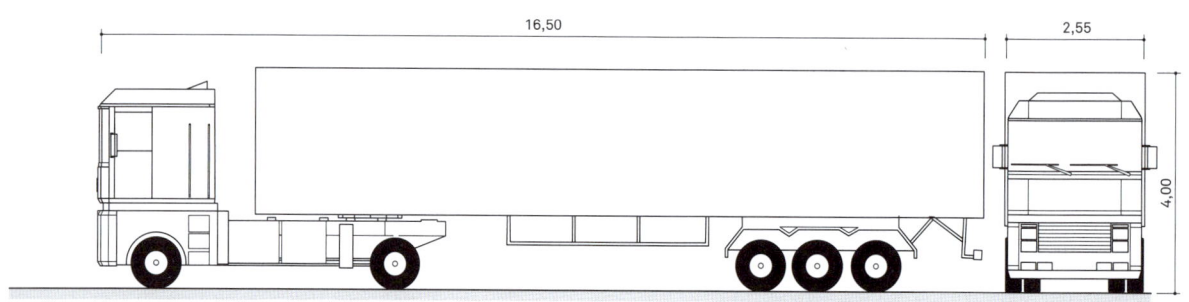

Lkw – Sattelzug mit Auflieger

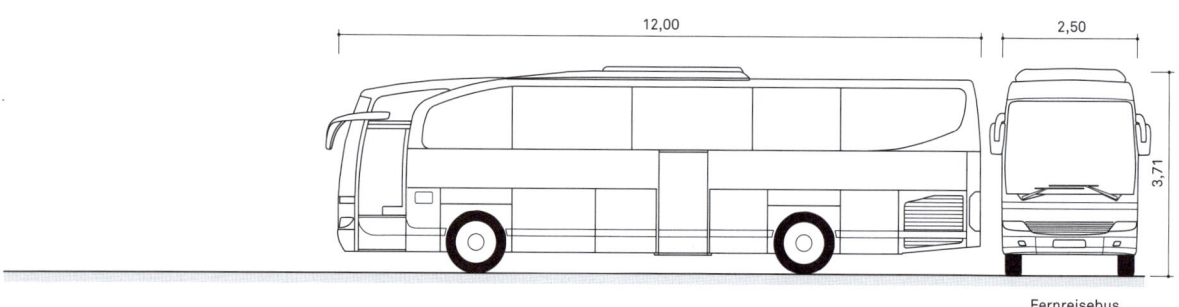

Fernreisebus

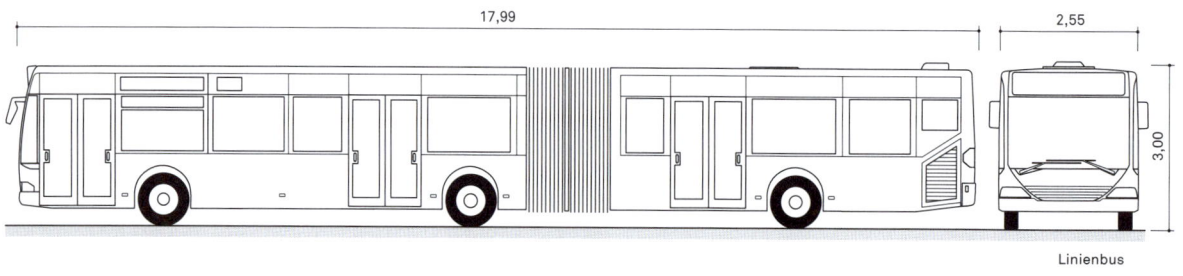

Linienbus

Alle Angaben in [m]

Abb. 4.10 (Fortsetzung) Abmessungen von Kraftfahrzeugen

4.2 Straßen

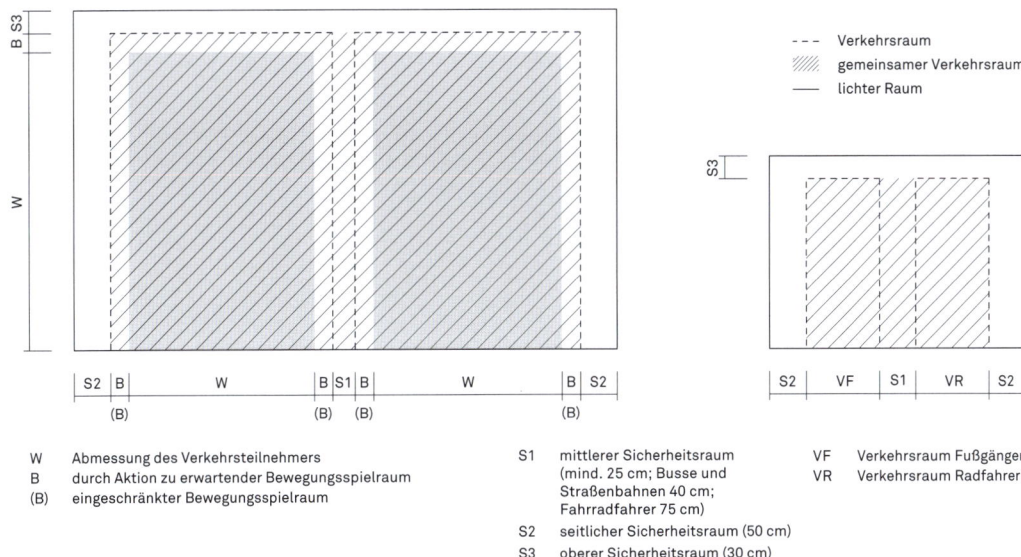

W Abmessung des Verkehrsteilnehmers
B durch Aktion zu erwartender Bewegungsspielraum
(B) eingeschränkter Bewegungsspielraum

S1 mittlerer Sicherheitsraum (mind. 25 cm; Busse und Straßenbahnen 40 cm; Fahrradfahrer 75 cm)
S2 seitlicher Sicherheitsraum (50 cm)
S3 oberer Sicherheitsraum (30 cm)

VF Verkehrsraum Fußgänger
VR Verkehrsraum Radfahrer

Abb. 4.11 Zusammensetzung des Raumbedarfs für Kraftfahrzeuge, Fußgänger und Radfahrer nach RASt 06

Verkehrsteilnehmer	Abmessung – Mittelwerte (W)		Bewegungsspielraum		Verkehrsraum	
	Breite	Höhe	B	(B)	Breite	Höhe
Fußgänger*	100 (80) cm	200 cm	–	–	100 (80) cm	200 cm
Rollstuhlfahrer, ohne Richtungsänderung*	110 cm	–	–	–	110 cm	–
Person mit Langstock*	120 cm	200 cm	–	–	120 cm	200 cm
Person mit Kinderwagen*	100 cm	200 cm	–	–	100 cm	200 cm
Inlineskater	180 cm	210 cm	–	–	180 cm	210 cm
Fahrradfahrer*	100 (80) cm	225 cm	–	–	100 (80) cm	225 cm
Fahrradfahrer mit Anhänger*	130 (110) cm	225 cm	20 cm	10 cm	130 (110) cm	225 cm
Reiter	130 cm	270 cm	≥ 20 cm	–	170 cm	290 cm
Motorradfahrer	90 cm**	180 cm	20 cm***	–	130 cm	200 cm
Pkw*	175 cm**	150 cm	25 cm	15 cm	225 (205) cm	200 cm
Lkw*	255 cm**	400 cm	25 cm	20 cm	305 (295) cm	450 cm
Linienbus*	255 cm**	300 cm	25 cm	20 cm	305 (295) cm	350 cm
Straßenbahn*	265 cm**	420–500 cm	30 cm	(420–) 500 cm	325 cm	560 cm

* gem. RASt 06   ** ohne Außenspiegel   *** Schräglage beim Fahren unberücksichtigt

Tab. 4.9 Verkehrsräume einzelner Verkehrsteilnehmer zzgl. ihrer Bewegungsspielräume B bzw. eingeschränkten Bewegungsspielräume (B)

4 Erschließung

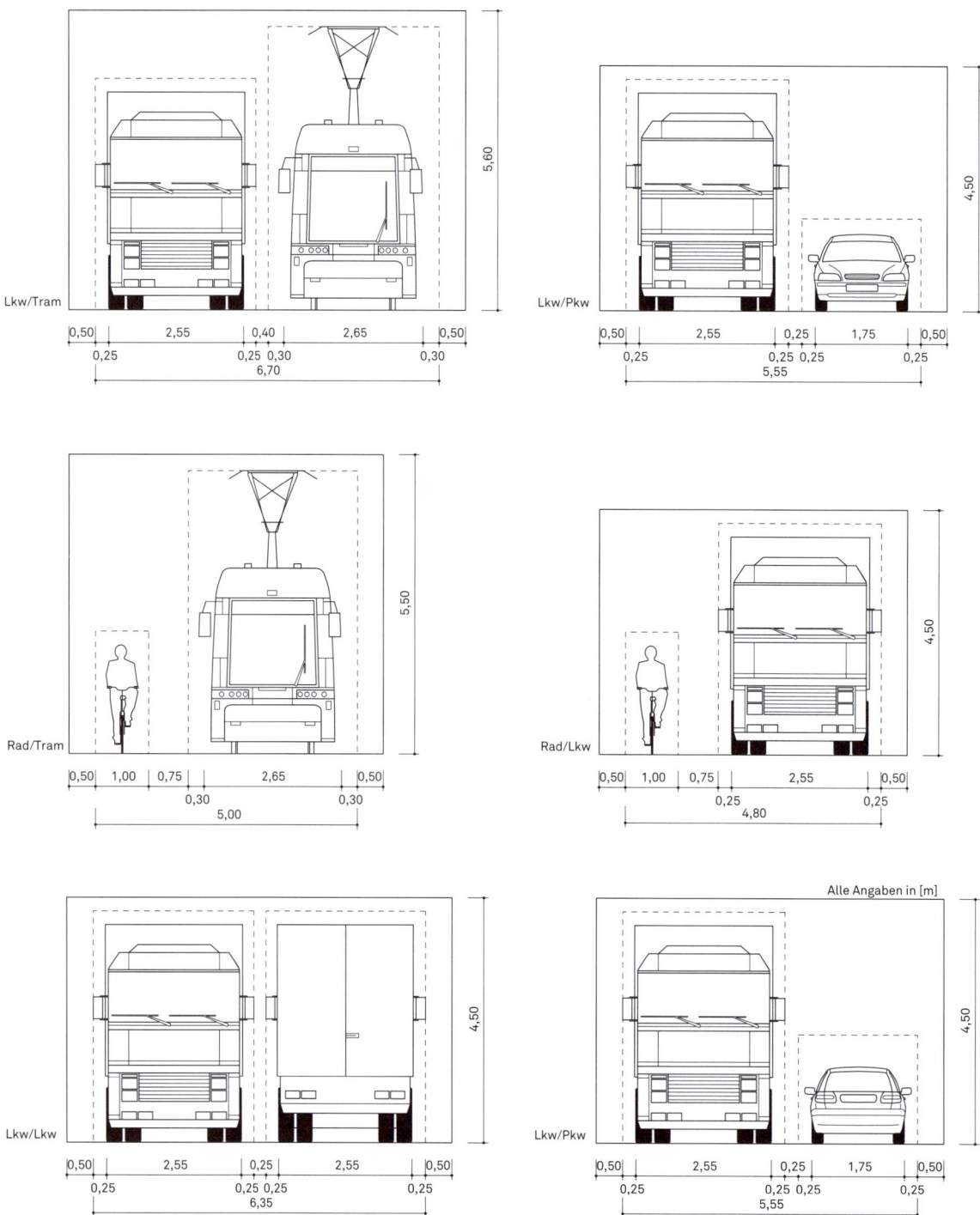

Abb. 4.12 Zusammensetzung von Verkehrsräumen und lichten Räumen beim Begegnen, Nebeneinander- und Vorbeifahren (gem. RASt 06)

4.2 Straßen

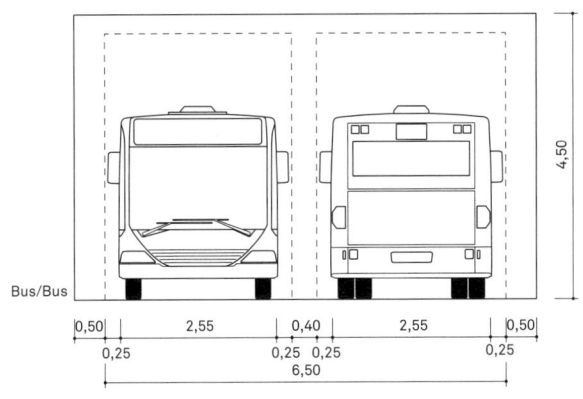
Bus/Bus

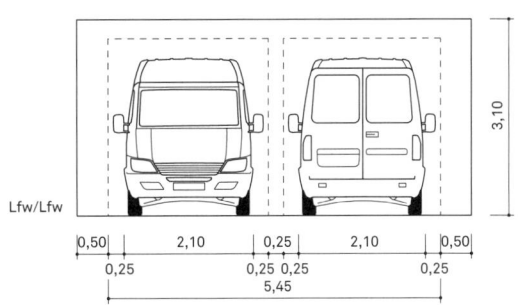
Lfw/Lfw

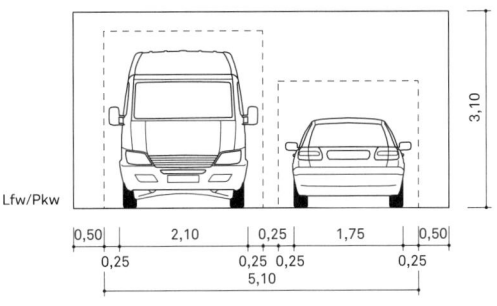
Lfw/Pkw

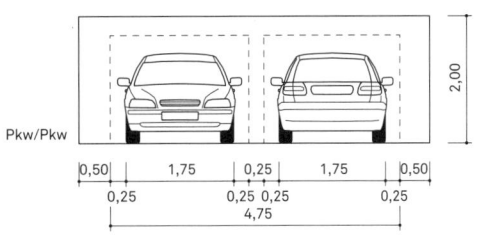
Pkw/Pkw

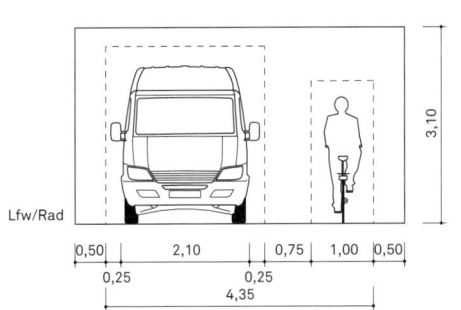
Lfw/Rad

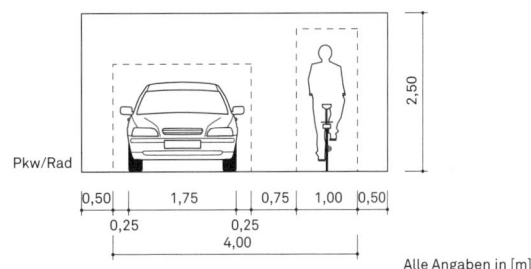
Pkw/Rad

Alle Angaben in [m]

4 Erschließung

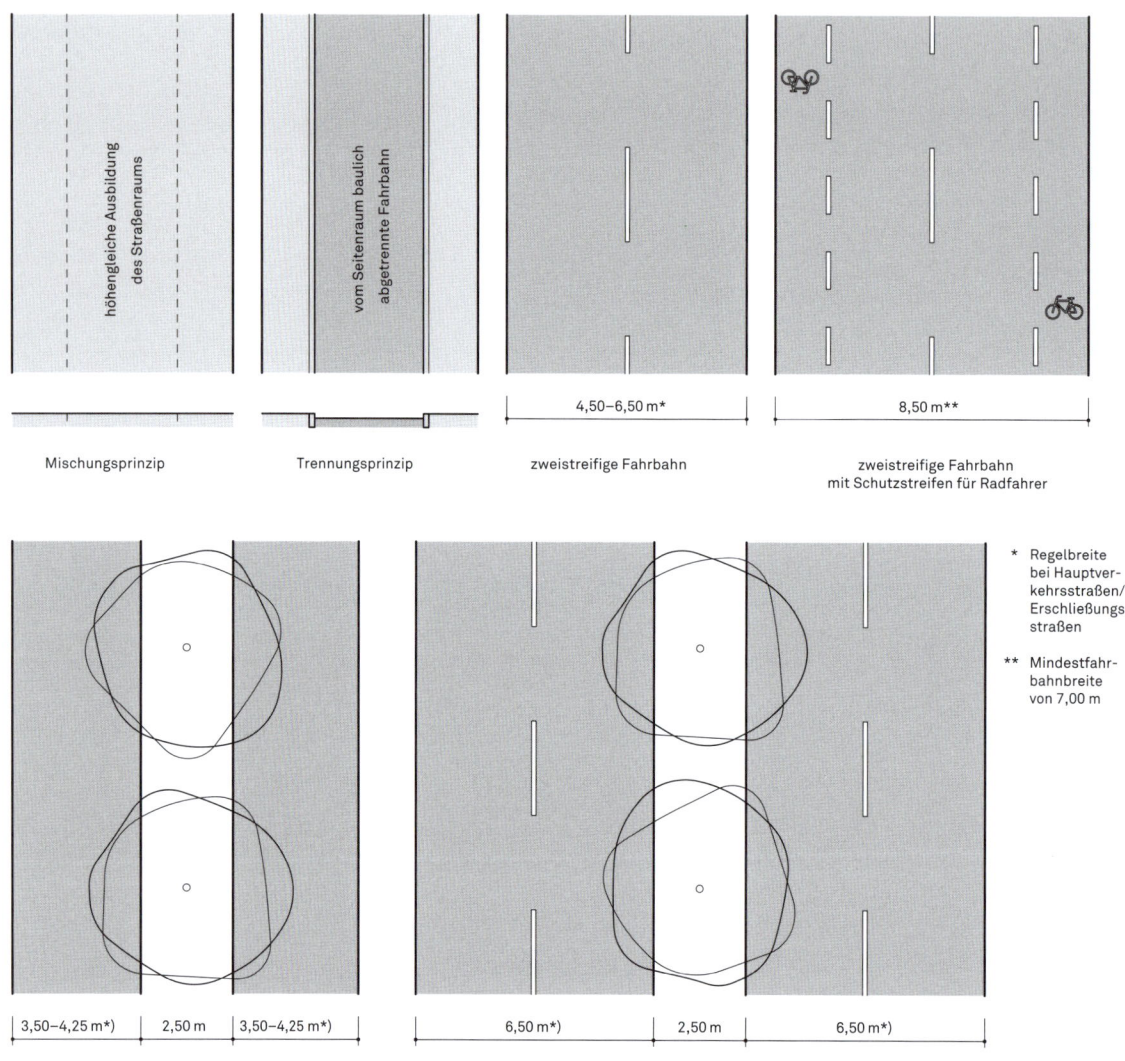

Abb. 4.13 Straßenfahrbahntypen

4.2 Straßen

Anwendungsbereich	Fahrbahnbreite Hauptverkehrsstraße	Fahrbahnbreite Erschließungsstraße
Einstreifige Richtungsfahrbahn/Einbahnstraße		
Regelfall (mit Radfahrern auf der Fahrbahn)	4,25 m (bei eingeschränkter Flächenverfügbarkeit 3,00 m)	3,50 m (bei eingeschränkter Flächenverfügbarkeit 3,00 m)[1]
Radverkehr auf Fahrbahn in gegenläufiger Richtung	Nicht anwendbar	3,50 m (3,00 m mit ausreichenden Ausweichmöglichkeiten)
Fahrbahn mit Schutzstreifen	3,75 m (2,25 + 1,50 m) bei geringem Lkw-Verkehr	Kommt in der Regel nicht vor
Zweistreifige Fahrbahn		
Regelfall	6,50 m[2]	4,50–5,50 m
Mit Linienbusverkehr	6,50 m[2]	6,50
Geringer Linienbusverkehr mit geringem Nutzungsanspruch[3]	6,00 m	6,00 m
Geringe Begegnungshäufigkeit Lkw-Verkehr	5,50 m (bei verminderter Geschwindigkeit)	–
Große Begegnungshäufigkeit Bus- und Lkw-Verkehr	7,00 m	–
Schutzstreifen für Radfahrer	7,50 m mit beidseitig 1,50 m Schutzstreifen 7,00 m mit beidseitig 1,25 m Schutzstreifen[4] bei beengten Verhältnissen	
Zweistreifige Richtungsfahrbahn	**Fahrbahnbreite**	
Regelfall	6,50 m	
Geringe Häufigkeit Bus- oder Lkw-Verkehr	6,00 m (5,50 m bei geringer Flächenverfügbarkeit)	
Bus- oder Lkw-Verkehr dominierend	7,00 m (nur in Fällen, in denen das permanente Nebeneinanderfahren gewährleistet werden soll)	
Anliegerfahrbahn und Anliegergassen		
Anliegerfahrbahn (Trennungsprinzip)	4,75 m (Lieferverkehr auf der Fahrbahn möglich)	
Anliegerfahrgasse (Mischungsprinzip)	3,00 m (Lieferverkehr und Parken auf danebenliegenden Flächen)	

[1] Die Erfordernisse des Winterdienstes sind im Einzelfall zu prüfen. [2] Bei diesem Maß sind in der Regel benutzungspflichtige Radverkehrsanlagen vorzusehen.
[3] Z. B. bei ausschließlicher Erschließungsfunktion. [4] Nicht neben Parkstreifen mit häufigen Parkwechseln.

Tab. 4.10 Auslegung von ein- und zweistreifigen Fahrbahnen sowie von Richtungsfahrbahnen, Anliegerstraßen und Anliegergassen nach RASt 06

4 Erschließung

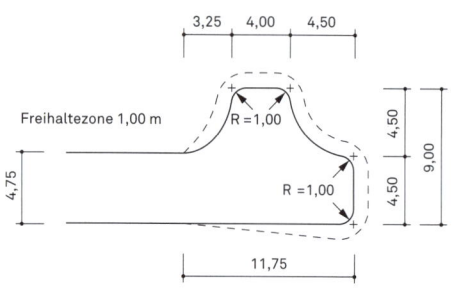

Wendehammer für Pkw

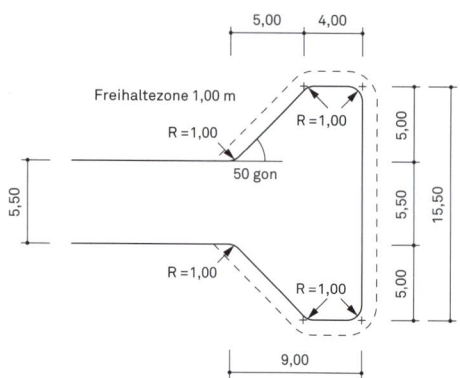

Wendehammer für Fahrzeuge bis 9 m Länge, z. B. 2-achsige Müllfahrzeuge

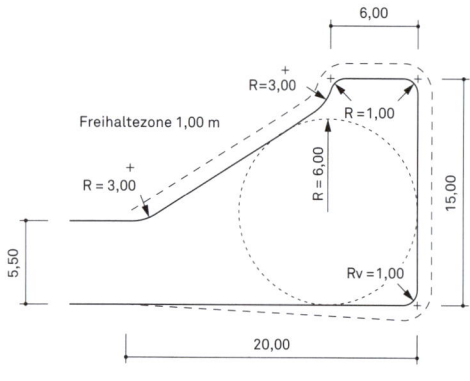

Einseitiger und zweiseitiger Wendehammer für Fahrzeuge bis 10 m Länge, z. B. 3-achsige Müllfahrzeuge

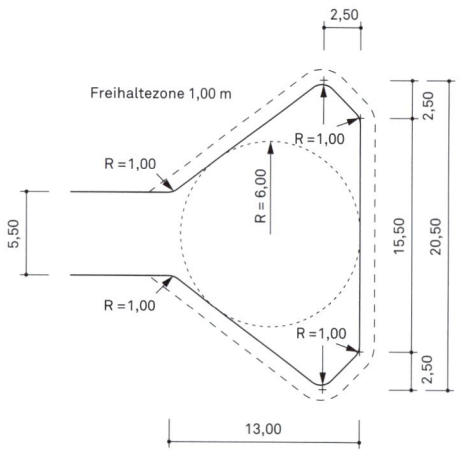

Alle Angaben in [m]

Abb. 4.14 Wendehammer für Pkw und Lkw

Bauform	Höhe	Funktion	Anwendungsbereiche
Hohe Borde	10–14 cm (max. 20 cm)	Trennung Fahrbahn/Gehweg (Radweg im Seitenraum)	Anbaufreie Hauptverkehrsstraßen, angebaute vier- und mehrstreifige Hauptverkehrsstraßen
	8–12 cm	Trennung Fahrbahn/Gehweg bzw. Parkstreifen/Gehweg (Radweg im Seitenraum)	Zweistreifige Hauptverkehrsstraßen, Erschließungsstraßen
Halbhohe Borde	4–8 cm	Trennung Fahrbahn/Gehweg (Radweg im Seitenraum) bzw. Fahrbahn/Parkstreifen	Zweistreifige Hauptverkehrsstraßen, Erschließungsstraßen
Niedrige Borde	<4–0 cm	Trennung Fahrbahn/Gehweg (Radweg im Seitenraum) bzw. Fahrbahn/Parkstreifen	Zweistreifige Hauptverkehrsstraßen mit geringen Verkehrsstärken, Erschließungsstraßen, Bordabsenkung an Querungsstellen für Fußgänger, Rollstuhlfahrer (≤3 cm), Radfahrer*

* Für Radfahrer stellt die Nullabsenkung die optimale Variante dar; nur in Ausnahmefällen kann davon abgewichen werden. Im Bereich von eigenständigen Radwegen ist immer eine Nullabsenkung vorzusehen.

Tab. 4.11 Anwendungsbereiche von Bordhöhen

4.2 Straßen

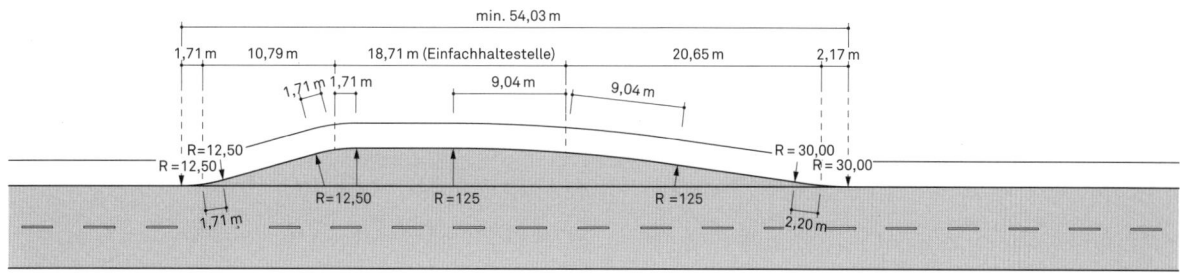

Bushaltebucht, Einfachhaltestelle

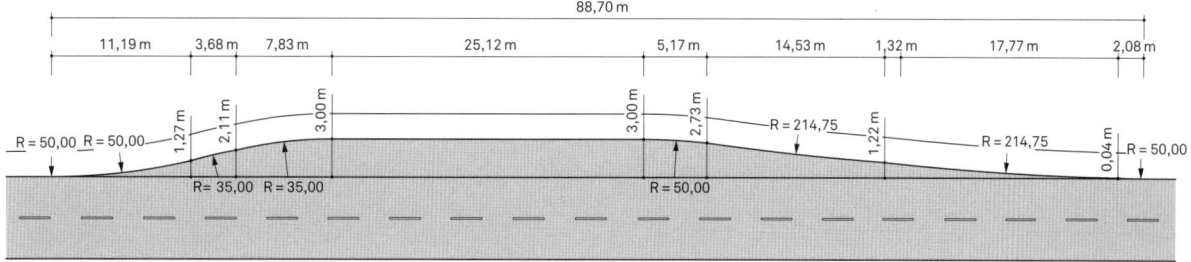

Bushaltebucht, die ein barrierefreies Ein- und Aussteigen durch paralleles Anfahren an den Bord ermöglicht

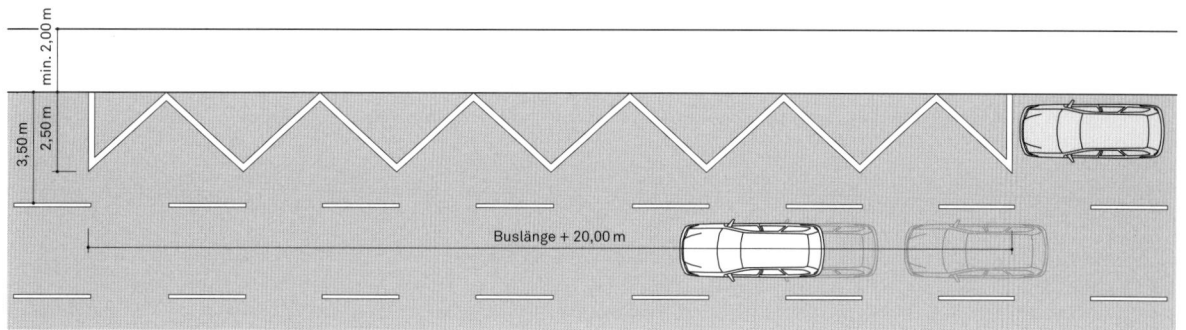

Fahrbahnhalte bei ruhendem Verkehr auf der Fahrbahn

Abb. 4.15 Abmessungen von Bushaltebuchten und Fahrbahnhalten

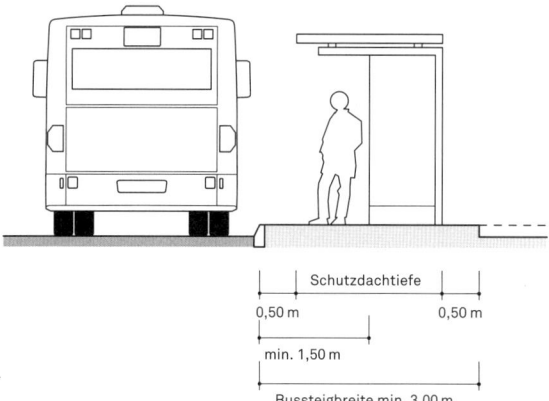

Abb. 4.16 Abmessungen für Warteflächen und -inseln mit Wetterschutzeinrichtung

4 Erschließung

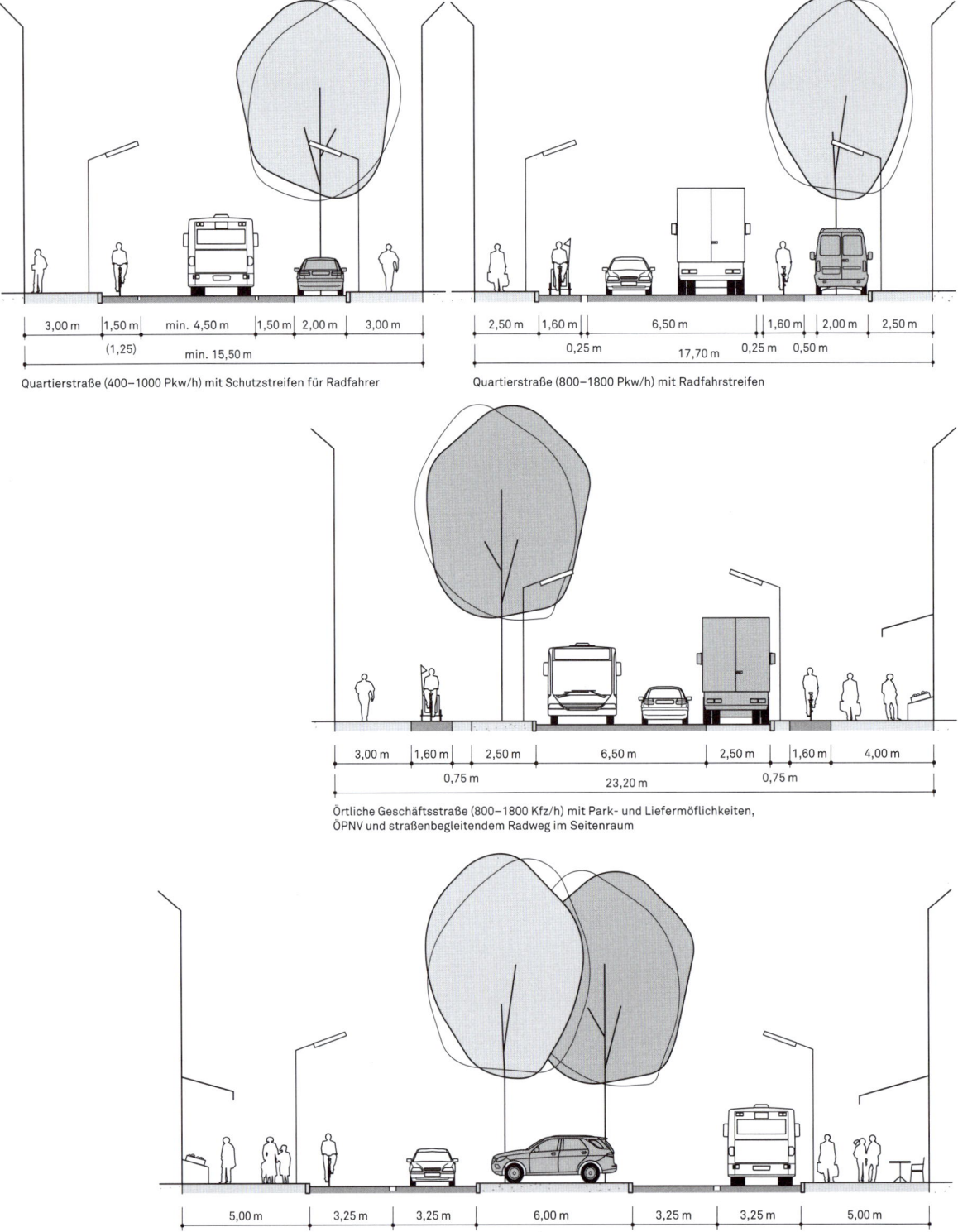

Abb. 4.17   Straßenraumprofile für unterschiedliche Nutzungsanforderungen

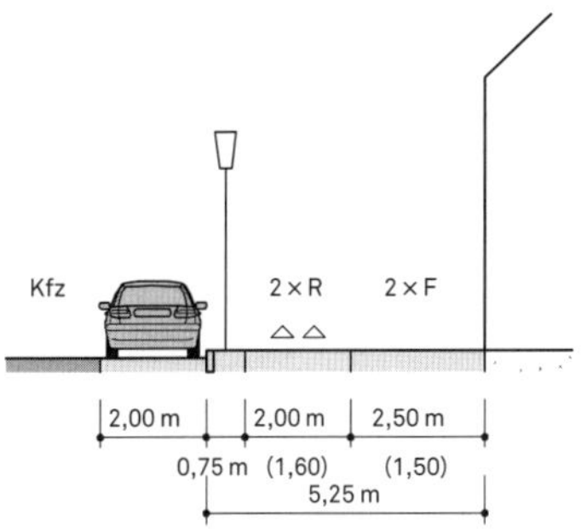

4.2 Straßen

Straßenbegleitender Radweg im Seitenraum neben Längsparkmöglichkeiten
Kfz 2,00 m | 2 × R 2,00 m (0,75 m / 1,60) | 2 × F 2,50 m (1,50)
Gesamt: 5,25 m

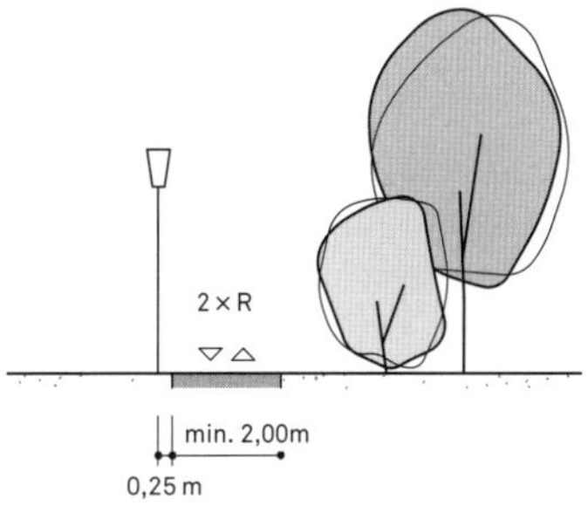

Selbständig geführter Zweirichtungsradweg
0,25 m | min. 2,00 m

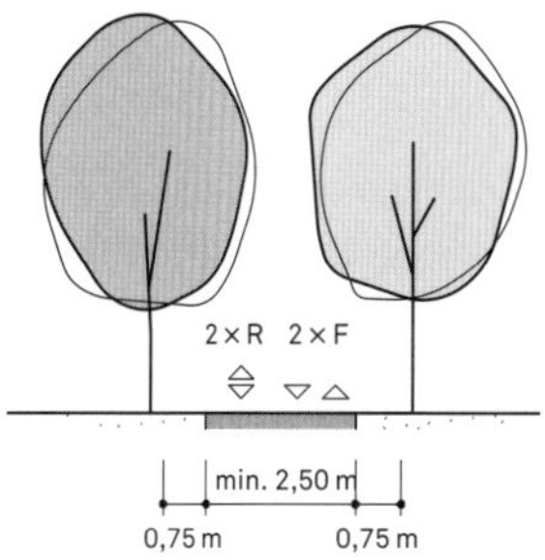

Kombinierter Fuß- und Radweg
2 × R 2 × F, min. 2,50 m (0,75 m / 0,75 m)

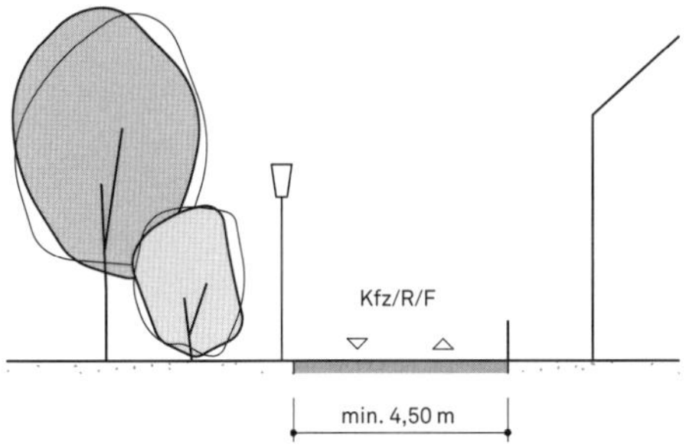

Wohnweg (< 400 Kfz/h) mit Aufenthaltsfunktion, Mischungsprinzip
Kfz/R/F min. 4,50 m

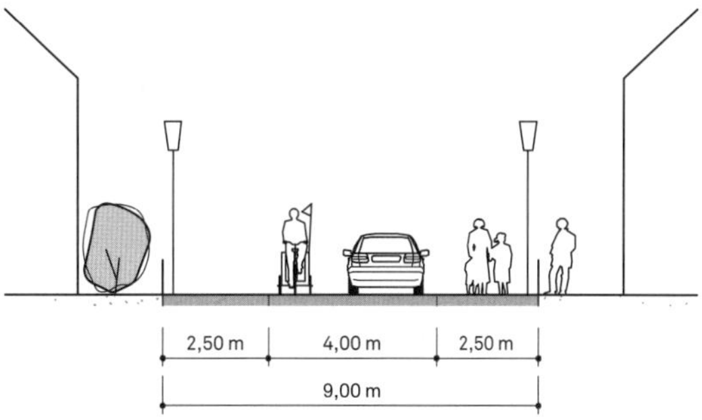

Wohnweg (< 400 Kfz/h) mit Aufenthaltsfunktion, Mischungsprinzip
2,50 m | 4,00 m | 2,50 m
Gesamt: 9,00 m

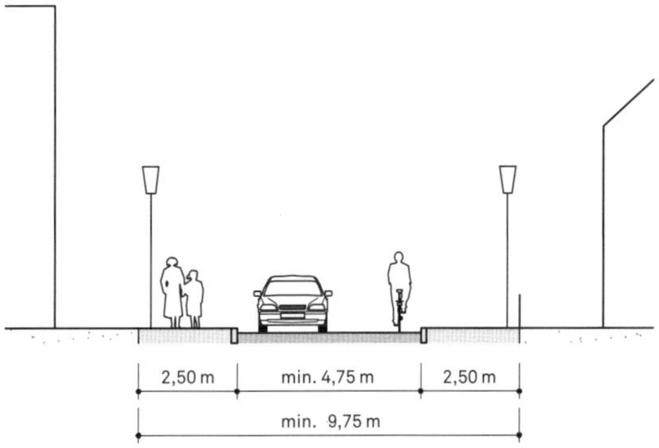

Wohnstraße (< 400 Kfz/h) mit Aufenthaltsfunktion, Trennungsprinzip
2,50 m | min. 4,75 m | 2,50 m
min. 9,75 m

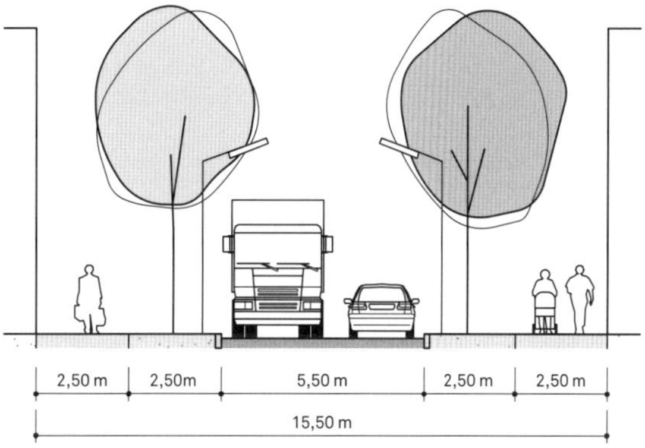

Wohnstraße (< 400 Kfz/h) mit seitlichen Grünstreifen, Trennungsprinzip
2,50 m | 2,50 m | 5,50 m | 2,50 m | 2,50 m
15,50 m

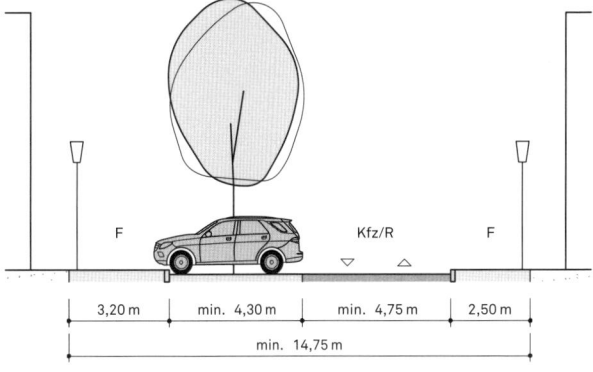

Wohnstraße (< 400 Kfz/h) mit Querparkmöglichkeiten, Trennungsprinzip
F 3,20 m | Kfz/R min. 4,30 m | min. 4,75 m | 2,50 m
min. 14,75 m

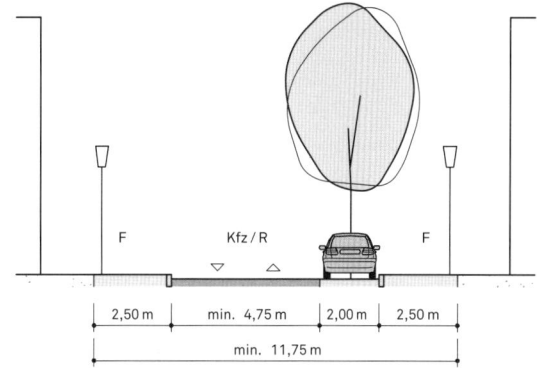

Wohnstraße (< 400 Kfz/h) mit Längsparkmöglichkeiten, Trennungsprinzip
F 2,50 m | Kfz/R min. 4,75 m | 2,00 m | F 2,50 m
min. 11,75 m

4 Erschließung

4.3 Stellplatzanlagen für Fahrräder und Kraftfahrzeuge

An Gebäuden sowie an baulichen Anlagen, bei denen ein Zu- oder Abgangsverkehr zu erwarten ist, sind Pkw-Stellplätze und Fahrradabstellplätze in ausreichender Anzahl und Größe unter Berücksichtigung der örtlichen Verkehrsverhältnisse und des öffentlichen Personennahverkehrs sowie in geeigneter Beschaffenheit zur Verfügung zu stellen.

Zunehmend wird aber auf eine quantitative Vorgabe zur Anlage von regulären Pkw-Stellplätzen in den Rechtsnormen verzichtet. Umso mehr rückt die Anlage von Fahrradstellplätzen sowie von Pkw-Stellplätzen für Behinderte in den Vordergrund.

Bedarfsfall	Anzahl		
	Fahrradstellplatz	Pkw-Stellplatz	Behindertenstellplatz*
Wohngebäude			
Wohnungen	1 je 30 m² Gesamtwohnfläche oder 2 je Wohnung	1 je Wohnung bis 160 m², 2 je Wohnung ab 160 m²	Mind. 1, wenn Wohnungen barrierefrei erreichbar sein müssen
Mehrfamilienhäuser mit mehr als zehn Wohnungen		0,8 je Wohnung	
Wochenend- und Ferienhäuser	1 je Wohnung	1 je Wohnung	
Kinder- und Jugendwohnheime	0,5–1 je Bett oder 10 je 15 Plätze	0,6–1 je 15 Betten	
Studentenwohnheime	0,5–1 je Bett oder 0,7 je Wohnheimplatz	1 je 3 Betten oder 0,2 je Wohnheimplatz	
Altenwohnheime, Altenheime	1 je 10 Betten, 0,7 je Wohnheimplatz oder 1 je 5 Wohnungen	1 je 10 Betten 0,2 je Wohnheimplatz	
Besucherstellplätze	1 je 200 m² Gesamtwohnfläche		
Gebäude mit Büro-, Verwaltungs- und Praxisräumen, Arbeitsstätten			
Büros und Verwaltungen	1 je 60 m² Nutzfläche 0,7 je 40 m² Nutzfläche 1 je 100 m² Brutto-Grundfläche >4000 m² Bürogeschossfläche → 1 je 200 m² Brutto-Grundfläche 1 je 70 m² Nutzfläche	1 je 40 m² Nutzfläche	
Räume mit erheblichem Besucherverkehr (Schalter-, Abfertigungs- oder Beratungsräume, Arztpraxen etc.)	1 je 40 (50) m² Nutzfläche	1 je 25 m² Nutzfläche	
Büros, Werkstätten und Betriebe (gem. EAR 05)	0,3 je Arbeitsplatz		
Verkaufsflächen in Verkaufsstätten			
Läden, Geschäftshäuser	Bei <400 m² → 1 je 50 m² Verkaufsfläche Bei >400–800 m² → 1 je 80 m² Verkaufsfläche, mind. 4 Stellplätze Bei >800 m² → 1 je 100 m² Verkaufsfläche, mind. 10 Stellplätze	1 je 40 m² Verkaufsfläche	
Einkaufszentren	1 je 80 (100) m² Verkaufsfläche	1 je 15 m² Verkaufsfläche	

* Soweit keine abweichenden Angaben gemacht werden, sind mind. 1–3 % der geforderten Gesamtstellplatzanzahl, mindestens jedoch 2, behindertengerecht auszuführen, dabei sind möglichst auch Stellplätze mit Heckausstieg zu berücksichtigen.

Tab. 4.12 Bedarfszahlen für Fahrrad- und Pkw-Stellplätze, Orientierungs- bzw. Durchschnittswerte (ggf. abweichende baurechtliche Vorgaben beachten!) (Quelle: EAR 05 und Verordnungen unterschiedlicher Städte/Gemeinden)

4.3 Stellplatzanlagen für Fahrräder und Kraftfahrzeuge

Bedarfsfall	Anzahl		
	Fahrradstellplatz	Pkw-Stellplatz	Behindertenstellplatz*
Versammlungsstätten (außer Sportstätten) und Kirchen			
Versammlungsstätten (Theater, Konzerthäuser, Kinos etc.)	1 je 15 (20) Besucherplätze oder Kino, Vortragssaal: 1 je 10 Sitzplätze Theater, Konzert: 1 je 50 Sitzplätze	1 je 7 (10) Besucher-/Sitzplätze	1 je 200 Sitzplätze, jedoch mind. 1 je Einrichtung
Kirchen	1 je 20 Besucherplätze oder 1 je 50 Sitzplätze	1 je 30 Besucher-/Sitzplätze	1 je 200 Sitzplätze, jedoch mind. 1 je Einrichtung
Sportstätten			
Sportstätten ohne Besucherplätze mit Besucherplätzen	1 je 250 m² Sportfläche; zus. 1 je 30 Besucherplätze oder 1,5 je 400 m² Sportfläche; zus. 1 je 15 Zuschauerplätze oder 1 je 20 Besucher (örtlich), 1 je 50 Besucher (überörtlich, z. B. Stadien)	1 je 800 m² Sportfläche; zus. 1 je 30 Besucherplätze oder 1 je 400 m² Sportfläche; zus. 1 je 15 Zuschauerplätze	1 je 200 Besucher, jedoch mind. 1 ab 100 Besucher
Spiel- und Sporthallen ohne Besucherplätze mit Besucherplätzen	1 je 30 m² Hallenfläche; zus. 1 je 15 Besucherplätze oder 2 je 200 m² Sportfläche; zus. 1 je 15 Zuschauerplätze Ohne: 1 je 250 m² Sportfläche Mit: 1 je 10 Besucherplätze	1 je 80 m² Hallenfläche; zus. 1 je 15 Besucherplätze oder 1 je 200 m² Sportfläche; zus. 1 je 15 Zuschauerplätze	1 je 200 Besucher, jedoch mind. 1 ab 100 Besucher
Freibäder	2 je 200–300 m² Grundstücksfläche oder 1 je 50 m² Grundstücksfläche	1 je 200–300 m² Grundstücksfläche	
Hallenbäder ohne Besucherplätze mit Besucherplätzen	1 je 7 Kleiderablagen 1 je 10 Besucherplätze 2 je 10 Kleiderablagen	1 je 10 Kleiderablagen 1 je 15 Besucherplätze	
Tennisplätze, Squashanlagen ohne Besucherplätze mit Besucherplätzen	2 je Spielfeld; zus. 1 je 10 Besucherplätze	2 je Spielfeld; zus. 1 je 15 Besucherplätze	
Tanzschulen, Fitnesscenter, Saunabetriebe, Solarien etc.	1 je 50 m² Nutzfläche oder 1 je 5 Kleiderablagen	1 je 5 Kleiderablagen	
Gaststätten und Beherbergungsbetriebe			
Imbissbetriebe ohne Sitzgelegenheiten	1 je 15 m² Nutzfläche	1 je 20 m² Nutzfläche	1 je 200 Gastplätze, jedoch mind. 1 ab 100 Gastplätze
Biergarten	1 je 2 Sitzplätze oder 1 je 20 m² Nutzfläche		
Gaststätten von örtlicher Bedeutung	1 je 7–10 Sitzplätze oder 1 je 20 m² Nutzfläche		
Gaststätten von überörtlicher Bedeutung	1 je 18 m² Nutzfläche	1 je 9 m² Nutzfläche	

* Soweit keine abweichenden Angaben gemacht werden, sind mind. 1–3 % der geforderten Gesamtstellplatzanzahl, mindestens jedoch 2, behindertengerecht auszuführen, dabei sind möglichst auch Stellplätze mit Heckausstieg zu berücksichtigen.

Tab. 4.12 (Fortsetzung) Bedarfszahlen für Fahrrad- und Pkw-Stellplätze, Orientierungs- bzw. Durchschnittswerte (ggf. abweichende baurechtliche Vorgaben beachten!) (Quelle: EAR 05 und Verordnungen unterschiedlicher Städte/Gemeinden)

4 Erschließung

Bedarfsfall	Anzahl		
	Fahrradstellplatz	Pkw-Stellplatz	Behindertenstellplatz*
Gaststätten und Beherbergungsbetriebe			
Hotels, Pensionen, Kurheime etc.	1 je 3 Beherbergungsräume, für zugehörigen Restaurationsbetrieb Zuschlag von 1 je 15 m² Nutzfläche (Gaststätten) oder 1 je 20 m² Nutzfläche (Imbissbetriebe ohne Sitzgelegenheit) oder 1 je 20 Betten	1 je 10 Beherbergungsräume, für zugehörigen Restaurationsbetrieb Zuschlag von 1 je 12 m² Nutzfläche (Gaststätten) oder 1 je 15 m² Nutzfläche (Imbissbetriebe ohne Sitzgelegenheit)	1 je 200 Betten, jedoch mind. 1 ab 100 Betten
Jugendherbergen	1 je 4–5 Betten	1 je 10 Betten	
Krankenanstalten			
Krankenanstalten, Privatkliniken	1 je 20 (30) Betten	1 je 4 (5) Betten	1 je 200 Betten, jedoch mind. 1 ab 100 Betten
Altenpflegeheime	1 je 40 Betten 0,5 je 12 Betten 1 je 30 Betten	1 je 8 Betten 1 je 12 Betten	
Schulen, Einrichtungen der Jugendförderung			
Grundschulen	1 je 3 Schüler 5 je 20 Ausbildungsplätze 1 je 5 Schüler 0,1 je Schüler	1 je 50 Schüler 1 je 20 Ausbildungsplätze	1 je 200 Sitz-/Ausbildungsplätze, jedoch mind. 1 je Einrichtung
Sonstige allgemeinbildende Schulen, Berufsschulen	1 je Schüler	1 je 40 Schüler, zus. 1 je 10 Schüler über 18 Jahre	
Sonderschulen (für Menschen mit Behinderung)	1 je 15 Schüler	1 je 30 Schüler	
Fachhochschulen, Hochschulen	1 je 5 Studierende 3 je 10 Ausbildungsplätze 0,6 je Student	1 je 6 Studierende 2 je 10 Ausbildungsplätze	1 je 200 Sitz-/Ausbildungsplätze, jedoch mind. 1 je Einrichtung
Kindergärten, Kindertagesstätten etc.	1 je 15 Kinder (Tagesplätze) oder 1 je Gruppe/Gruppenraum	1 je 30 Kinder (Tagesplätze) 1 je 30 Besucherplätze	
Gewerbliche Anlagen			
Handwerks- und Industriebetriebe	1 je 70 m² Nutzfläche (bis 200 m²) 0,4 je 2 Arbeitsplätze 1 je 200 m² Brutto-Grundfläche 1 je 5 Beschäftigte	1 je 70 m² Nutzfläche	
Lagerräume, Lagerplätze	1 je 150 m² Nutzfläche oder 0,4 je 2 Arbeitsplätze	1 je 150 m² Nutzfläche oder 1 je 2 Arbeitsplätze	
Kraftfahrzeugwerkstätten	1 je 100 m² Nutzfläche	1 je 100 m² Nutzfläche	
Verschiedenes			
Kleingartenanlagen	1 je 3 Kleingärten	1 je 30 Kleingärten	
Friedhöfe	1 je 1000 m² Grundstücksfläche 1 je 1500 m² Grundstücksfläche	1 je 2000 m² Grundstücksfläche, mind. jedoch 10	

* Soweit keine abweichenden Angaben gemacht werden, sind mind. 1–3 % der geforderten Gesamtstellplatzanzahl, mindestens jedoch 2, behindertengerecht auszuführen, dabei sind möglichst auch Stellplätze mit Heckausstieg zu berücksichtigen.

Tab. 4.12 (Fortsetzung) Bedarfszahlen für Fahrrad- und Pkw-Stellplätze, Orientierungs- bzw. Durchschnittswerte (ggf. abweichende baurechtliche Vorgaben beachten!) (Quelle: EAR 05 und Verordnungen unterschiedlicher Städte/Gemeinden)

4.3 Stellplatzanlagen für Fahrräder und Kraftfahrzeuge

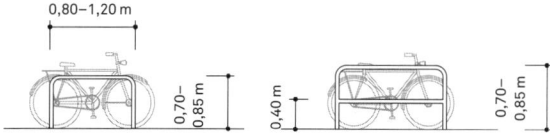
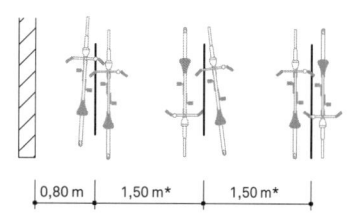

* bei Zugänglichkeit von allen Seiten / beengten Platzverhältnissen auch 1,20 m

Abb. 4.18 Abmessung und Ausrichtung von Anlehnbügeln mit und ohne Holm

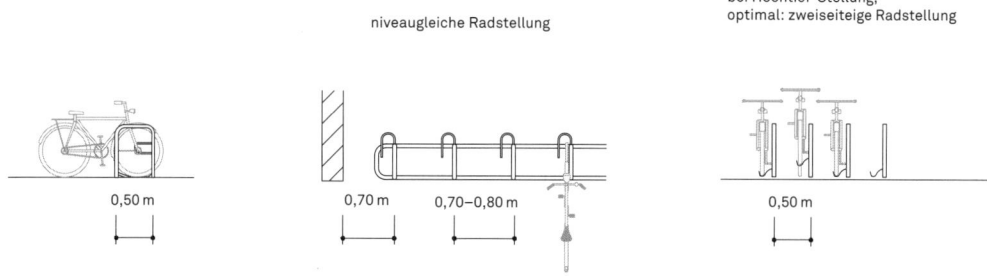

Abb. 4.19 Abmessung und Ausrichtung von kombinierten Vorderrad- und Rahmenhaltern als Reihenparker

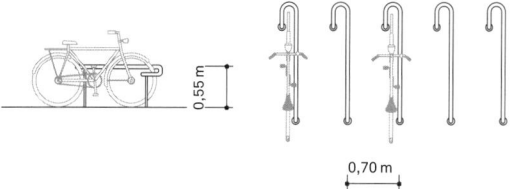

Abb. 4.20 Einseitiger Anlehnbügel mit Vorderradschleife

4 Erschließung

	Art der Anlagen	Fläche je Anlehnbügel (2 Fahrräder)	Fläche pro Fahrrad
A	Senkrechtaufstellung (90°), zweireihig	4,3 m²	2,15 m²
B	Senkrechtaufstellung (90°), einreihig	5,2 m²	2,6 m²
C	Schrägaufstellung (45°), zweireihig, Mittelgang im Zweirichtungsverkehr	4,8 m²	2,4 m²
D	Schrägaufstellung (45°), zweireihig, Mittelgang im Einrichtungsverkehr	4,3 m²	2,15 m²
E	Schrägaufstellung, einreihig, Mittelgang im Einrichtungsverkehr	5,6 m²	2,8 m²

Tab. 4.13 Flächenbedarf von Fahrradstellplätzen: Anlehnbügel/Rahmenhalter mit Abstand von 1,50 m

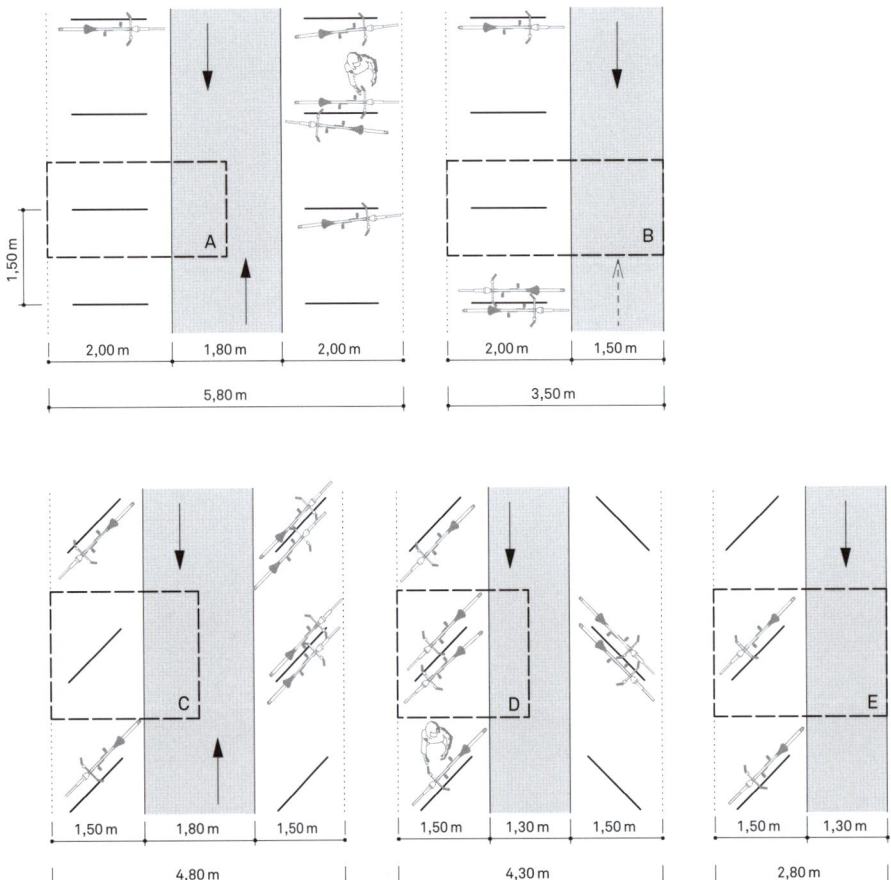

Abb. 4.21 Parkstand- und Fahrgassenbreite bei Senkrecht- und Schrägaufstellung von Fahrrädern

4.3 Stellplatzanlagen für Fahrräder und Kraftfahrzeuge

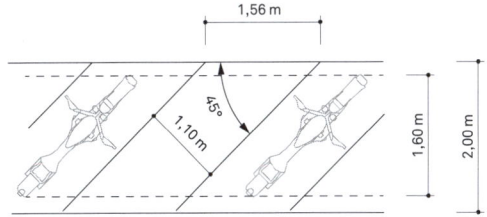 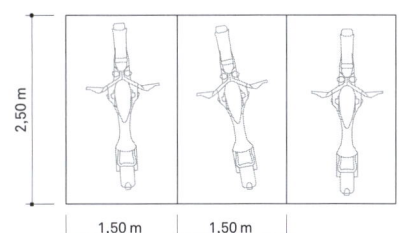

Abb. 4.22 Grundmaße für das Abstellen von Motorrädern

	Aufstell-winkel (in Grad°) α [gon]	Tiefe ab Fahrgas-senrand t–ü	Breite des Überhang-streifens ü	Breite des Park-stands b	Straßenfrontlänge l beim Einparken vorwärts	Straßenfrontlänge l beim Einparken rückwärts	Fahrstreifen bzw. Fahrbahnbreite g beim Einparken vorwärts	Fahrstreifen bzw. Fahrbahnbreite g beim Einparken rückwärts
Längsaufstellung	0			2,00 m	6,70 m [1]	5,70 m / 5,20 m [2]	3,25 m	3,50 m
Schrägaufstellung	50 (45°)	4,15 m	0,70 m	2,50 m	3,54 m		3,00 m	
	60 (54°)	4,45 m	0,70 m	2,50 m	3,09 m		3,50 m	
	70 (63°)	4,60 m	0,70 m	2,50 m	2,81 m		4,00 m	
	80 (72°)	4,65 m	0,70 m	2,50 m	2,63 m		4,50 m	
	90 (81°)	4,55 m	0,70 m	2,50 m	2,53 m		5,25 m	
Senkrechtaufstellung	100 (90°)	4,30 m	0,70 m	2,50 m	2,50 m	2,50 m	6,00 m	4,50 m

[1] In Sonderfällen, z. B. um Behinderungen im Radverkehr beim Rückwärtseinparken zu vermeiden
[2] Durchschnittswert ohne Markierung

Tab. 4.14 Abmessungen von Pkw-Stellplätzen und Fahrgassen, nach Längs-, Schräg- oder Senkrechtaufstellung

4 Erschließung

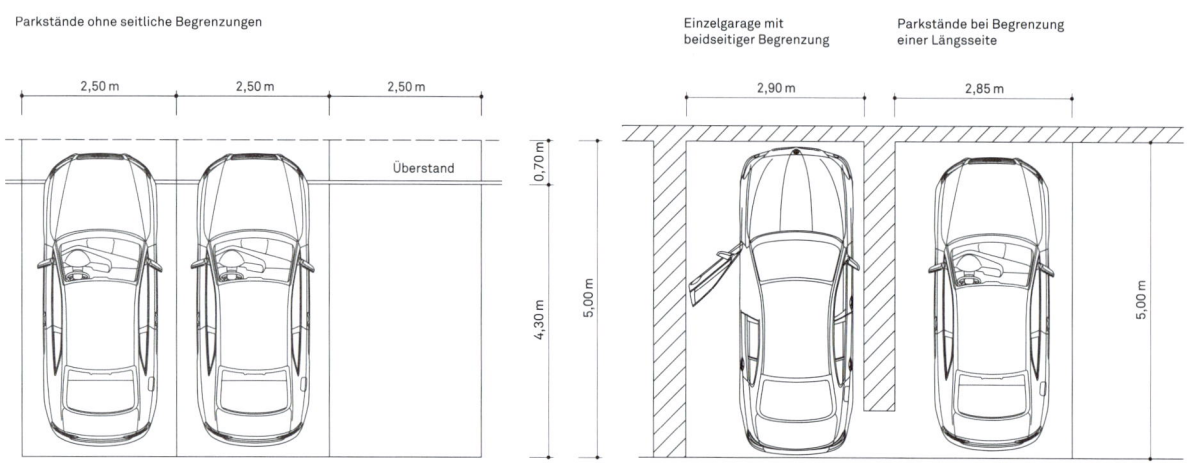

Abb. 4.23 Beispielhafte Anordnung der Stellplätze bei Senkrecht- und Schrägaufstellung

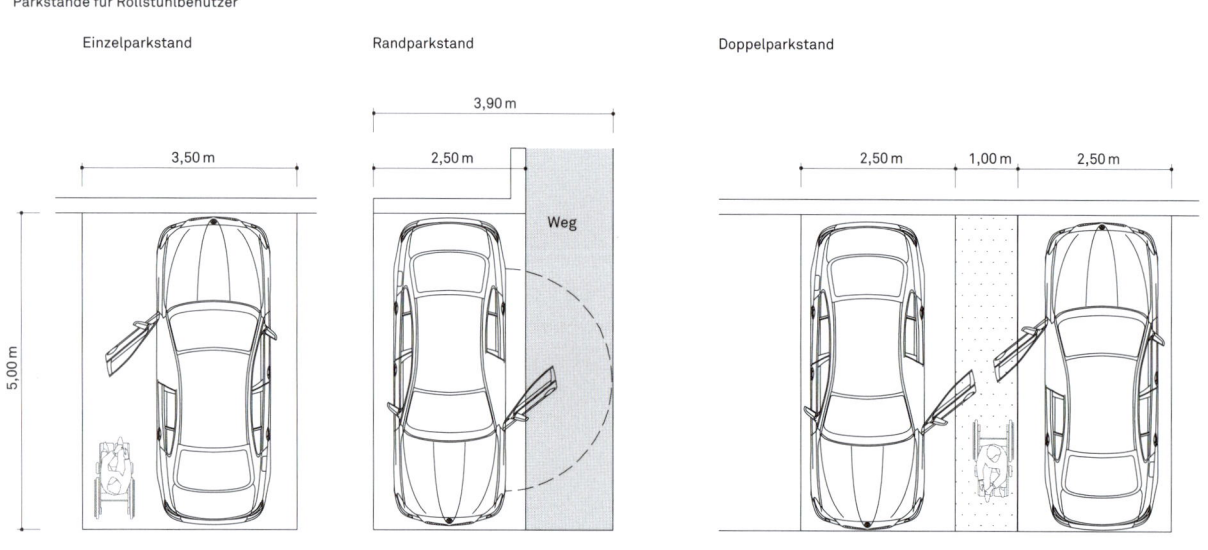

Abb. 4.24 Bemessung von Parkständen für Rollstuhlfahrer – Senkrechtaufstellung

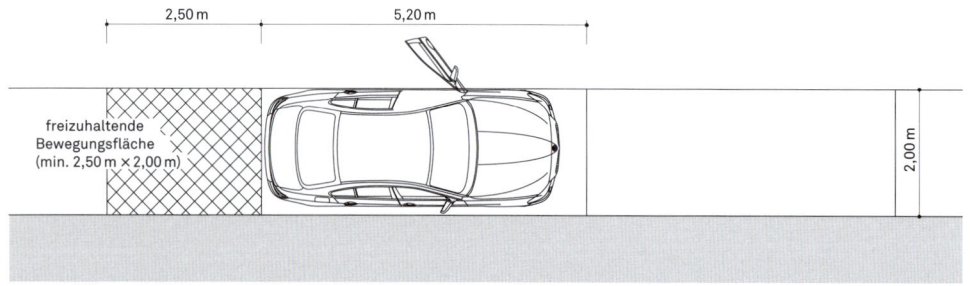

Abb. 4.25 Bemessung von Parkständen für Rollstuhlfahrer – Längsaufstellung

4.3 Stellplatzanlagen für Fahrräder und Kraftfahrzeuge

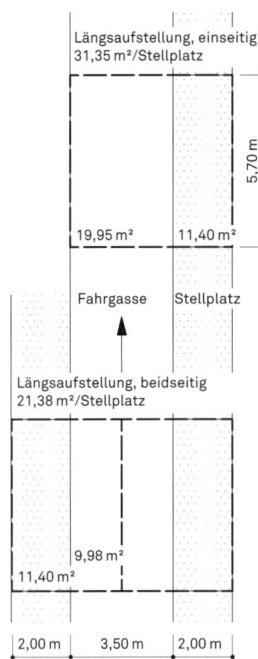
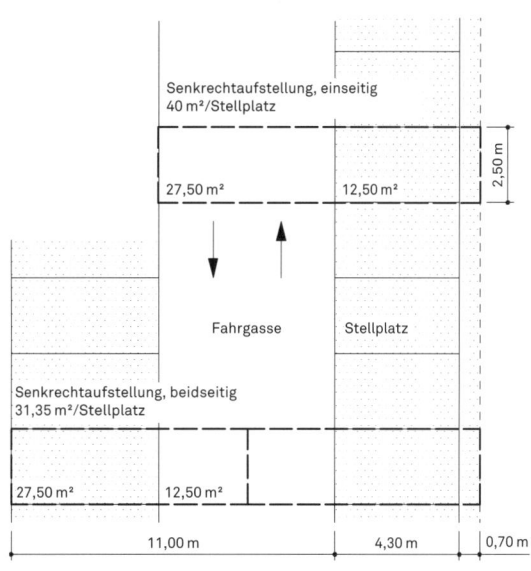
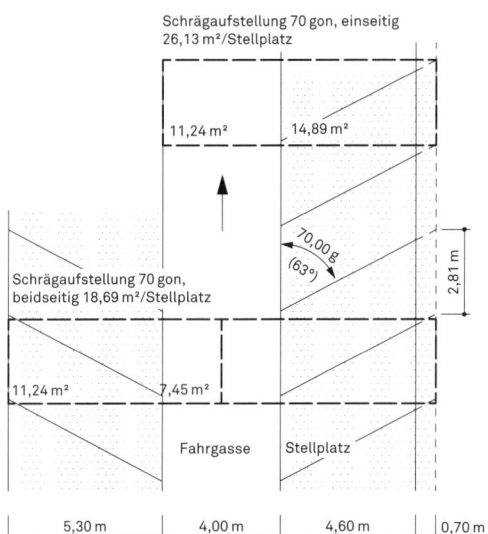
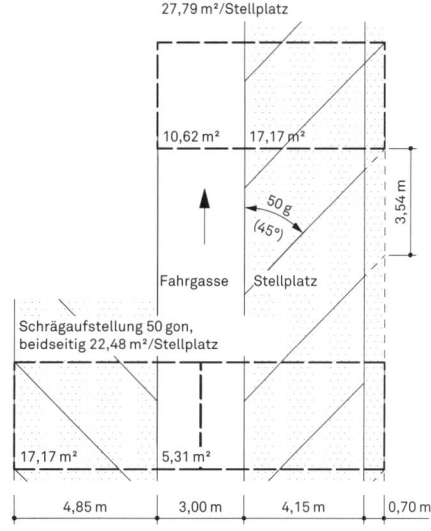

Abb. 4.26 Abmessungen von Parkständen und Flächenbedarf für Pkw im Straßenraum in Abhängigkeit von der Art der Aufstellung

4 Erschließung

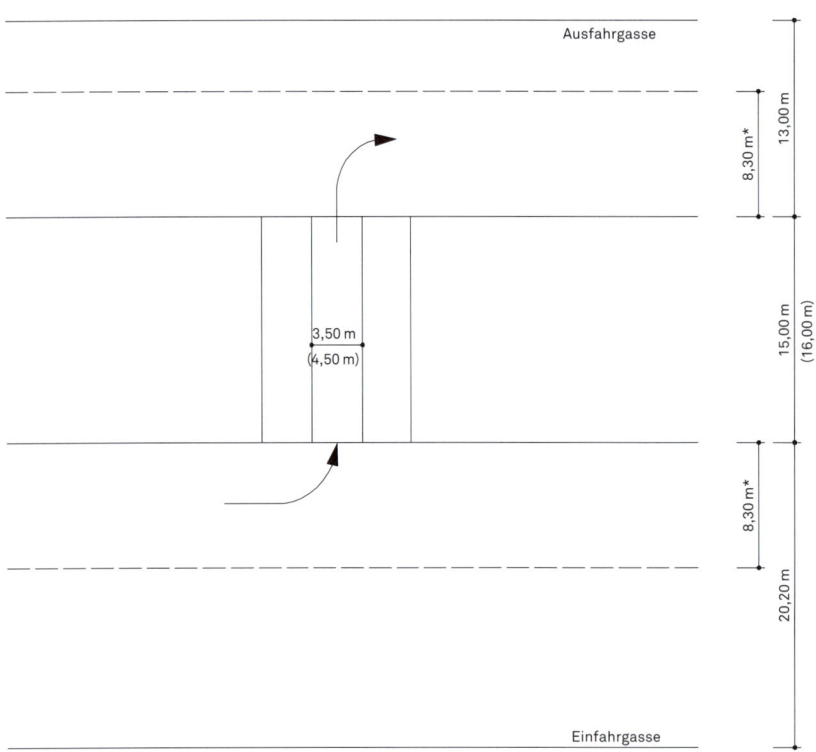

* Wenn das Überstreichen von Flächen im Seitenraum möglich ist.

Abb. 4.27 Grundmaße für das Abstellen von Lkw und Bussen – Senkrechtaufstellung

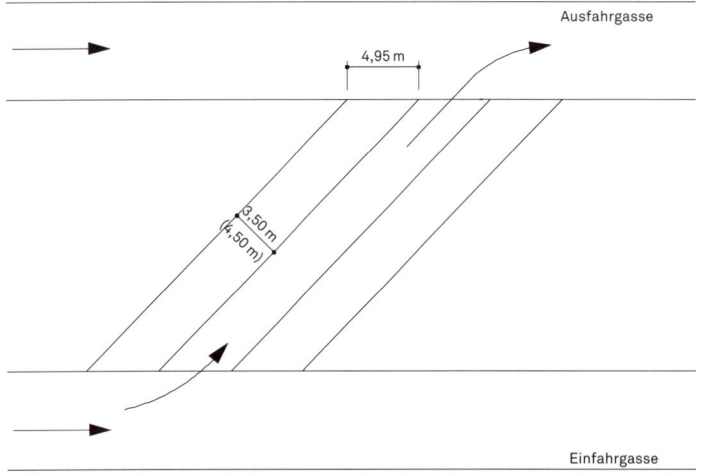

Abb. 4.28 Grundmaße für das Abstellen von Lkw und Bussen – Schrägaufstellung

4.4 Rampen und Treppen

Ab einer Steigung von max. 18 % sollten Wege durch eine Treppe ersetzt werden. Bei Steigungen ab 10 % können auch Stufenwege zum Einsatz kommen, da sie die Begehbarkeit erleichtern. Sind Gebäude und Freianlagen barrierefrei zu erschließen, müssen größere Steigungen außerdem durch Rampen zugänglich gemacht werden, an die spezielle Anforderungen gestellt werden.

Das erforderliche Stufenmaß einer Treppe ergibt sich zum einen aus der Neigung des Geländes und zum anderen aus der Stufenhöhe (Steigung) und dem Stufenauftritt, die jeweils in Bezug zur Schrittlänge gesetzt werden. Mit zunehmender Steigung verkürzt sich jedoch der Schritt, und umgekehrt verlängert sich dieser bei einer flachen Neigung. Daraus ergibt sich eine variable Bemessungsgröße für die Planung von Stufen. Für Treppen in und an Gebäuden geben die Normen einiger Länder allerdings zwingend eine Formel mit unveränderlichem Schrittmaß als Berechnungsgrundlage vor.

Die erforderliche Treppenbreite steht in Abhängigkeit von der Nutzung. Bei bestimmten Nutzungen, wie der Erschließung von öffentlichen Gebäuden oder Veranstaltungsorten, sind die entsprechenden Richtlinien zu berücksichtigen.

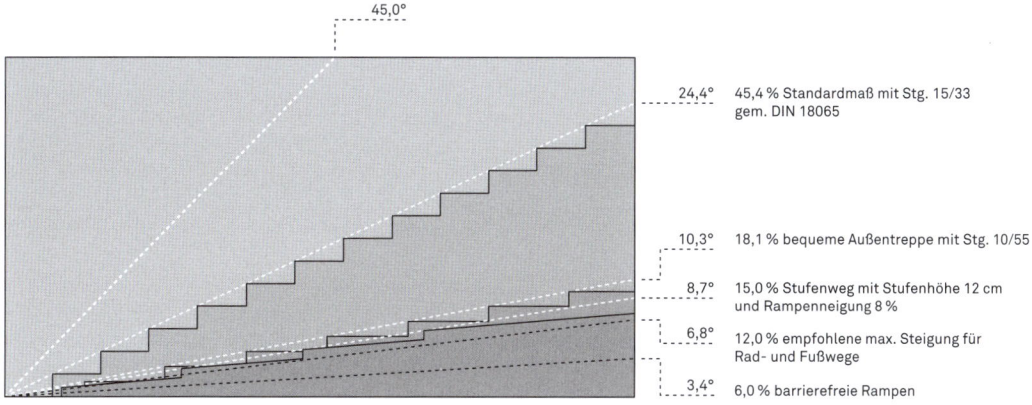

Abb. 4.29   Ausgewählte Steigungen von Rampen und Treppen

Planungsgrößen	Geländeneigung	Neigung der Zwischenpodeste	Podestlänge	Stufenhöhe
1 Zwischenschritt auf jedem zweiten Podest	26 % 24 % 22 %	12 % 11 % 10 %	83 cm 85 cm 89 cm	12 cm 11 cm 11 cm
2 Zwischenschritte auf jedem Podest	20 % 19 % 17 % 15 % 13 %	12 % 11 % 10 % 8 % 7,5 %	175 cm 180 cm 185 cm 190 cm 200 cm	14 cm 14 cm 13 cm 12 cm 11 cm

Tab. 4.15   Maße von Stufenwegen (nach Mader, 2004)

4 Erschließung

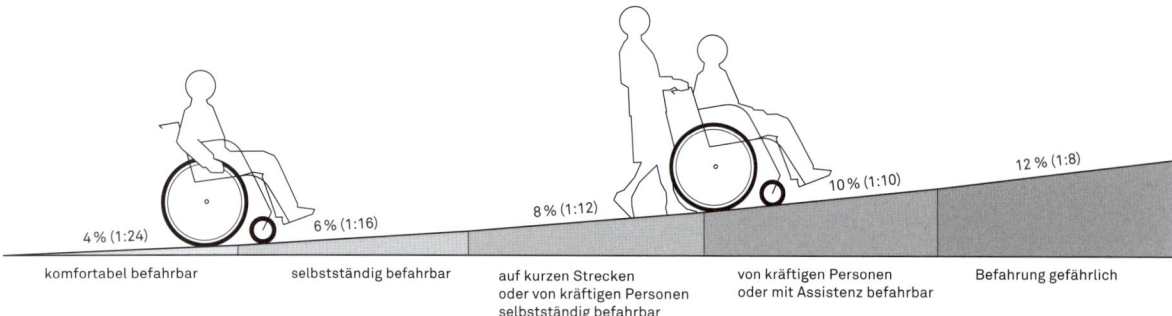

Abb. 4.30 Nutzbarkeit verschiedener Rampenneigungen

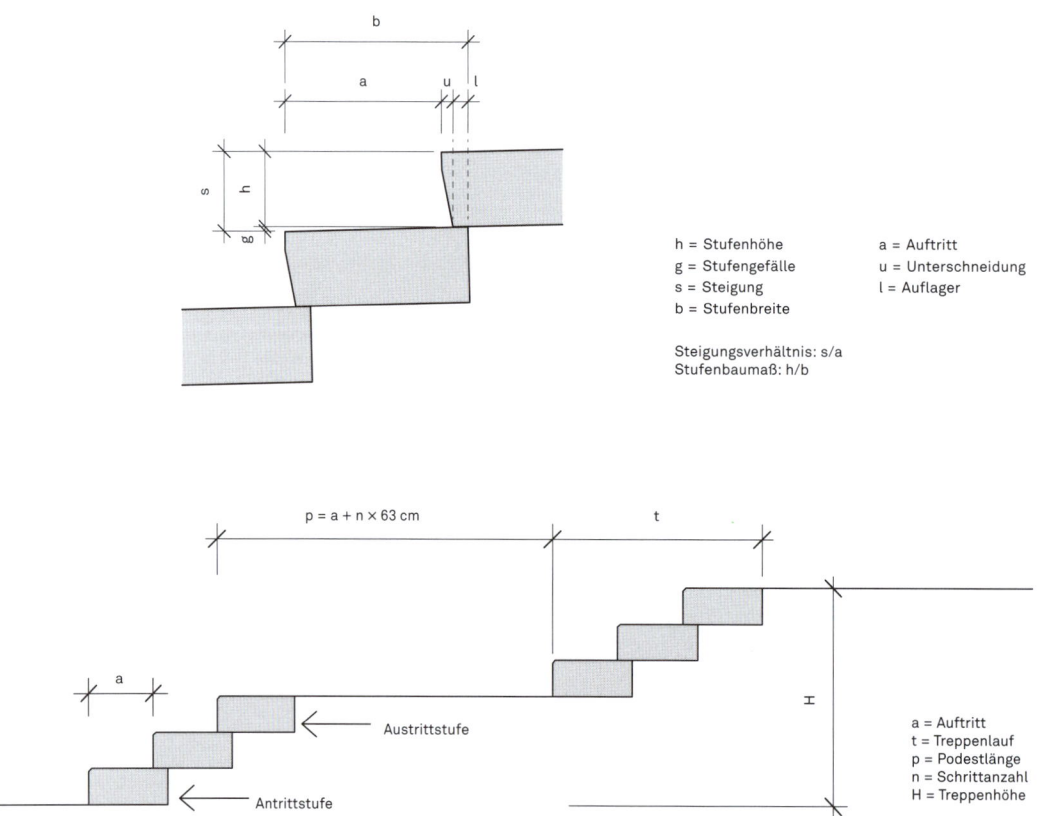

h = Stufenhöhe
g = Stufengefälle
s = Steigung
b = Stufenbreite

a = Auftritt
u = Unterschneidung
l = Auflager

Steigungsverhältnis: s/a
Stufenbaumaß: h/b

a = Auftritt
t = Treppenlauf
p = Podestlänge
n = Schrittanzahl
H = Treppenhöhe

$p = a + n \times 63\ cm$

Abb. 4.31 Berechnung von Stufen und Podesten

4.4 Rampen und Treppen

Land	Formel	Geltungsbereich	Quelle
Deutschland	2s + a = 59–65 cm	Im Bereich von Gebäuden (Eingangsbereiche und Zugangswege)	DIN 18065
Österreich	2s + a = 59–65 cm	Im Bereich von Gebäuden (Eingangsbereiche und Zugangswege)	ÖNORM B 5371
Schweiz	2s + a = 62–64 cm	Im Bereich von Gebäuden, Im Außenbereich: Steigungen 13–18 cm und Auftrittstiefe 28–35 cm, Zwischenpodeste nach 9–12 Stufen	bfu
Frankreich	2s + a = 59–64 cm		Ministère de l'Équipement, du Logement, des Transports et du Tourisme
Spanien	54 cm ≤ 2s + a ≤ 70 cm	Für Freianlagen wird eine Steigung von 10–15 cm empfohlen	Documento Básico de Seguridad de Utilización (DB-SU)
USA	2s + a = 65–67,5 cm (26–27 inches)	Außenanlagen	Time-Saver Standard

Tab. 4.16 Schrittmaßformeln zur Berechnung des Stufenmaßes

	Nach Schrittmaßformel für Treppen in und an Gebäuden		Schrittmaß und Schrittmaßformeln für Treppen in Freianlagen			
	Gem. DIN 18065-1		Empfehlung nach Alwin Seifert für s < 17		Empfehlung nach Mader	
s	Auftritt a	Schrittmaß 2s + a	Auftritt a = 94 – 4s	Schrittmaß 2s + a	Auftritt a	Schrittmaß 2s + a
9	In und an* Gebäuden gem. DIN 18065-1 nicht zulässig	59–65 cm	58 cm	76 cm	–	–
10			54 cm	74 cm	50–63 cm	70–83 cm
11			50 cm	72 cm	45–58 cm	67–80 cm
12			46 cm	70 cm	41–53 cm	65–77 cm
13			42 cm	68 cm	38–48 cm	64–74 cm
14	31–37 cm		38 cm	66 cm	36–43 cm	64–71 cm
15	29–35 cm		34 cm	64 cm	34–39 cm	64–69 cm
16	27–33 cm		30 cm	62 cm	32–35 cm	64–67 cm
17	25–31 cm		–	–	29–32 cm	63–66 cm
18	23–29 cm		–	–	27–30 cm	63–66 cm
19	21–27 cm		–	–	–	–
20**	21–25 cm		–	–	–	–
21**	21–23 cm		–	–	–	–

* der Gebäudeerschließung dienende Treppen
** nur baurechtlich nicht erforderliche Treppen (kein Rettungsweg), bei/an Wohnhäusern mit max. 2 Wohnungen auch 20 cm

Tab. 4.17 Steigungsverhältnisse von Stufen

4 Erschließung

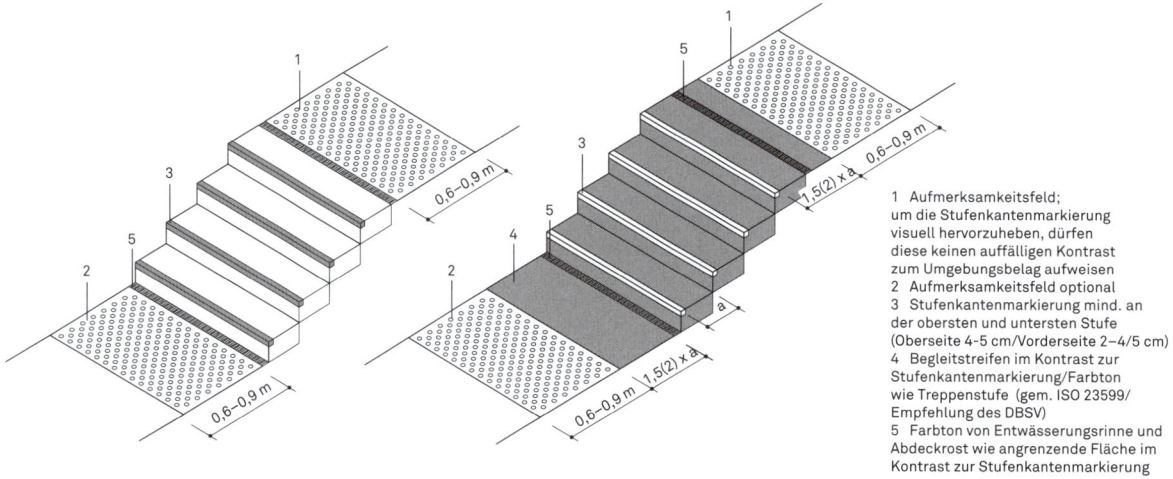

1 Aufmerksamkeitsfeld; um die Stufenkantenmarkierung visuell hervorzuheben, dürfen diese keinen auffälligen Kontrast zum Umgebungsbelag aufweisen
2 Aufmerksamkeitsfeld optional
3 Stufenkantenmarkierung mind. an der obersten und untersten Stufe (Oberseite 4-5 cm/Vorderseite 2–4/5 cm)
4 Begleitstreifen im Kontrast zur Stufenkantenmarkierung/Farbton wie Treppenstufe (gem. ISO 23599/ Empfehlung des DBSV)
5 Farbton von Entwässerungsrinne und Abdeckrost wie angrenzende Fläche im Kontrast zur Stufenkantenmarkierung

Abb. 4.32   Aufmerksamkeitsfelder vor einer Treppe

	Barrierefrei	Nutzerfreundlich/ funktionsgerecht	Optimiert (z. B. bei zusätzlicher Nutzung durch Fahrräder)
Maximale Längsneigung	3% oder 3–6% bei Rampen und Wege mit Zwischenpodesten	3–4%	3%
Maximale Querneigung	0%	0%	0%/0%
Breite	1,2 m	1,5 m	≥ 1,8 m
Bewegungsfläche/Podest bei Rampen	1,5 m	2,0–3,0 m	≥ 4,0 m
Abstand der Podeste	max. 6m (Rampen), max. 10 m (Bewegungsflächen)	max. 10,0 m	

Tab. 4.18   Barrierefreie Gestaltung von Rampen (Quelle: Design für alle, ergänzt)

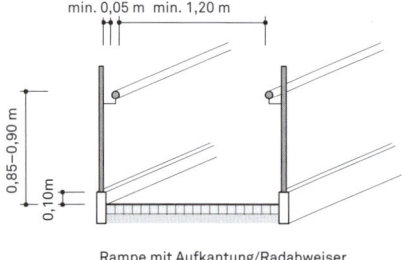
Rampe mit Aufkantung/Radabweiser

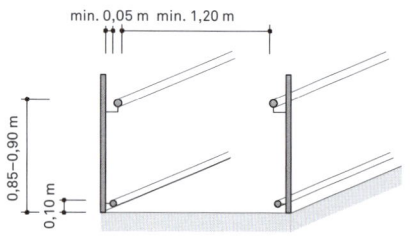
Alternativ: Rampe mit Fußlauf

Abb. 4.33   Querschnitt Rampe

4.4 Rampen und Treppen

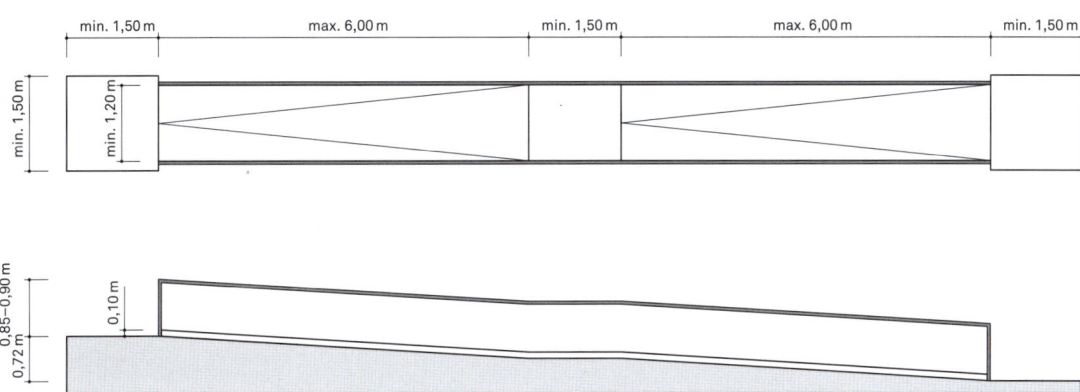

Abb. 4.34 Ansprüche an Rampenläufe und Podeste

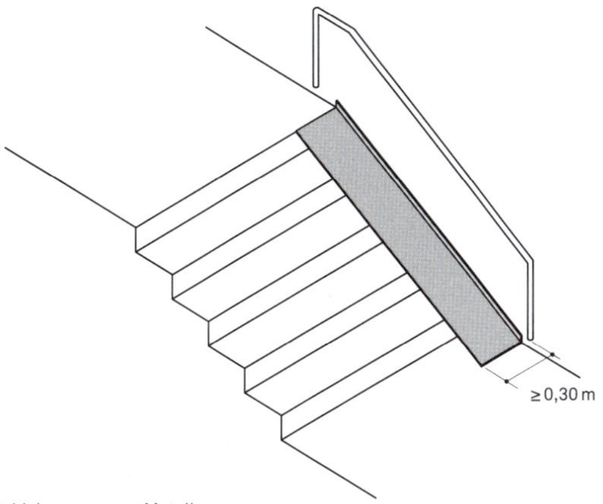

Schieberampe aus Metall
auf Stufen aufliegend

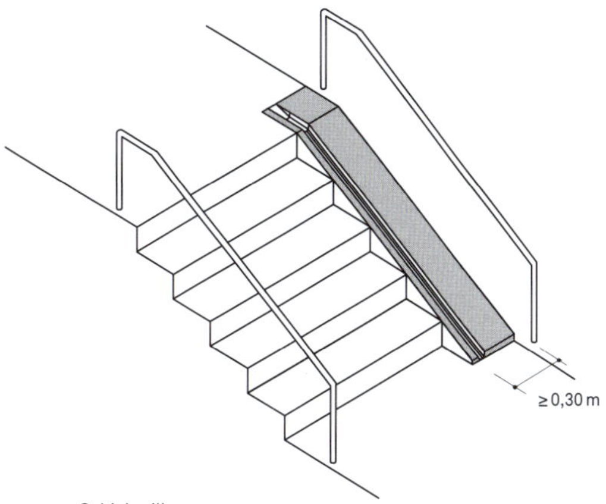

Schieberille

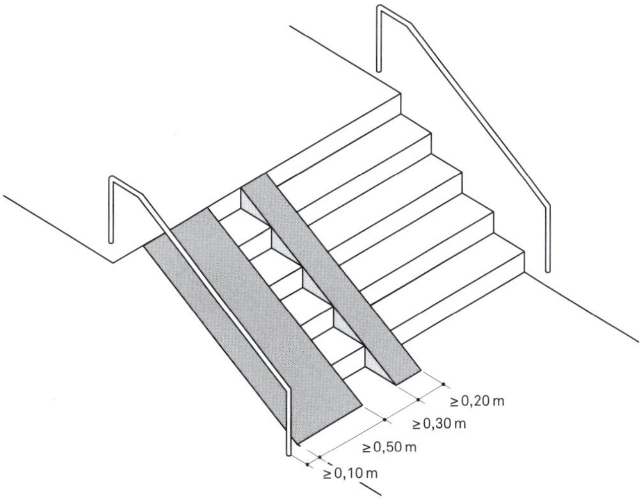

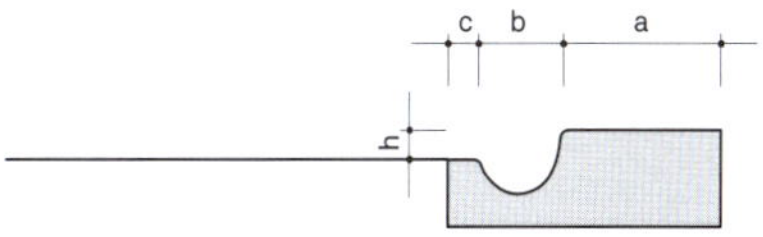

Abmessungen Schieberille

a ≥ 20 cm
b 8–12 cm oder
  10 cm (bei Metallstufen)
c 3–5 cm
h 3 oder 4 cm (bei Metallstufen)

Abb. 4.35 Beispiele für Schiebehilfen

5 Vertikale Bauelemente

In der Landschaftsarchitektur tragen vertikale Elemente wie Zäune, Geländer oder Einfriedungen deutlich zur Raumbildung des Freiraums bei. Je nach Höhe, Anordnung oder Masse wirken sie begrenzend, räumlich gliedernd oder auch nur in der Fläche strukturierend. Ausserdem kommt auch im Außenraum je nach Standort und Nutzung der Absturzsicherung eine wichtige Bedeutung zu. Lärm- und Sichtschutz sind darüber hinaus Themen, die gute gestalterische und technisch-konstruktive Lösungen fordern.

5.1 Einfriedungen

Die Einfriedung eines Grundstücks oder einer Fläche kann der Kenntlichmachung von Besitzverhältnissen oder der Sicherung vor (unbefugtem) Betreten oder Verlassen dienen. Besondere Funktionen bieten darüber hinaus Schallschutzwände, Sichtschutzwände und Windschutzeinrichtungen. Im Bereich zweckgebundener Freiflächen, beispielsweise von Sportflächen, steht die Funktion der Einfriedung als Ballfangzaun im Vordergrund.

Zäune, Mauern, Hecken, Gräben, Wälle, Baumreihen, Flächenabsenkungen oder Flächenpodeste stellen mögliche Arten der Einfriedung dar.

Viele Flächen bedürfen einer zweckgebundenen Einfriedung. Dabei sind beispielsweise Ballsportflächen mindestens (3,0–) 4,0 m und Hundeauslaufflächen mindestens 1,0 m, besser 1,2 m hoch einzuzäunen. Spielplätze hingegen können aus gestalterischer Sicht auch auf andere Art eingefriedet werden, wenn das Verlassen der Spielfläche für die Kinder deutlich wahrnehmbar ist. Zum Zweck der sozialen Kontrolle sollte die Einfriedung von Spielplätzen offen und mit einer Höhe von 1 m gebaut werden.

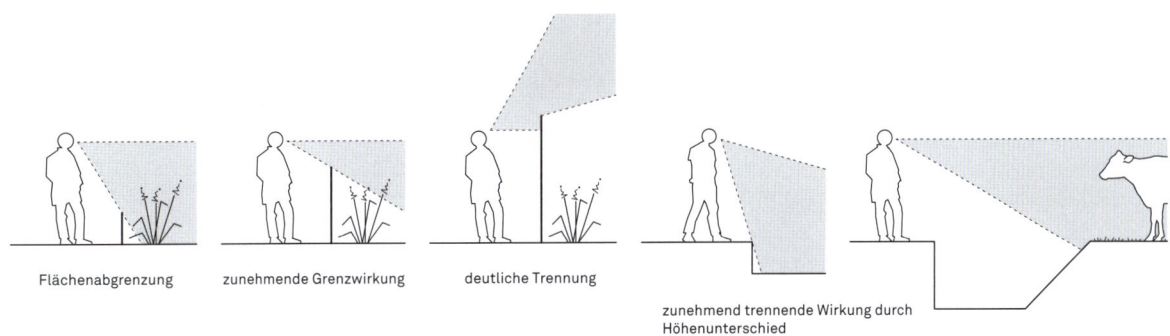

Abb. 5.1 Höhen (und Tiefen) und ihre Barrierewirkung

5 Vertikale Bauelemente

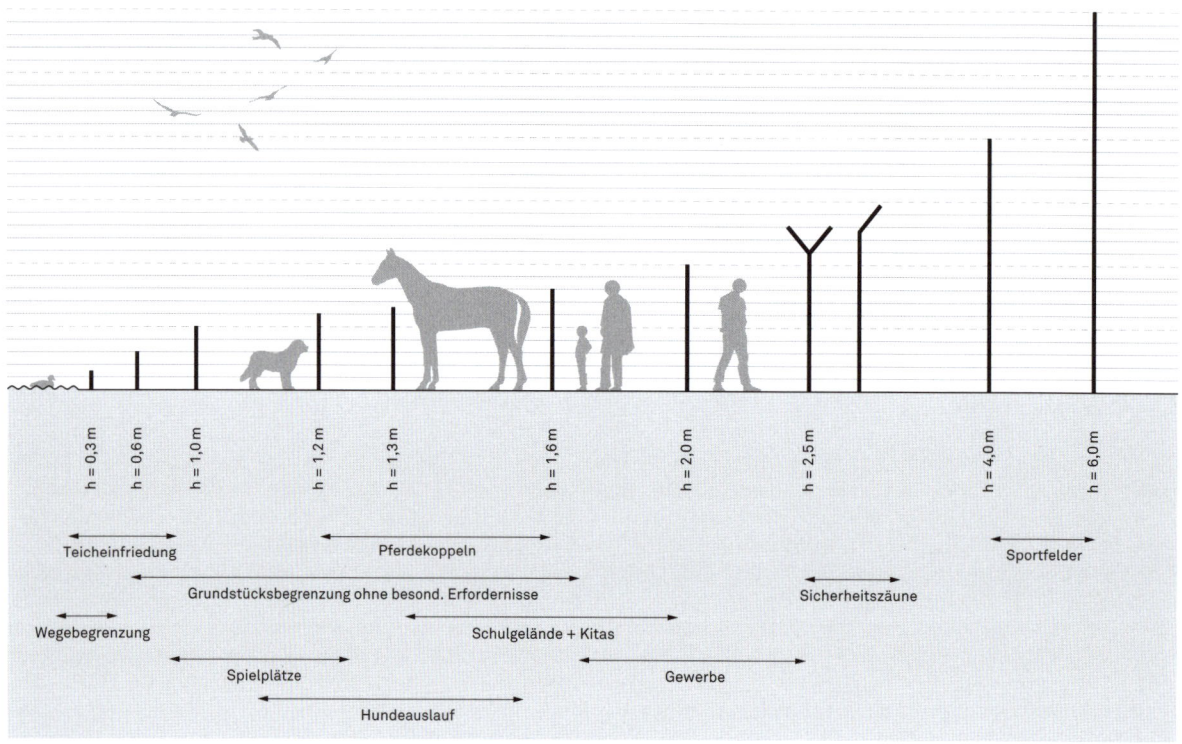

Abb. 5.2 Zweckgebundene Höhen (Minimum/Maximum) von Zäunen/Einfriedungen

Nutzung	Material	Bauweise	Besonderheiten
Allgemeingültige Kriterien		Abstände bei Öffnungen oder zwischen den Verstrebungen/der Lattung in Längs- oder Querrichtung max. 12 cm (in Frankreich 11 cm) oder mind. 23 cm	
Spielplätze	Keine Einschränkung	Niedrige oder offene Bauweise, die die Einsehbarkeit des Geländes zulässt, Abstände zwischen den Öffnungen oder den Verstrebungen/der Lattung in Längs- oder Querrichtung max. 12 cm (in Frankreich 11 cm)	Keine spitzen, scharfkantigen und hervorspringenden Elemente oder Stacheldraht als oberen Abschluss verwenden. Eingänge sind so zu wählen, dass sie abschließbar und im Falle von fließendem Verkehr durch Kinderhand nicht zu öffnen sind (bei Kindergärten und Grundschulen).
Kindergärten und Kindertagesstätten		Ausbildung als Sichtschutz kann – situationsbedingt – sinnvoll sein, Abstände bei Öffnungen oder zwischen den Verstrebungen/der Lattung in Längs- oder Querrichtung max. 12 cm (Frankreich 11 cm) in Kitas max. 11 cm, bei Kindern < 3 Jahre max. 8,9 cm	
Schulgelände			
Sportanlagen für Ballsport, Tennis usw.	Geflecht aus PE-Netz, Maschendraht, Doppelstabmatten (ggf. mit Lärmschutz)	Empfohlene Konfiguration bei Stahlmattenzäunen: • bis 2 m Höhe: Maschenweite 50/200 mm • ab dem 2. Meter Höhe: Maschenweite 100/200 mm • übliches Achsmaß 2520 mm (Pfostenabstand)	

Tab. 5.1 Materialwahl und Bauweisen von Zäunen

5.1 Einfriedungen

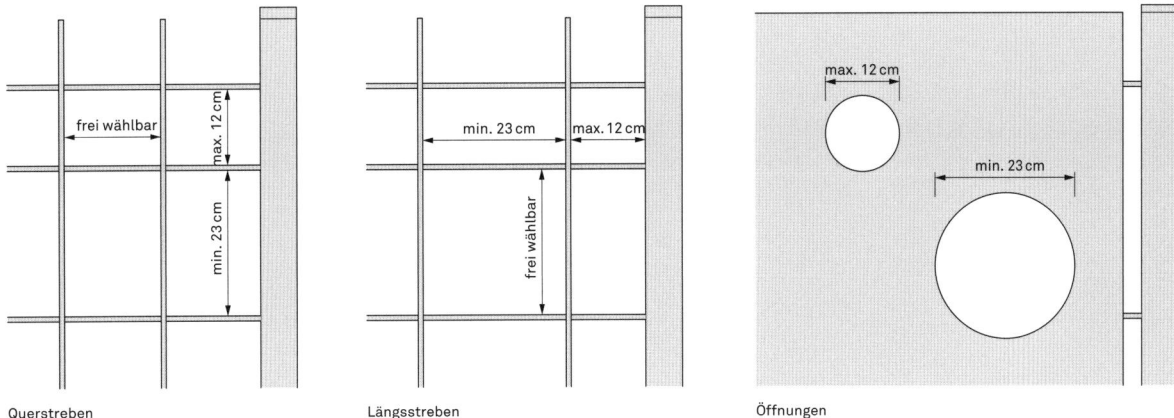

Abb. 5.3 Einzuhaltende Abstände bei Öffnungen und zwischen den Längs- und Querstreben bei Einfriedungen

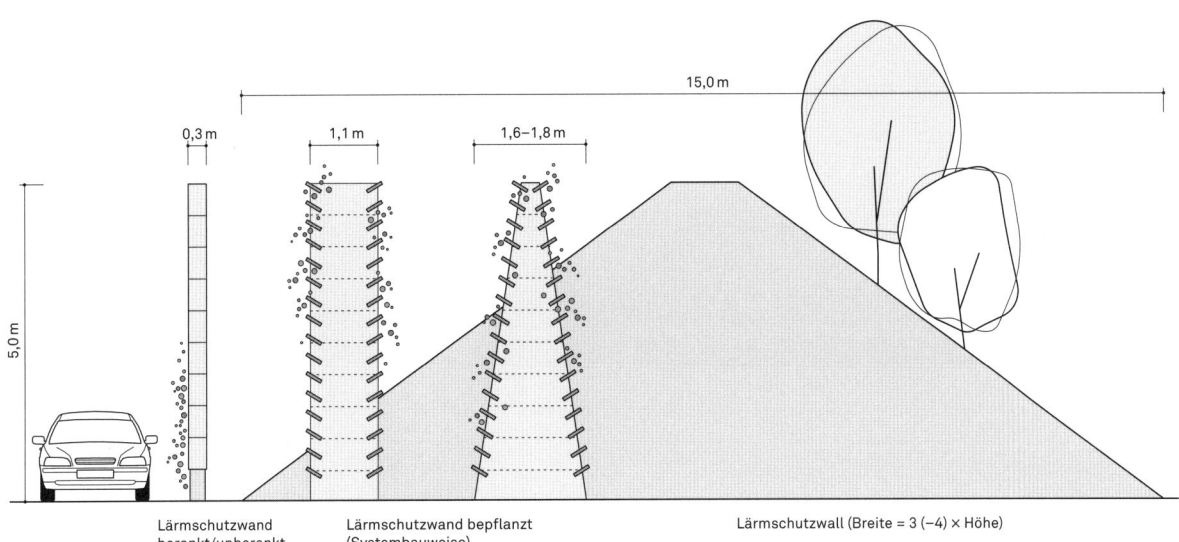

Abb. 5.4 Platzbedarf von Lärmschutzwänden und Lärmschutzwällen (beispielhaft)

5 Vertikale Bauelemente

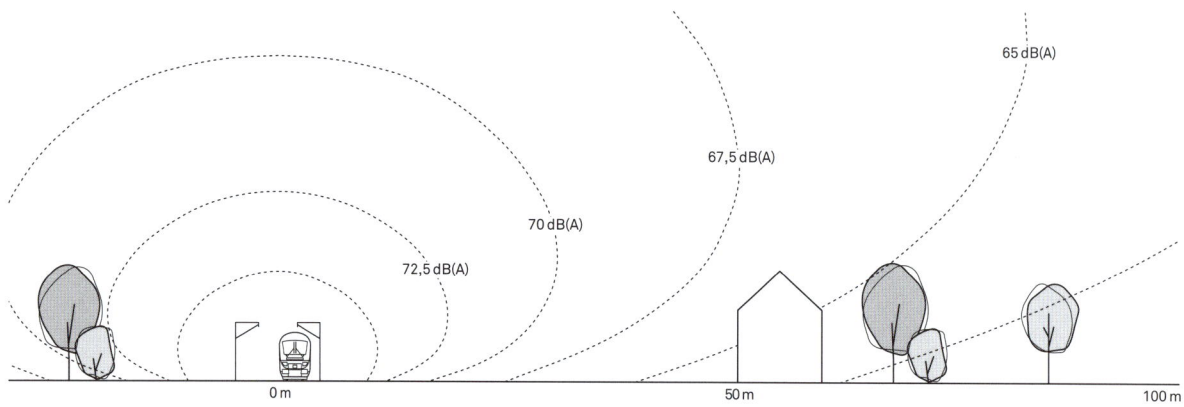

Schallausbreitung ohne Schallschutz

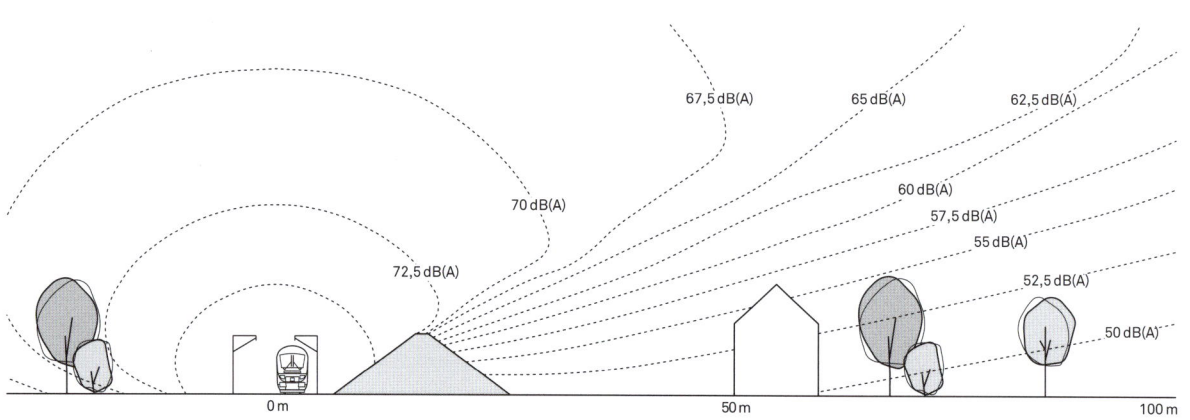

Schallausbreitung mit Schallschutzwall

Abb. 5.5 Wirkungsweise der Schallausbreitung und Schallabschirmung

5.1 Einfriedungen

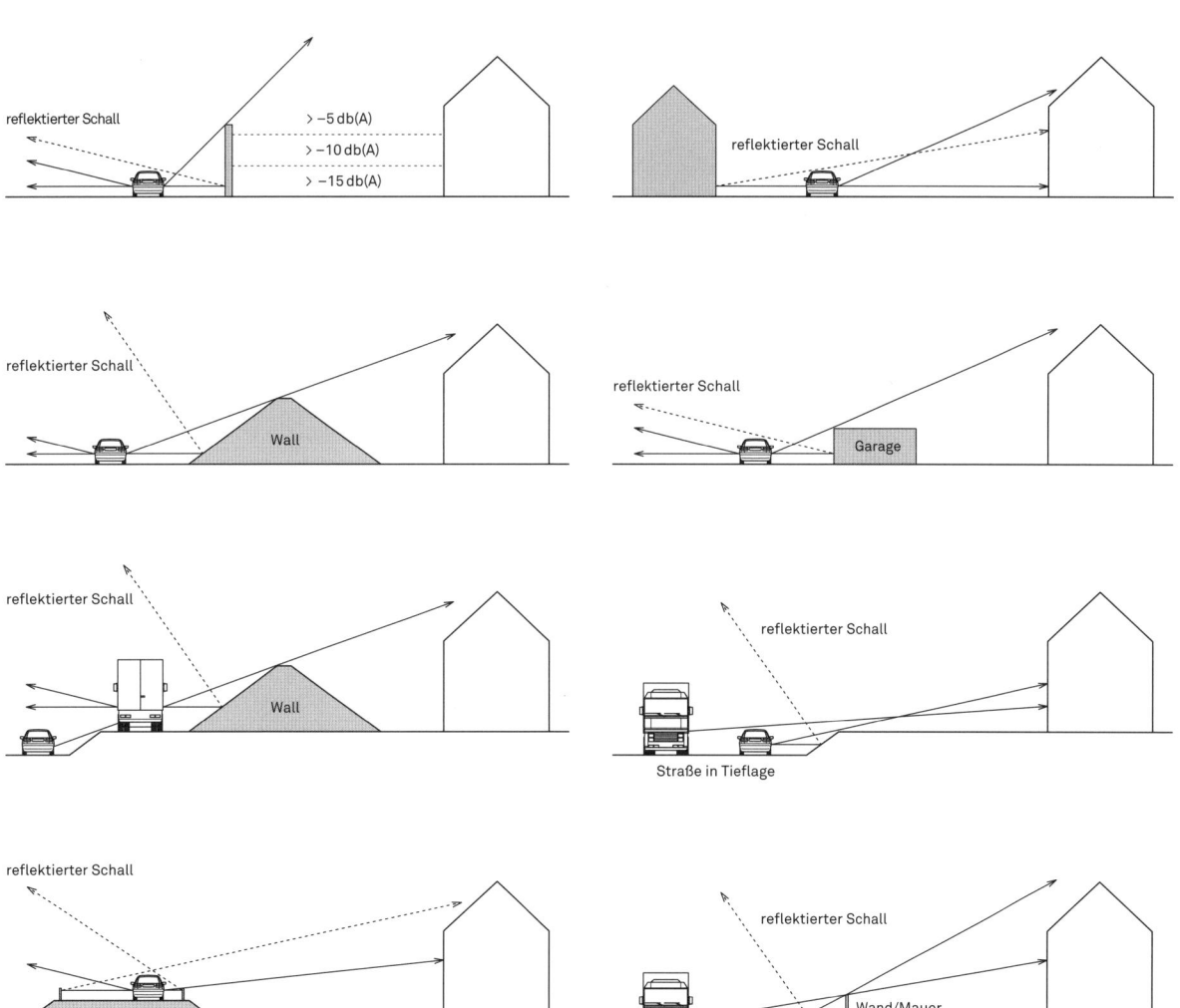

5 Vertikale Bauelemente

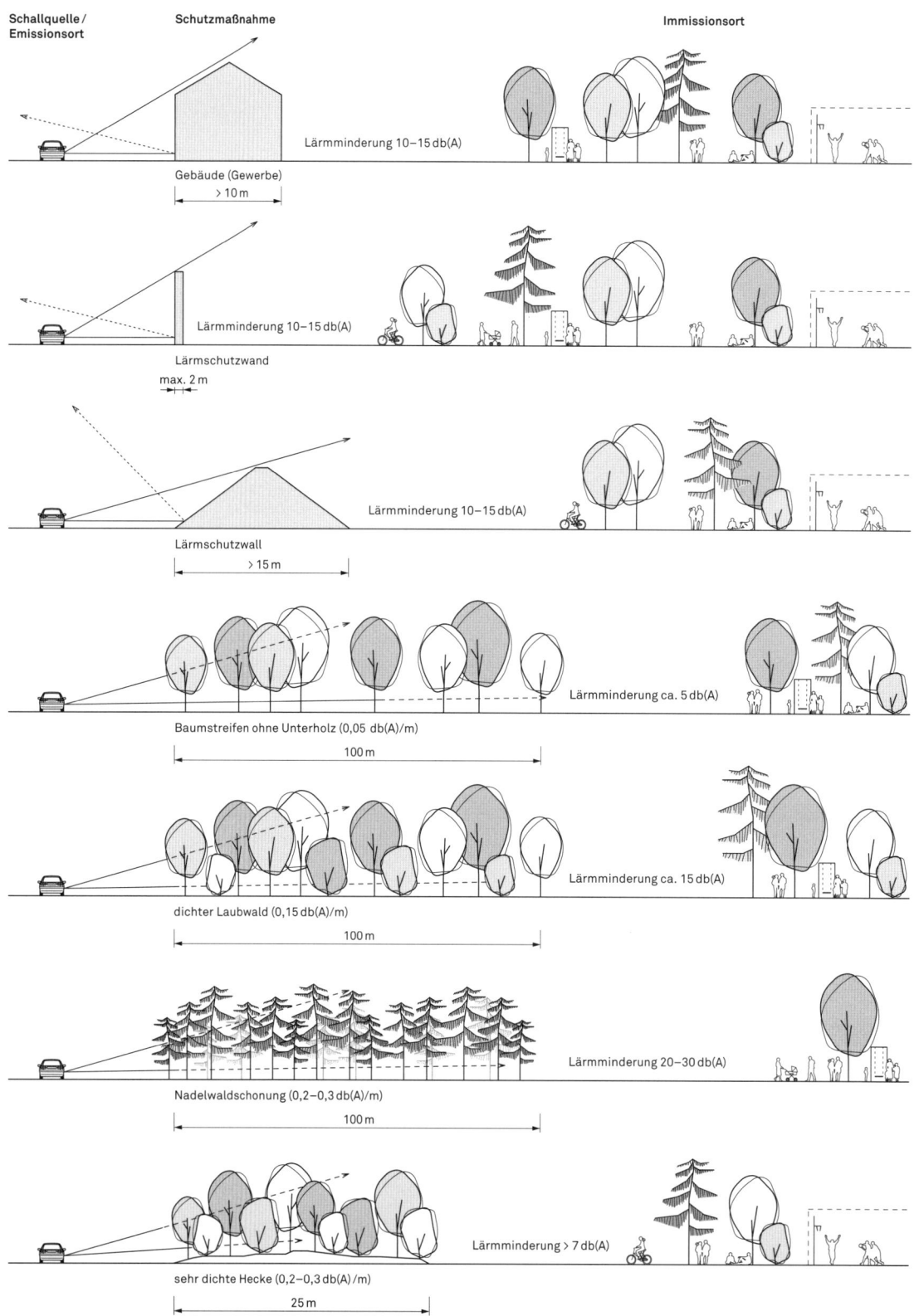

Abb. 5.6 Wirkungsweise unterschiedlicher Schallschutzmaßnahmen

5.1 Einfriedungen

Bundesland	Maximale Höhen von Mauern/ geschlossenen Einfriedungen	Maximale Höhen von offenen Einfriedungen	Ausnahmen
Berlin	Bis 2,00 m, ohne Höhenbegrenzung in Gewerbe- und Industriegebieten		Im Außenbereich: offene, sockellose Einfriedungen, an Hofflächen eines land- oder forstwirtschaftlichen Betriebs oder an Flächen, die landwirtschaftlichen Zwecken dienen
Baden-Württemberg	Bis 1,50 m	Bis 1,50 m	Höhe von Drahtzäunen ist beliebig
Bayern	Bis 2,00 m, außer im Außenbereich; Aufschüttungen bis zu einer Höhe von 2,00 m und einer max. Fläche von bis zu 500 m²	Bis 2,00 m, außer im Außenbereich	Im Außenbereich: offene, sockellose Einfriedungen, an Hofflächen eines land- oder forstwirtschaftlichen Betriebs oder an Flächen, die landwirtschaftlichen Zwecken dienen
Brandenburg	Bis 1,50 m Höhe, ausgenommen im Außenbereich	Bis 2,00 m Höhe, ausgenommen im Außenbereich	Im Außenbereich: offene, sockellose Einfriedungen bis 2,00 m Höhe, an Hofflächen eines land- oder forstwirtschaftlichen Betriebs oder an Flächen, die landwirtschaftlichen Zwecken dienen
Hessen	Bis 2,00 m, ohne Höhenbegrenzung in Gewerbe- und Industriegebieten		Offene Einfriedungen im Außenbereich
Niedersachsen	Stützmauern und Aufschüttungen bis zu einer Höhe von 1,50 m	Bis zur Höhe von 2,00 m, Einfriedungen, die oberhalb einer Höhe von 1,80 m undurchsichtig sind, wenn der Nachbar zugestimmt hat	Einfriedungen bis zur Höhe von 3,50 m, soweit sie Gartenhöfe abschließen und die Voraussetzungen nach § 12 Abs. 5 vorliegen
Nordrhein-Westfalen	Bis zu 2,00 m Höhe, an öffentlichen Verkehrsflächen bis zu 1,00 m Höhe über der Geländeoberfläche		Im Außenbereich an bebauten Grundstücken oder wenn die Bebauung genehmigt ist sowie an Hofflächen eines land- oder forstwirtschaftlichen Betriebs oder an Flächen, die landwirtschaftlichen Zwecken dienen
Sachsen	Bis zu 1,80 m Höhe, ohne Höhenbegrenzung in Gewerbe- und Industriegebieten		

Tab. 5.2 Zulässige Höhen für die genehmigungsfreie Errichtung von Einfriedungen ohne Grenzabstände zum Nachbargrundstück (Auswahl, gemäß der jeweiligen Bauordnung)

5.2 Handläufe, Geländer und Brüstungen

Geländer und Brüstungen dienen als Absturzsicherung im Bereich von Wegen, Plätzen, Stegen und Treppen sowie entlang von Fahrradwegen. Brüstungen werden überwiegend in massiv ausgeführten und geschlossenen Bauweisen z. B. aus Mauerwerk oder Beton errichtet, während Geländer durchlässige Konstruktionen etwa aus Metall oder auch aus Holz sind. Eine gängige Kombination beider Ausführungen sind Brüstungen mit einem Geländer als oberem Abschluss.

An Flächen, bei denen eine Umwehrung der Nutzung widerspricht, sind keine Geländer erforderlich. Dies gilt in der Regel für Hafenanlagen, Schwimmbecken oder Teichanlagen. Eine Einfriedung kann jedoch dann erforderlich werden, wenn ein Teich oder ein Wasserbecken z. B. auf Flächen liegt, die häufig durch Kinder besucht werden.

Handläufe müssen angebracht werden, sobald eine ununterbrochene Folge von drei Stufen (Treppenlauf) vorhanden ist. Für eine barrierefreie Erschließung wird ein Handlauf bereits ab 2 Stufen in Folge erforderlich. Ab 5 m Breite ist ein zusätzlicher Mittelhandlauf vorzusehen.

Die Höhe wird über der Vorderkante der Stufe lotrecht gemessen und beträgt im Normalfall 90 cm. Bei Arbeitsstätten werden mindestens 100 cm gefordert.

Grundsätzlich sind ab einer Absturzhöhe von 1 m Geländer oder Brüstungen erforderlich. Dies gilt auch für Böschungen, wenn diese sehr steil sind. Die Höhe des Geländers oder der Brüstung beträgt in diesem Fall mindestens 0,9 m (1,0 m im Bereich von Arbeitsstätten). Ab einer Absturzhöhe von 12,0 m müssen Geländer und Brüstungen 1,10 m hoch sein. Abweichende Regelungen bestehen zum Beispiel in Bayern: Hier wird eine Umwehrung bereits ab 0,50 m erforderlich.

Geländer an Radwegen oder Fuß- und Radwegen sind grundsätzlich mind. 1,2 m hoch auszuführen.

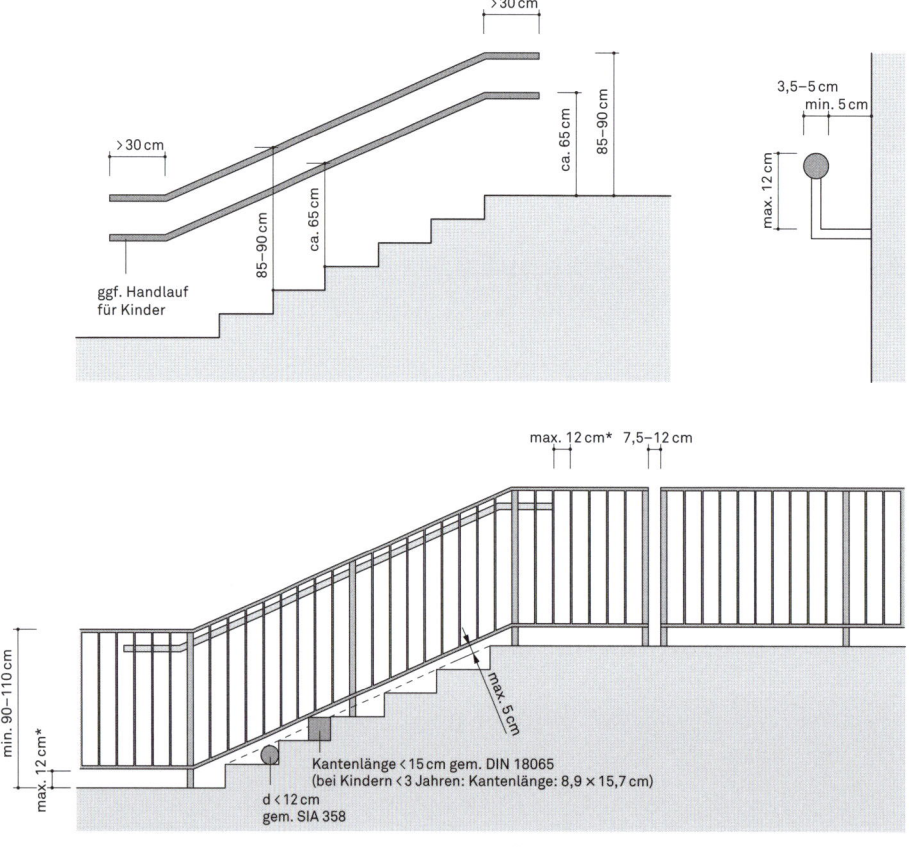

Abb. 5.7 Anforderungen an Treppenhandläufe

5.2 Handläufe, Geländer und Brüstungen

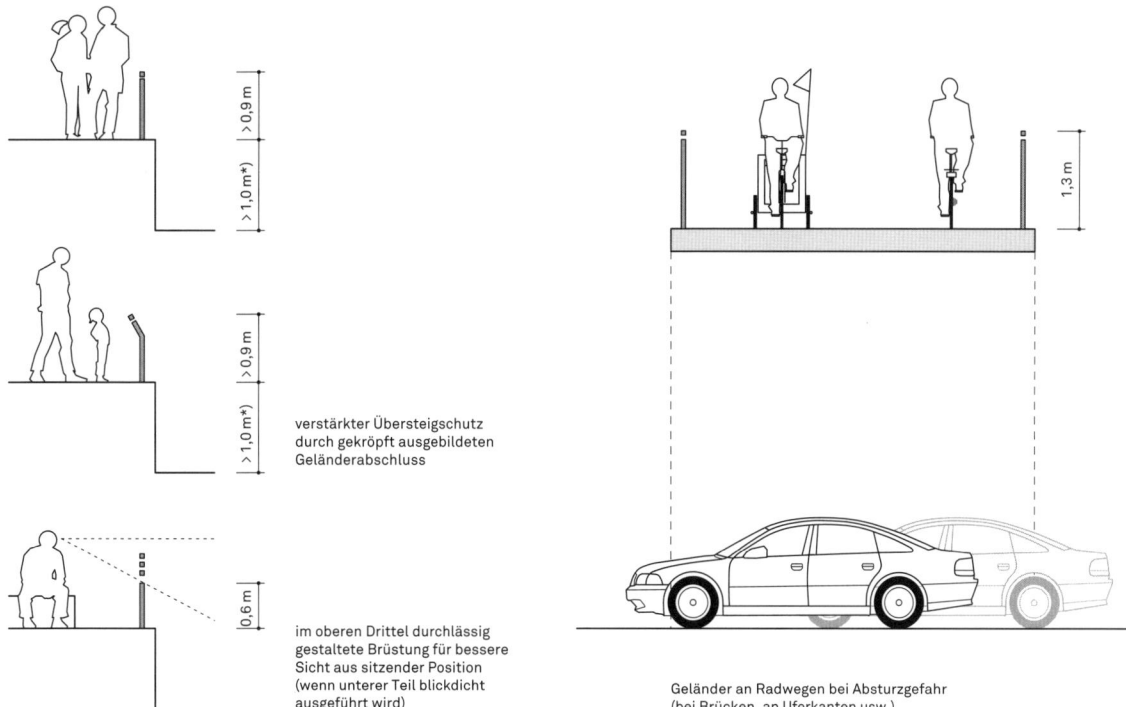

*) landesrechtliche Regelungen beachten, in Bayern > 0,5 m

Abb. 5.8 Anforderungen an Geländer und Brüstungen

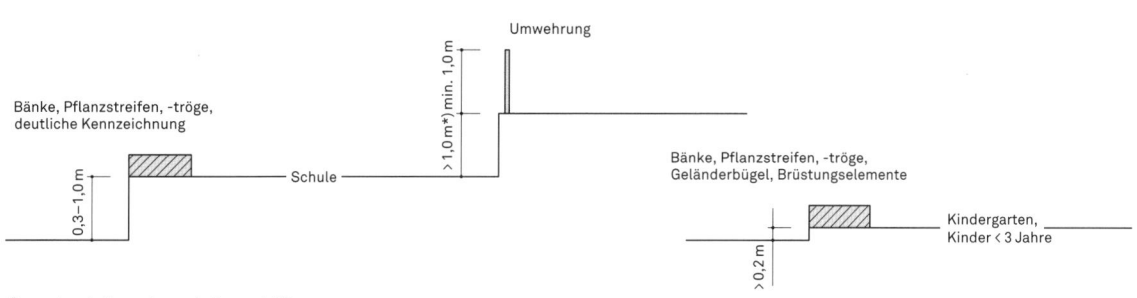

*) gem. Landesbauordnung; in Bayern > 0,5 m

Abb. 5.9 Absturzhöhen und deren Sicherung in Schulen (links) und Kindergärten (rechts)

6 Möblierung

Die Ermittlung des richtigen Raumbedarfs bei der Ausstattung von Außenanlagen setzt das Wissen über Regelmaße und Kennwerte voraus. Sitzplätze genauso wie Standplätze für Müllboxen erfordern eine richtige Dimensionierung unter Berücksichtigung der erforderlichen Bewegungsräume. Zu knapp bemessene Flächen führen schnell zu Nutzungskonflikten oder Überlagerungen und sollten vermieden werden. Die Funktionsfähigkeit eines Außenraums wird auch durch eine angemessene Beleuchtung in Abhängigkeit von seiner Nutzung gewährleistet, die über Leuchtenabstände und Beleuchtungsstärken reguliert werden kann.

6.1 Müllstandorte

Abfallentsorgung in Außenanlagen hat zum einen im öffentlichen Raum Bedeutung, zumeist in Form von Papierkörben und anderen Abfallbehältern, die in Grünanlagen und Parks, an Straßen und Wegen oder auf Spiel- und Sportplätzen aufgestellt werden. Zusätzlich müssen im öffentlichen Straßenraum Flächen für Sammelbehälter für Glas und andere Wertstoffe vorgesehen werden. Zum anderen sind an Gebäuden entsprechende Sammelanlagen für die Aufnahme des Haus- oder Gewerbemülls vorzusehen.

Bei der Planung von Müllstandorten ist auf deren Dimensionierung, Lage und Erschließung zu achten.

Eine Müllsammelanlage muss sowohl für die Bewohner als auch für das Abfuhrunternehmen leicht erreichbar und jederzeit zugänglich sein.

Bei der Zuwegung ist auf eine ebenerdige Anbindung zu achten. Bei unvermeidbaren Rampen darf grundsätzlich eine Steigung von 2% – in Ausnahmefällen von max. 6% – nicht überschritten werden. Hindernisse wie Stufen oder Rinnen sind zu vermeiden, und für Großbehälter ist eine Randsteinabsenkung vorzusehen.

Die befestigte Zuwegung ist üblicherweise mit einer Mindestbreite von 1,50–1,60 m vorzusehen. Bei Behältern bis zu einem Volumen von 1100 l reicht eine Mindestbreite von 1,20 m aus.

Nutzung	Menge/Woche						
	Restmüll	Papier	Organik	Speisereste	Kunststoff	Metall	Glas
Büro pro Mitarbeiter	10 l	10 l	1 bis 2 l	–	0,7 l	0,5 l	0,5 l
Kindertagesstätte pro 100 Kinder	1100 l	240 l	120 l	–	–	–	–
Schule pro Schüler	4 l	2 l	0,5 l				
Pflegeheim/ Krankenhaus pro Bett	110 l	20 l	2 l	5 l	5 l	2 l	2 l
Gastronomie pro 100 Essen	45 l	15 l	–	15 l	8 l	8 l	8 l
Hotel Garni pro Bett	7,5 l	7 l	1 l	–	–	–	–
Hotel ****/***** pro Bett	85 l	20 l	2 l	5 l	5 l	2 l	2 l

Tab. 6.1 Orientierungswerte für das Abfallaufkommen bei verschiedenen Nutzungsarten (vgl. Empfehlung des Abfallwirtschaftsbetriebs München [AWM], 2011)

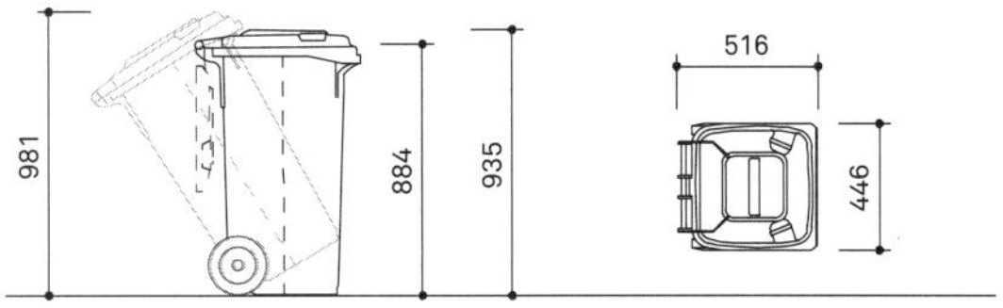

MGB 60 l

MGB 120 l

MGB 60 l

MGB 240 l

MGB 660 l

MGB 770 l

MGB 1100 l

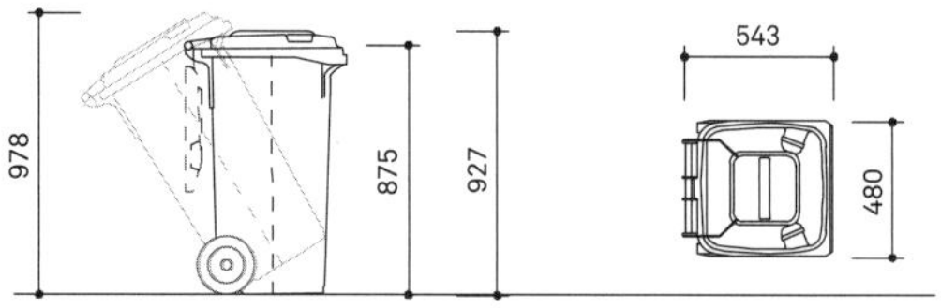

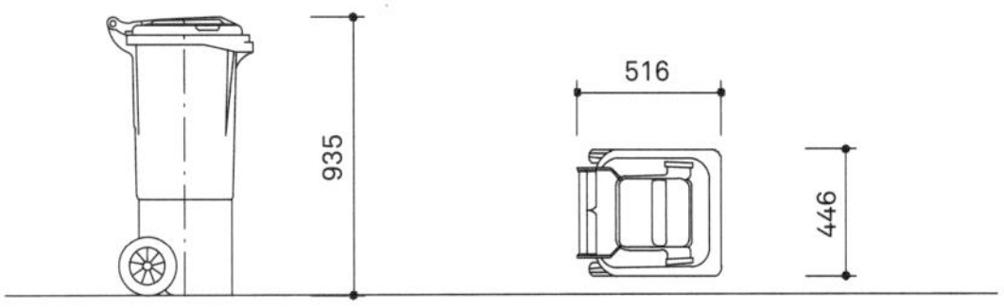

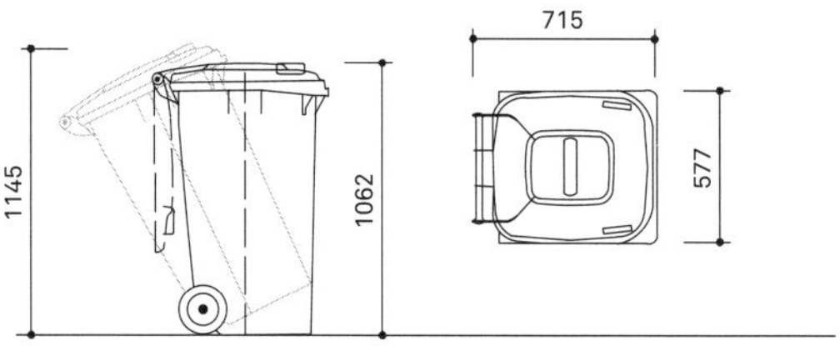

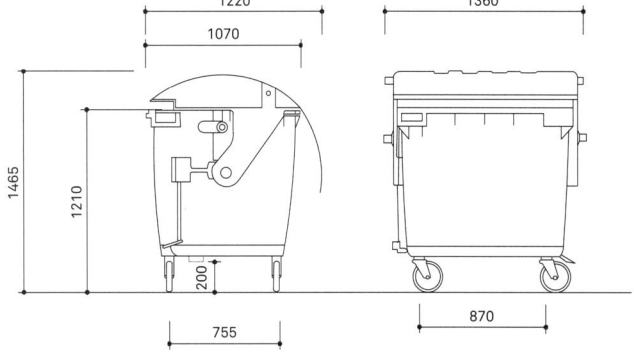

[Alle Angaben in mm]

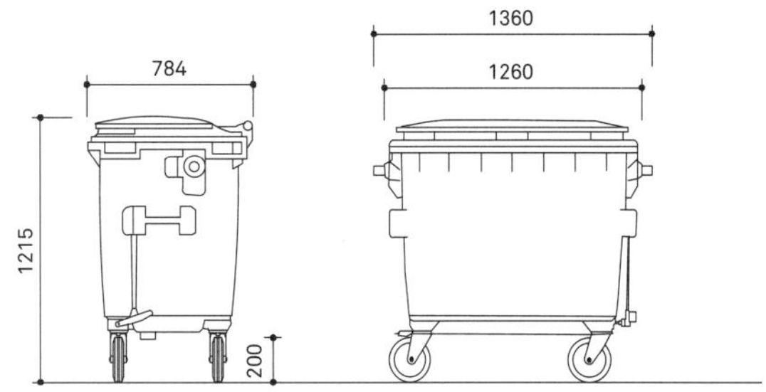

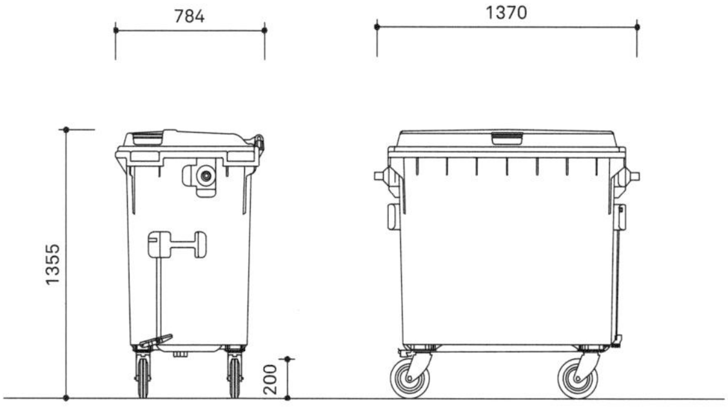

Abb. 6.1 Gängige Behältermaße

6.1 Müllstandorte

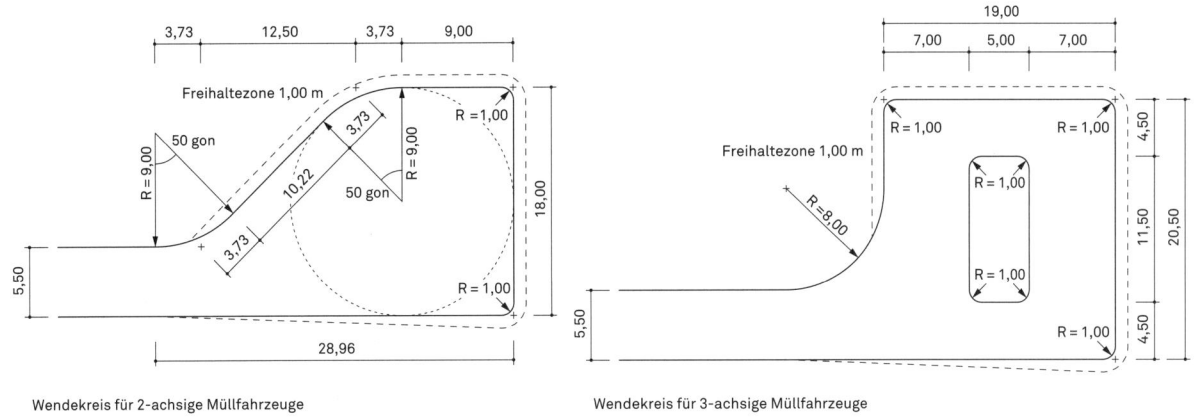

Abb. 6.2   Wendekreis für ein 2-achsiges und ein 3-achsiges Müllfahrzeug (gem. RASt 06)

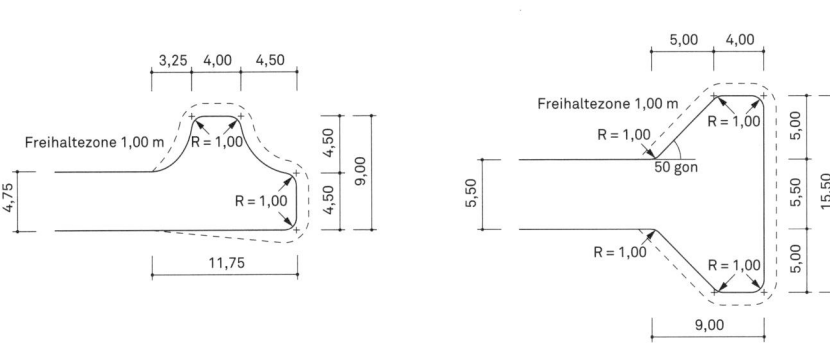

Wendehammer für Pkw

Wendehammer für Fahrzeuge bis 9 m Länge, z. B. 2-achsige Müllfahrzeuge

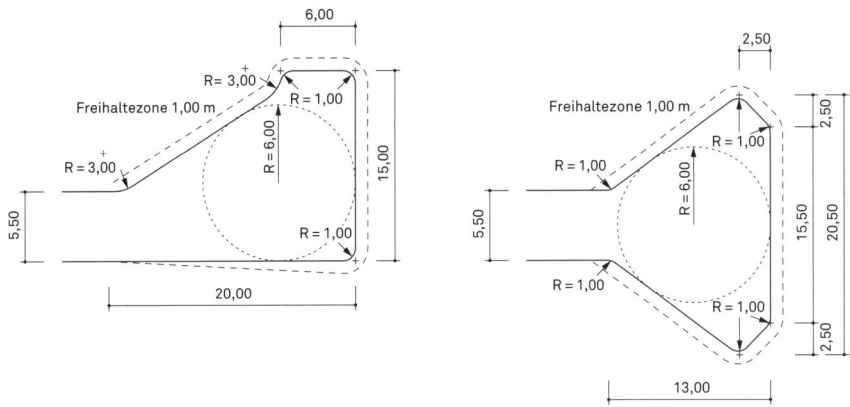

Einseitiger und 2-seitiger Wendehammer für Fahrzeuge bis 10 m Länge, z. B. 3-achsige Müllfahrzeuge

Alle Angaben in [m]

Abb. 6.3   Wendehammer für ein 2-achsiges und ein 3-achsiges Müllfahrzeug

6.2 Sitzplätze

Zur ausreichenden Dimensionierung von Sitzplätzen in Freianlagen können die nachfolgenden Abmessungen von Sitzgruppen und Bänken als Orientierungswerte dienen. Aufgrund der unterschiedlichsten Ausführungen von Sitzmöbeln, Tischen und Sonnenschirmen sind gegebenenfalls die Angaben der Hersteller zu berücksichtigen.

Bei gastronomischen Einrichtungen sind nach Bedarf zusätzlich zu den eigentlichen Sitzplätzen die Gänge zwischen den Sitzplätzen sowie Abstellflächen und möglicherweise eine Außentheke einzuplanen.

Mindestabstände zwischen den Sitzplatzreihen und zwischen Tischgruppen können aber auch bei Terrassenflächen kleineren Umfangs in Anlehnung an die für Veranstaltungen gültigen Vorgaben konzipiert werden. Hier gilt grundsätzlich die Regelung, dass jeder Tisch an einem Gang aufgestellt sein muss, der zu einem Ausgang führt. Der Weg von jedem Platz bis zu einem Gang wird unterschiedlich bemessen, überwiegend werden hierbei 5–10 m gefordert. Zwischen den Stuhlreihen bzw. zwischen den besetzten Stühlen sollte eine lichte Durchgangsbreite von mindestens 0,45 m vorhanden sein, alternativ kann ein Abstand zwischen den Tischen von mindestens 1,50 m vorgesehen werden.

Bei der Dimensionierung von Gängen sollte immer der Bewegungsraum von Rollstühlen Berücksichtigung finden. Auch bei Sitzplätzen in Grünanlagen sind Stellflächen für Rollstühle mit einzuplanen, die 1,50 × 1,50 m inkl. Bewegungsfläche umfassen sollten.

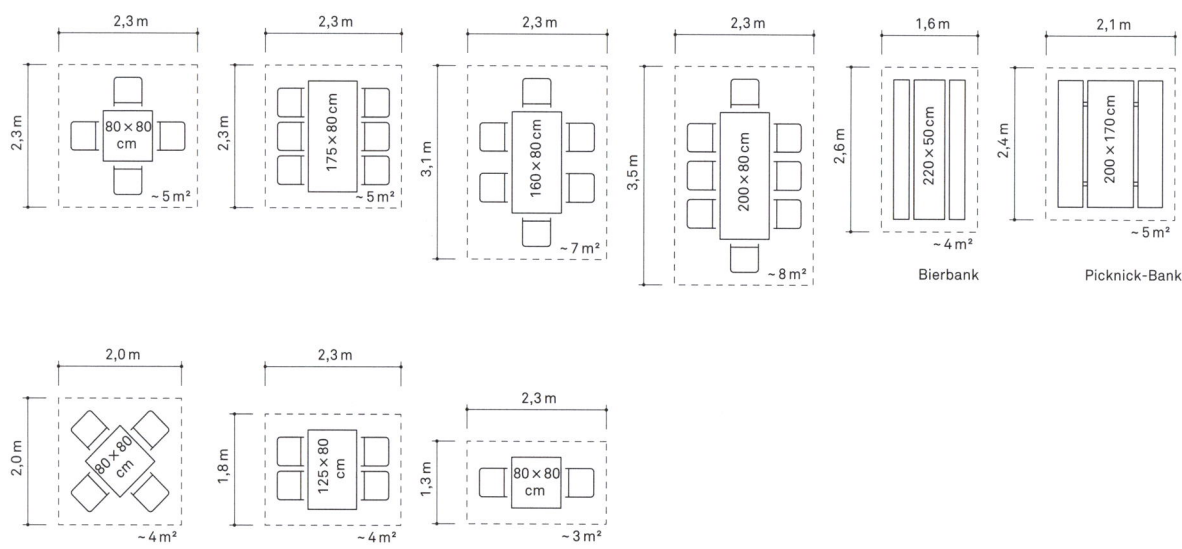

Abb. 6.4 Platzbedarf von Sitzplätzen inkl. Bewegungsraum (Mindestmaße)

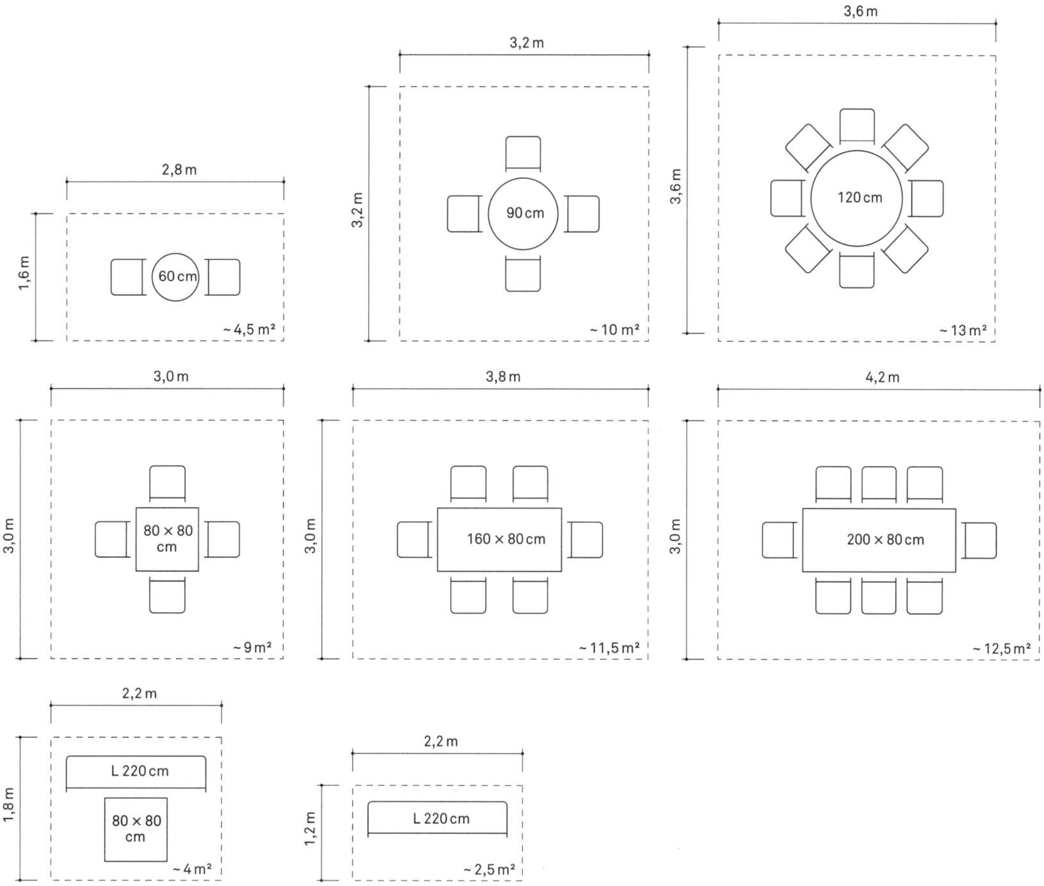

6.2 Sitzplätze

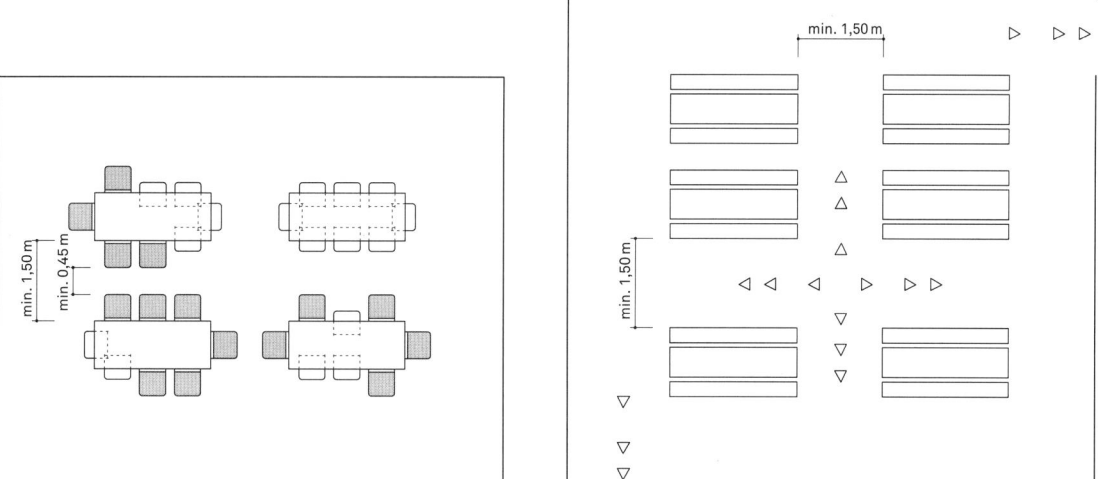

Abb. 6.5 Platzbedarf von Sitzplätzen bei Einzelstellung / auf Terrassen

Abb. 6.6 Abstände von Sitz- und Tischgruppen und Gangbreiten ohne besondere Anforderungen

6 Möblierung

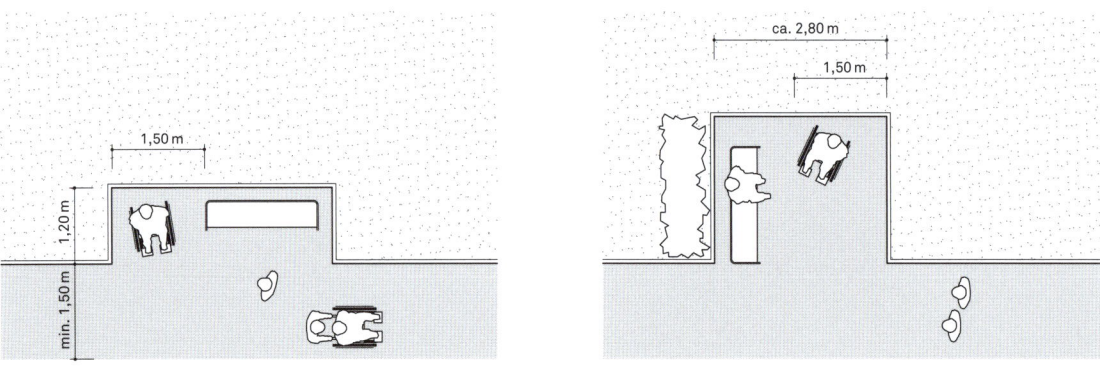

Abb. 6.7 Platzbedarf für Bänke in Freianlagen mit Rollstuhlaufstellfläche

Art des Sonnenschirms	Länge × Breite/Durchmesser	Höhe im geöffneten Zustand	Durchgangshöhe	Höhe im geschlossenen Zustand
Kleiner Sonnenschirm, rund	D = 2,00–3,00 m	2,60 m		
Großschirm, rund	D = 4,00 m	3,20 m		
	D = 4,50 m	3,15 m	2,15–2,40 m	4,40 m
	D = 5,00 m	3,15 m	2,15–2,40 m	4,30 m
	D = 6,00 m	3,15 m	2,15–2,40 m	4,20 m
Großschirm, quadratisch	3,00 × 3,00 m	2,60 m		
	3,50 × 3,50 m	3,90 m		
	4,00 × 4,00 m			3,30 m
	5,00 × 5,00 m		2,15–2,40 m	3,35 m
	6,00 × 6,00 m	3,40 m	2,15–2,40 m	3,40 m
Großschirm, rechteckig	6,00 × 4,00 m	3,40 m	2,15–2,40 m	3,40 m

Tab. 6.2 Abmessungen von Sonnenschirmen, beispielhaft

6.2 Sitzplätze

Art des Sitzplatzes	Platzbedarf	Gesamtfläche
Einzelmaße		
Einzelmaß Liegestuhl	1,85 × 0,85 m	1,6 m²
Picknick-Kombination (Abmessungen je nach Hersteller variabel)	Länge: ca. 2,00 m Breite: ca. 1,70 m	3,4 m²

Bierbänke mit Tisch	Groß: Tisch 2,20 × 0,50 m (0,80 m),
	        Bank 2,20 × 0,25 m
	Klein: Tisch 1,77 × 0,46 m,
	        Bank 1,77 × 0,23 m
		2,2 m² (2,9 m²)
		
		1,65 m²

Sitzplätze inkl. Bewegungsraum (Mindestmaß)		
Sitzplatz mit Tisch (0,80 × 0,80 m) und 2 Stühlen	2,80 × 1,30 m	ca. 3,7 m²
Sitzplatz mit Tisch (0,80 × 0,80 m) und 4 Stühlen	2,30 × 1,80 m bis 2,30 × 2,30 m	ca. 4 bis 5 m²
Sitzplatz mit Tisch (1,60 × 0,80 m) und 6 Stühlen	2,30 × 2,30 m bis 2,30 × 3,10 m	ca. 5 bis 7 m²
Sitzplatz mit Tisch (2,00 × 0,80 m) und 8 Stühlen	2,30 × 3,70 m	ca. 8 m²
Picknick-Kombination	2,40 × 2,1 m	ca. 5 m²
Bierbänke mit Tisch (2,2 m Länge)	2,60 × 1,6 m	ca. 4 m²
Sitzgruppen mit Tisch bei Einzelstellung / auf Terrassen		
Sitzplatz mit rundem Tisch (Ø 0,60 m) und 2 Stühlen	2,80 × 1,60 m	ca. 4,5 m²
Sitzplatz mit rundem Tisch (Ø 0,90 m) und 4 Stühlen (+2)	3,20 × 3,20 m	ca. 10 m²
Sitzplatz mit Tisch (0,80 × 0,80 m) und 4 Stühlen	3,00 × 3,00 m	ca. 9 m²
Sitzplatz mit Tisch (1,60 × 0,80 m) und 6 Stühlen	3,00 × 3,80 m	ca. 11,5 m²
Sitzplatz mit Tisch (2,00 × 0,80 m) und 8 Stühlen	4,00 × 3,00 m	ca. 12,5 m²
Sitzplatz mit rundem Tisch (Ø 1,20 m) und 8 Stühlen	3,60 × 3,60 m	ca. 13 m²
Sitzplatz mit Sitzbank (Länge 1,80 m)	2,20 × 1,20 m	ca. 2,6 m²
Sitzplatz mit Sitzbank und Tisch (0,80 × 0,80 m)	2,20 × 1,80 m	ca. 4 m²
Sitzplatz mit Sitzbank (Länge 1,80 m) und Standplatz für Rollstuhl	3,50 × 1,20 m	ca. 4,2 m²
Richtwerte für Sitzplätze in gastronomischen Einrichtungen je Gast		
Fast-Food-Restaurant		1,2–1,5 m² pro Gast
System-Service-Restaurant		1,3–1,6 m² pro Gast
Gehobenes Restaurant		1,8–2,2 m² pro Gast

Tab. 6.3   Platzbedarf von Sitzplätzen

6 Möblierung

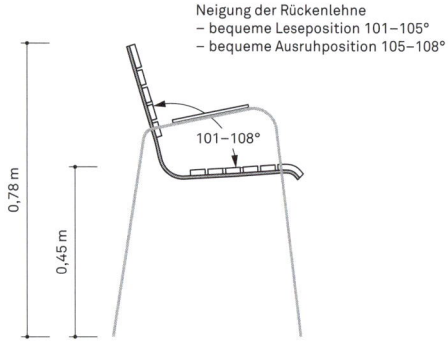
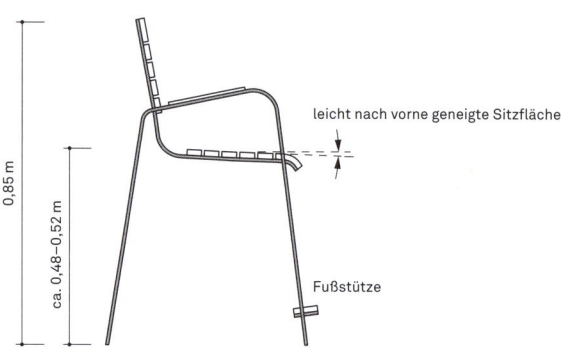

Abb. 6.8 Sitzkomfort

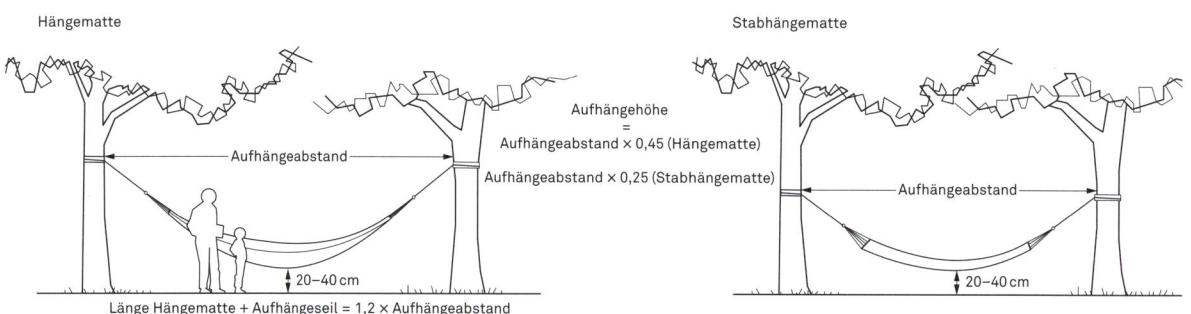

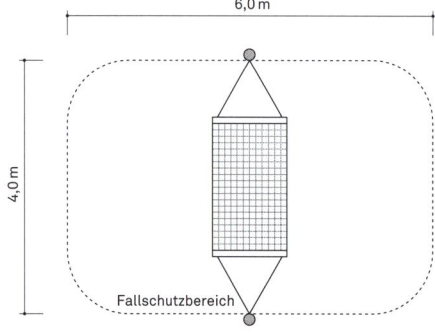
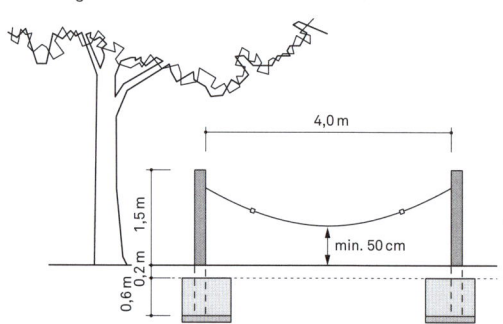

Abb. 6.9 Abmessungen und Platzbedarf von Hängematten, mobil und fest eingebaut

6.3 Beleuchtung

Beleuchtung dient im Freiraum neben der Orientierung und der Sicherheit auch der Raumbildung. Je nach Gestaltungsabsicht und Funktion kommen dabei unterschiedliche Leuchtentypen zum Einsatz.

Leuchte	Abbildung	Einsatzgebiet
Bodenleuchten		Orientierung, Gebäudezuwegung
Pollerleuchten		Orientierung, Gebäudezuwegung, Promenaden
Scheinwerfer		Fassaden- oder Objektbeleuchtung, Bestandteil von Flutlichtanlagen
Wandleuchten Wandeinbauleuchten		Treppen, Gebäudezuwegung
Überspannungsleuchten		Straßen und Höfe, insbesondere zwischen Gebäuden
Mastleuchten mit symmetrischer/asymmetrischer Lichtstärkeverteilung		Straßenbeleuchtung, Parkwege, Promenaden

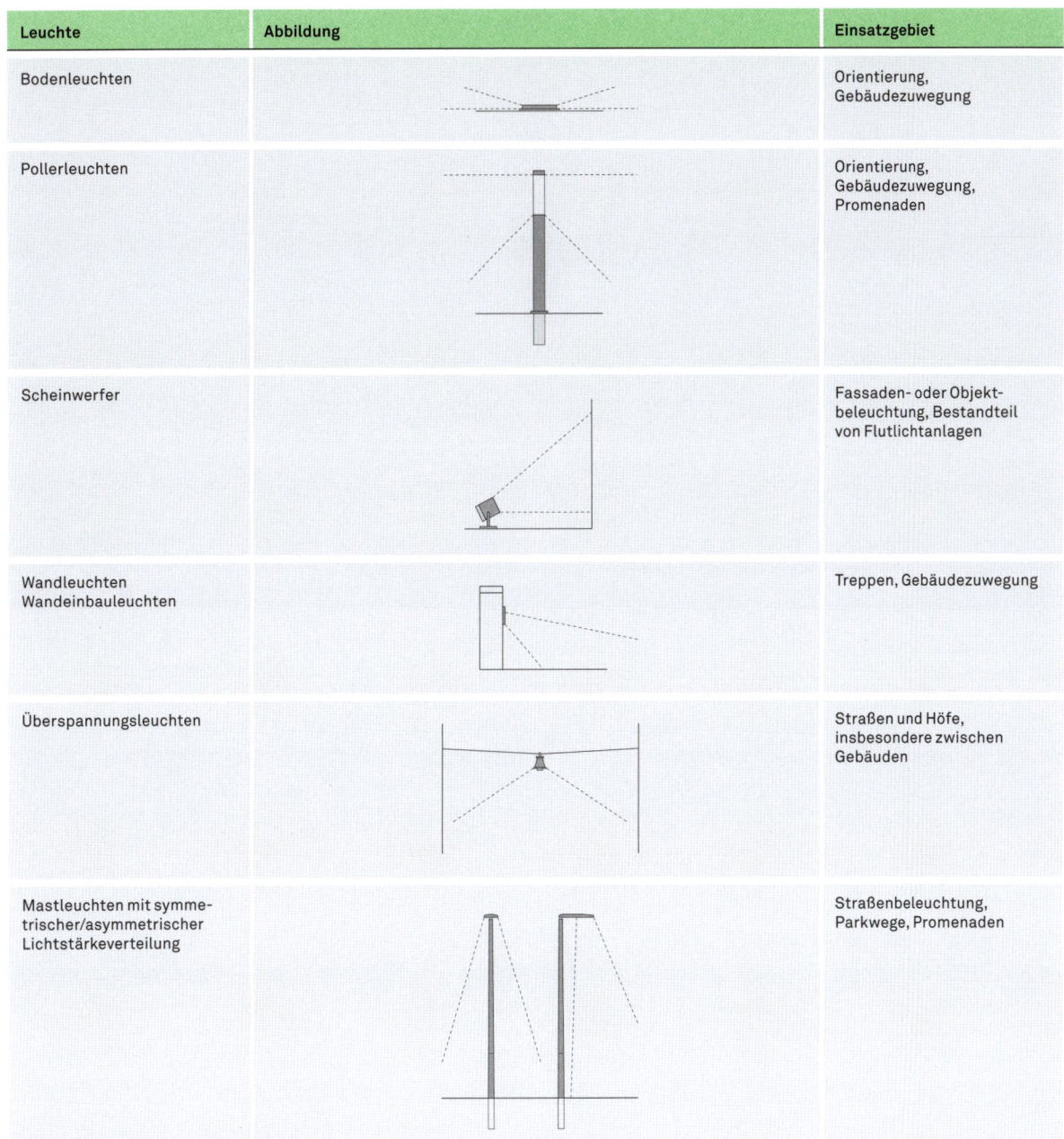

Tab. 6.4 Leuchtentypen und ihre Einsatzgebiete

6 Möblierung

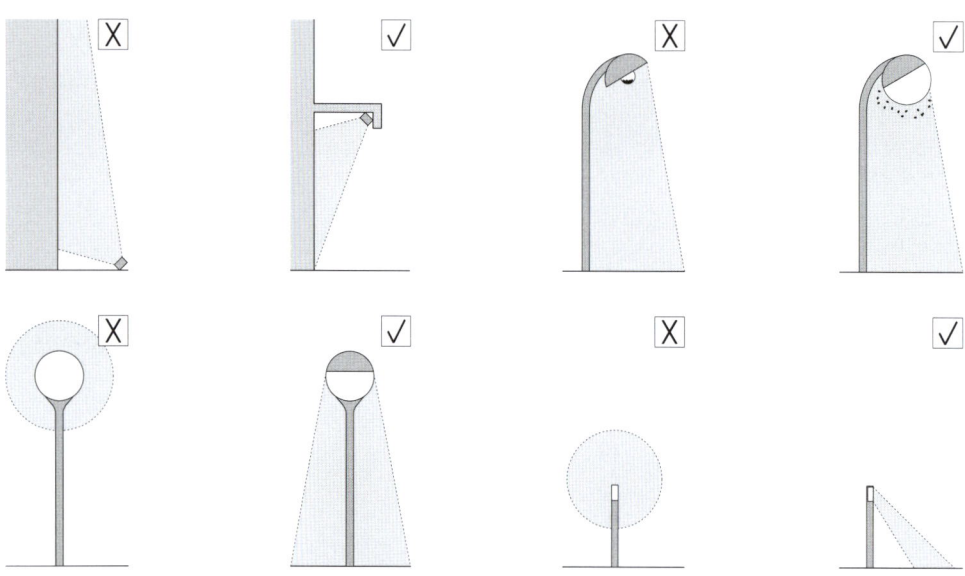

Abb. 6.10 Nachhaltiger Einsatz von Leuchten im Außenraum: Beleuchtung von Fassaden und Strahlungsrichtung nach unten sowie Schutzmaßnahmen für nachtaktive Insekten

Lichtquelle/Lampe	Abkürzung	Lichtausbeute (ca./ in Lumen/Watt)	Lebensdauer (ca./in Std.)	Lichtfarbe	Belastung für Insekten	Anmerkungen
Natriumdampf-Niederdrucklampen	SOX-/LS-ND-Lampe	170–200	16000	Orangefarben	< 10 %	Geringe Farbtreue, sehr insektenfreundlich, sehr effizient
Natriumdampf-Hochdrucklampen	NA-/HS-HD-Lampen	130–150	12000–16000	Warmweiß	10–20 %	Insektenfreundlich
Glühlampen (Allgebrauchsglühlampen)	A-Lampen	12	1000	Warmweiß	10–15 %	Nicht mehr Stand der Technik, ineffizient
Halogenlampen	QT-/QR-Lampen	25	5000	Warmweiß	10–15 %	
Kompaktleuchtstofflampen („Energiesparlampen" mit integriertem Vorschaltgerät)	TC-Lampen	60	8000–15000	Weiß	20–25 %	Nur für geringe Lichtpunkthöhen
Langfeld-Leuchtstofflampen („Röhren", „stabförmige Lampen")	T-Lampen	80	8000–16000	Weiß	25–35 %	
Halogenmetalldampf-Hochdrucklampen	HI-HD-Lampen	85	8000–12000	Weiß	30–55 %	
Quecksilber-Hochdrucklampen	HG-/HM-HD-Lampen	50	12000–16000	Weiß	100 %	Veraltet, zukünftig nicht mehr erhältlich
Lichtemittierende Dioden, Leuchtdioden	LED	90	50000	Warmweiß bis neutral weiß	10–15 %	Sehr effizient

Tab. 6.5 Kennwerte verschiedener Lampen

6.3 Beleuchtung

	Beleuchtungsstärke	Gleichmäßigkeit	Normen, Regelwerk
Radwege mit Fußgängern und hohem Verkehrsfluss, je nach Kriminalitätsrate und weiteren Kriterien	3–15	$E_{min} = 1\,lx - 5\,lx$	EN 13202-2 Beleuchtungssituation D4
Radwege mit Fußgängern und normalem Verkehrsfluss, je nach Kriminalitätsrate und weiteren Kriterien	2–10	$E_{min} = 0{,}6\,lx - 3\,lx$	
Verkehrsflächen für sich langsam bewegende Fahrzeuge (max. 10 km/h), z. B. Fahrräder, Lastwagen, Bagger	10	$g_1 = 0{,}40$	EN 12464-2
Wege für den Fahrradverkehr in der Nähe ortsfest beleuchteter Straßen für den Autoverkehr	–	$E_{min} = 3\,lx$ $g_2 = 0{,}15$	FSGV-Werte gelten für die Mittelachse des Radwegs
Wege für den Fahrradverkehr in unmittelbarer Nähe nicht ortsfest beleuchteter Straßen für den Autoverkehr	–	$E_{min} = 3\,lx$ $g_2 = 0{,}3$	
Wege für den Fahrradverkehr in mehr als 8 m Abstand nicht ortsfest beleuchteter Straßen für den Autoverkehr	–	$E_{min} = 1{,}5\,lx$ $G_2 = 0{,}15$	

Tab. 6.6 Mindestanforderungen an die Beleuchtung von Radwegen

	Beleuchtungsstärke in lx	Gleichmäßigkeit	Halbzylindrische Beleuchtungsstärke in lx	Normen, Regelwerk
Fußgängerwege, hoher Verkehrsfluss, je nach Kriminalitätsrate und weiteren Kriterien	7,5–20	–	1,5–5	EN 13201-2 Beleuchtungssituation E1
Fußgängerwege, normaler Verkehrsfluss, je nach Kriminalitätsrate und weiteren Kriterien	2–15	–	0,5–3	EN 13201-2 Beleuchtungssituation E1
Gehwege, ausschließlich für Fußgänger	5	$g_1 = 0{,}25$	–	EN 12464-2
Verkehrsflächen für sich langsam bewegende Fahrzeuge (max. 10 km/h), z. B. Fahrräder, Lastwagen, Bagger	10	$g_1 = 0{,}40$	–	EN 12464-2
Fußwege auf dem Werksgelände	3	$g_1 = 0{,}08$	–	EN 12464-2
Gehwege in Park- und Wohnanlagen	–	$E_{min} = 1\,lx$	≥ 1	FSGV
Gehwege mit Stufen, Unebenheiten und anderen Gefahrenquellen	–	$E_{min} = 5\,lx$	≥ 1	FSGV
Plätze und Zugänge	5	$g_2 = 0{,}1$	≥ 1	FSGV
Plätze und Zugänge bei zeitweiliger hoher Personendichte	10	$g_2 = 0{,}1$	≥ 1	FSGV
Innerstädtische Fußgängerbereiche	≥ 5	$E_{min} = 1\,lx$ $g_2 = 0{,}08$	≥ 1	FSGV
Treppen außenliegend	15	$g_2 = 0{,}3$	–	FSGV

Tab. 6.7 Mindestanforderungen an die Beleuchtung von Fußgängerbereichen

7 Wasser

Wasser fließt immer zum tiefsten Punkt und sammelt sich, sobald es in eine Senke mündet. Natürliche Teiche und Seen liegen somit stets in einer entsprechenden Vertiefung; der Wasserspiegel zeichnet den Verlauf des Geländes entlang der jeweiligen Höhe nach. Ein künstlich angelegter Teich wirkt am natürlichsten, wenn seine Lage sich an der vorhandenen Geländesituation orientiert und er an einem Tiefpunkt im Gelände angeordnet wird. Erfolgt die Ausführung in labiler Bauweise – z. B. mittels Folien- oder Tondichtung –, wird auf diese Weise nicht nur ein naturnaher Charakter erzeugt, sondern die Standfestigkeit des gewachsenen Bodenkörpers kann optimal genutzt werden. Zusätzliche Stützmaßnahmen können entfallen.

Bereits bei der Planung sollte zwischen einer labilen und einer stabilen Bauweise (Betonbecken, Mauerwerk, Kunststofffertigbecken), zwischen bepflanzten und nicht bepflanzten Becken sowie zwischen Anlagen mit stehendem oder bewegtem Wasser (Fontäne, Bachlauf etc.) unterschieden werden, um die daraus resultierenden Anforderungen an den Standort, die Dimensionierung und die technische Ausstattung zu berücksichtigen. Nicht zuletzt können durch diese Faktoren die Funktionsfähigkeit und die erforderliche Pflegeintensität einer Anlage maßgeblich beeinflusst werden.

7.1 Wasseranlagen und Becken

Für die Anlage von Becken ohne Pflanzen sind Größe und Abmessung relativ frei wählbar.

Sobald Pflanzen vorgesehen sind, sollten bestimmte Mindestabmessungen nicht unterschritten werden. Die Wassertiefe richtet sich nach der Art der Bepflanzung und kann daher variieren. Eine terrassenförmige Abstufung des Becken- oder Teichbodens ermöglicht unterschiedliche Wasserzonen auf relativ kleinem Raum.

Soll sich dauerhaft ein ökologisches Gleichgewicht einstellen, sollte aber eine Tiefe von 80 cm nicht unterschritten werden, besser sind 100–120 cm. Um Lebewesen im Wasser das Überwintern zu ermöglichen, sollte der Teich nicht durchfrieren; entsprechend kann die erforderliche Wassertiefe je nach Region variieren; in Mitteleuropa liegt sie bei etwa 100 cm.

Bei naturnaher Gestaltung und der Ausbildung umlaufend flacher Ufer bzw. Terrassierungen ist mit einer Mindestgröße von 10 m² zu rechnen. Je größer die Anlage, umso eher stellt sich ein stabiles Ökosystem ein.

7 Wasser

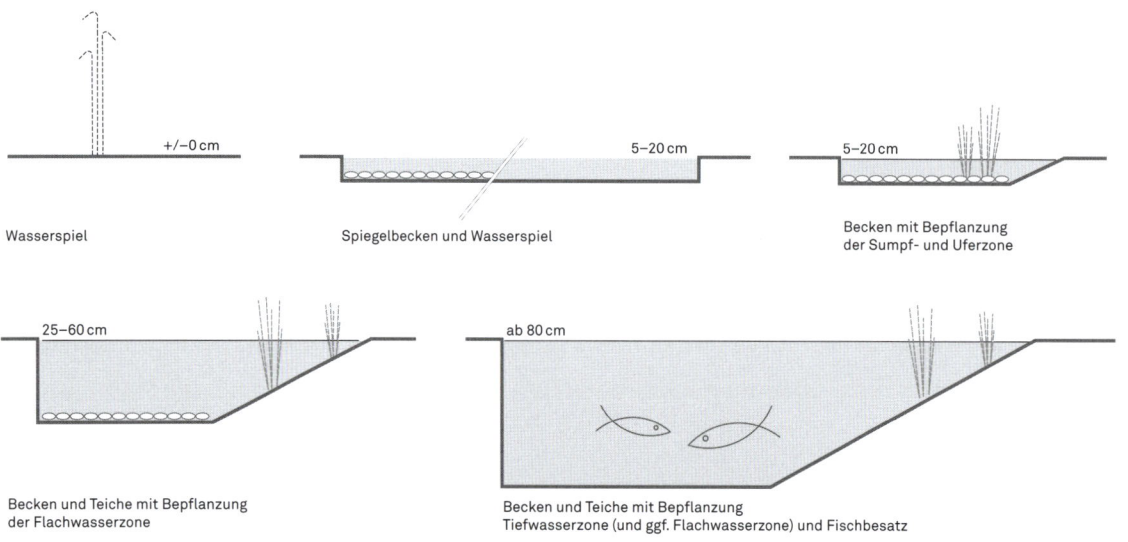

Abb. 7.1   Wassertiefen für unterschiedliche Nutzungen und Pflanzzonen

	Bepflanzte Becken	Naturnahe Teichanlagen
Standort		
Lage	Frei wählbar	Im Bereich eines Geländetiefpunkts
Besonnung	Optimal: 6–7 Stunden, Seerosenhybriden auch mehr	
	Alternativ: Einsatz von Schwimmblattpflanzen, die aber nicht mehr als 50 % der Wasseroberfläche einnehmen sollten	
	Direkte Nähe zu laubwerfenden Gehölzen vermeiden	
Abmessungen		
Mindestgröße	Keine	Mind. 6–10 m²
Mindestgröße bei Fischbesatz	6 m²	
Mindestgröße von Schwimmteichen	35–60 m²	
Mindesttiefe	Keine	80 cm, besser 100–120 cm
Mindesttiefe bei Fischbesatz	In Abhängigkeit von der Frosteindringtiefe: in Mitteleuropa 80 cm, besser 100–120 cm	
Mindesttiefe von Schwimmteichen	1,35 cm	

Tab. 7.1   Standortbedingungen und Mindestgrößen von Wasserbecken und Teichen

7.1 Wasseranlagen und Becken

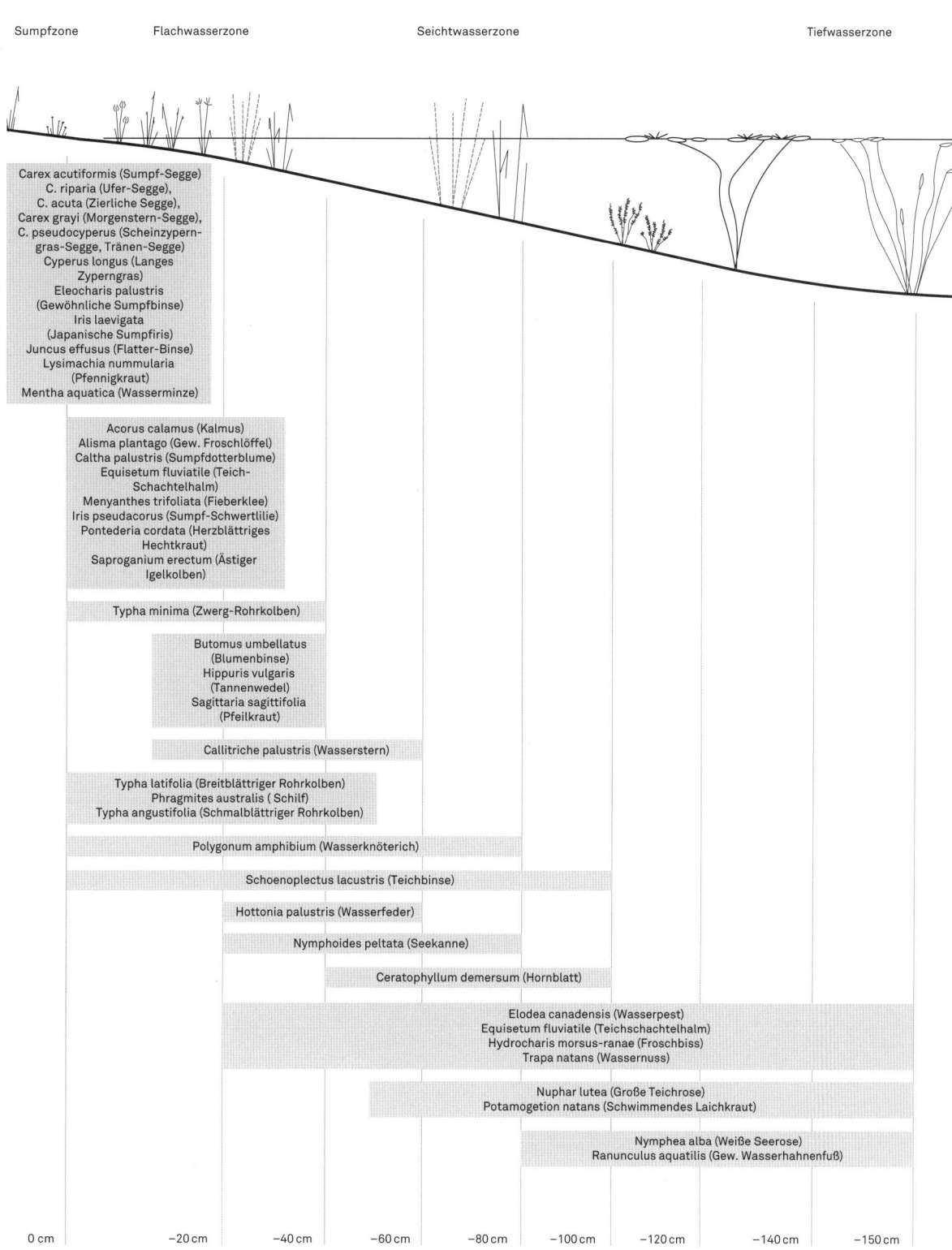

Abb. 7.2 Lebensraum von Wasserpflanzen

7.2 Regenwasserversickerung

Eine Versickerung von Regenwasser kommt nur dann in Frage, wenn die Belastungen des Flächenabflusses keine größeren Verunreinigungen des Erdreichs und des Grundwassers erwarten lassen. Sonderflächen, wie z. B. Lkw-Stellplätze, Hofflächen und Straßen in Gewerbe- und Industriegebieten sowie unüberdachte Lagerflächen von Wertstoffen (Kompost, Papier, Abfall), kommen grundsätzlich nicht oder nur in Ausnahmefällen für Regenwasserversickerung infrage. Niederschlagswasser von Metalldächern aus unbeschichtetem Kupfer, Zink oder Blei oder von Pkw-Stellplätzen eignen sich nicht für alle Arten der Versickerung, da die auftretenden Schadstoffe Boden und Grundwasser belasten könnten. Unbelastetes Wasser kann über jedes System versickert werden.

Folgende Mindestabstände von Versickerungseinrichtungen sollten nicht unterschritten werden:

- 3 m zu Grundstücksgrenzen
- 1,5 m bei dezentralen Versickerungsanlagen von Gebäuden ohne wasserdruckhaltende Abdichtung (DWA)
- 1–3 m zu Grundstücksgrenzen (je nach Örtlichkeit und Ausführungsverordnung), 10 m zu anderen Versickerungsanlagen

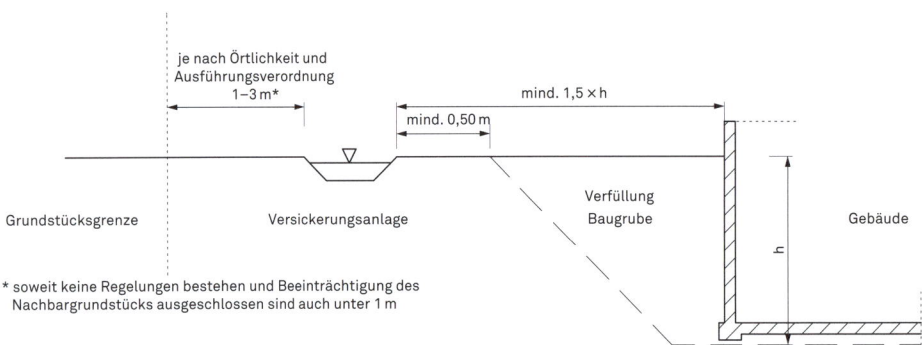

Abb. 7.3 Mindestabstand dezentraler Versickerungsanlagen von Gebäuden ohne wasserdruckhaltende Abdichtung und Grenzen

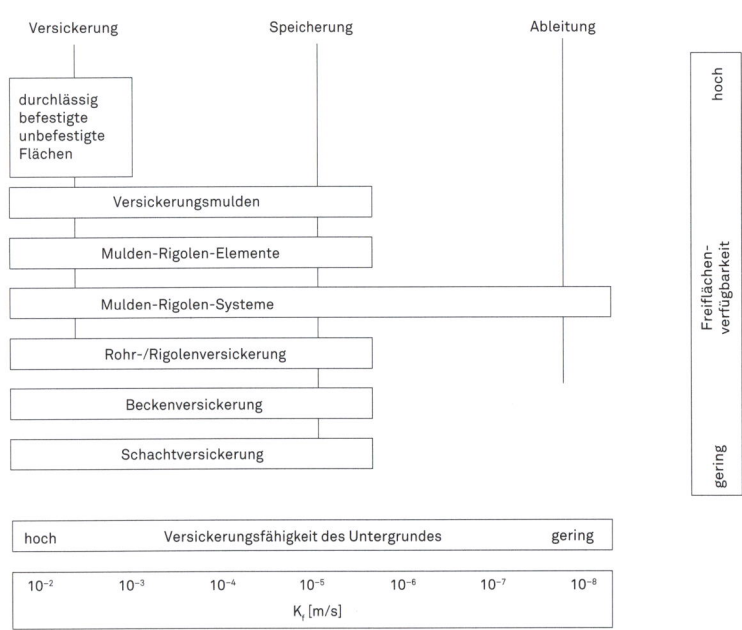

Abb. 7.4 Wahl des Versickerungssystems in Abhängigkeit von Untergrund und Flächenverfügbarkeit

7.2 Regenwasserversickerung

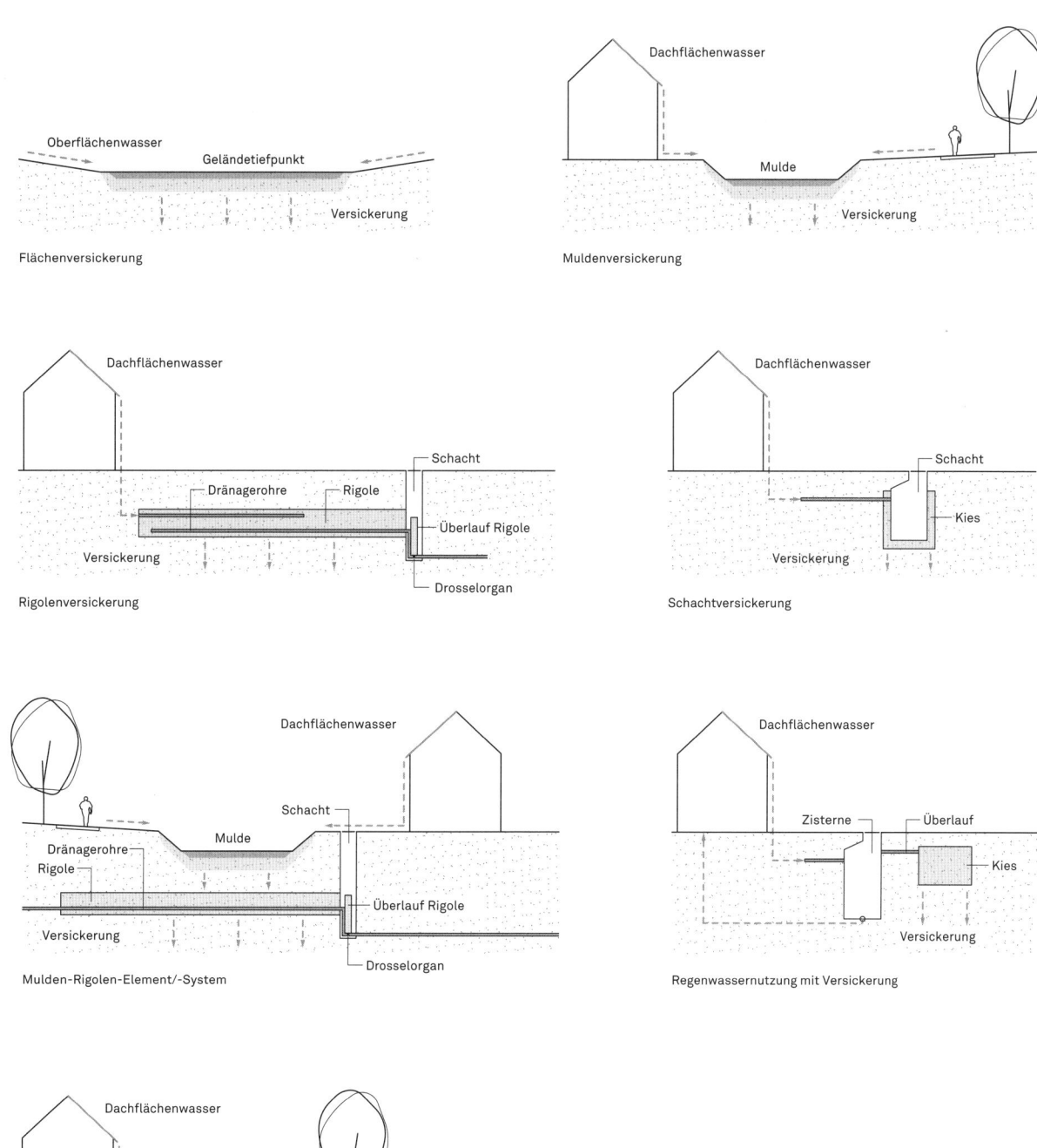

Abb. 7.5   Schematische Darstellung verschiedener Versickerungssysteme

7.3 Beckenbäder und Badeteiche

Freibäder können sowohl als herkömmliche Beckenbäder/Chlorbäder als auch in Form von Schwimm- und Badeteichen (in Österreich auch als Kleinbadeteiche bezeichnet) angelegt werden.
Öffentliche Schwimmteiche sollten eine Größe von 500 m² nicht unterschreiten. Für private Schwimmteiche ergibt sich die Mindestgröße des Wasserbeckens aus der Art des Schwimmteichtyps.
Die erforderliche Größe eines öffentlichen Freibades richtet sich nach der Bedarfsplanung der Kommune, der Anzahl und der Größe der bereits vorhandenen (Frei-)Bäder, der Art des Bades (Schwerpunkt schwimmerische Nutzung oder „Spaßbad oder Naturerlebnisbad") sowie dem – daraus teilweise resultierenden – Einzugsgebiet. Als Berechnungsgrundlage kann entsprechend der Einwohnerzahl des Einzugsbereichs die erforderlich Wasserfläche mit 0,05–0,15 m² pro Einwohner angenommen werden.
Je 1 m² nutzbarer Wasserfläche ist mit einer Grundstücksfläche der Anlage von 10–16 m² zu planen. Für Schwimm- und Badeteichanlagen gelten auch 5–15 m² als ausreichend.

Nutzung	Fläche/Flächenanteil
Liege-, Spiel- und Erholungsflächen	50 % der Grundstücksfläche
Verhältnis Liege- zu Spielfläche	2:1 bis 3:1
	Je 1000 m² Nutzungsbereich
Eingangsvorplatz	100 m²
Überdachte Eingangszone einschließlich Kassen- bzw. Kontrollanlage	50 m²
Sandspiel-/kasten	≥ 100 m²
Spielbereich	≥ 300 m²
Wasserspielbereich	≥ 100 m²

Tab. 7.2 Flächenbedarf in Freianlagen – Orientierungswerte (in Anlehnung an die KOK-Richtlinien)

Nutzung	Fläche
Aufsichtsraum (bei Bedarf)	≥ 10 m²
Sanitätsraum	≥ 8 m²
Schwimmmeister- und Sanitätsraum	≥ 14 m²
Lager- und Geräteräume (nach Bedarf)	20–30 m² (empfohlen 50–80 m²)

Tab. 7.3 Flächenbedarf im Gebäude

Gesamtwasserfläche	Grundstücksfläche ohne Stellflächen	Beckenarten	Beispiel für Beckengröße	Wasserflächen	Sprunganlagen
Bis 1500 m²	15 000–24 000 m²	Schwimmbecken Springerbecken Nichtschwimmer Planschbecken	16,66 × 25,00 m 12,50 × 11,75 m 750 m² ca. 100 m²	417 m² 147 m² 750 m² 100 m²	1-Meter-Brett + 1-Meter-Plattform + 3-Meter-Plattform + 5-Meter-Plattform
Bis 3000 m²	30 000–48 000 m²	Schwimmbecken Springerbecken Nichtschwimmer Planschbecken	25,00 × 50,00 m 18,35 × 15,00 m 1500 m² ca. 200 m²	1250 m² 275 m² 1500 m² 200 m²	1-Meter-Brett + 3-Meter-Brett + 1-Meter- + 3-Meter- + 5-Meter- + 7,50-Meter- + 10-Meter-Plattform

Tab. 7.4 Beispielhafte Zonierung der Wasserfläche in unterschiedliche Nutzungsbereiche

7.3 Beckenbäder und Badeteiche

Ausstattung	Je 1000 m² Nutzungsbereich	
Umkleideplätze (Kabinen)	≥5, davon 4 als Wechselkabinen einschl. 1 Kabine für Familien und Behinderte und 1 sichtgeschützter Ankleideplatz auf der Liegefläche	±20%
Umkleideplätze in Sammelumkleideräumen	Mind. 2 mit je 10 m Banklänge	
Garderobenschränke	50	
Schließfächer für Wertsachen	10	
Fußwasch- und Auswringstellen	2 Zapfstellen	
Wärme- und Aufenthaltsraum	30–100 m²	
Toiletten	Damen: 3 Sitze; Herren: 1 Sitz und 3 Stände, davon ein Stand kindgerecht	
Duschen	Mind. 2 Warmwasserduschen jeweils für Damen und Herren	

Tab. 7.5 Infrastrukturelle Ausstattung bei Schwimmteichanlagen (Quelle: FLL 2003)

Bereiche	Anforderungen Mindestbreite/-abstand
Allgemeine Umgangsflächen	Breite ≥2,50 m
Bäder mit Durchschreitebecken	
An Zugangsstellen	Breite ≥3,00 m
An der Startsockelseite	Breite ≥3,00 m
Hinter Beckentreppen zum Nichtschwimmerbereich/zu Wasserrutschen	Breite ≥3,00 m
Bei Sprunganlagen	Breite ≥5,00 m
Zwischen zwei Beckenbereichen	Addition der Einzelmaße
Bäder ohne Durchschreitebecken, Duschen im Zugangsbereich (Variante bei Badeteichen)	
Standort der Duschen	Abstand vom Teichzugang ≤2,00 m Befestigte Fläche um die Dusche ≥2,00 m in alle Richtungen
Zugänge	Trichterförmige Aufweitung zu den angrenzenden Nutzflächen

Tab. 7.6 Anforderungen an Zugänge und Umgangsflächen

Breite × Länge	Wassertiefe	Sprunganlagen: Bretter, Podeste
10,60 × 12,50 m	3,80 m	1-Meter-Brett und 3-Meter-Brett, 5-Meter-Plattform
12,50 × 11,75 m	3,80 m	1-Meter-Brett und 3-Meter-Brett, 1-Meter-, 3-Meter- und 5-Meter-Plattform
16,90 × 11,75 m	3,80 m	2 × 1-Meter-Brett und 3-Meter-Brett, 1-Meter-, 3-Meter- und 5-Meter-Plattform
18,35 × 15,00 m	4,50–5,00 m	1-Meter-Brett und 3-Meter-Brett, 1-Meter-, 3-Meter-, 5-Meter-, 7,5-Meter- und 10-Meter-Plattform
22,40 × 15,00 m	4,50–5,00 m	2 × 1-Meter-Brett und 3-Meter-Brett, 1-Meter-, 3-Meter-, 5-Meter-, 7,5-Meter- und 10-Meter-Plattform

Tab. 7.7 Abmessungen von Springerbecken

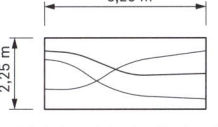

einbahniges Schwimmbecken für 1–2 Personen, 2 Schwimmstöße möglich

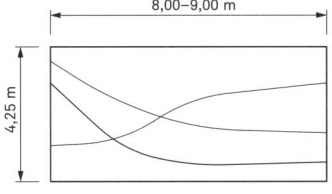

zweibahniges Schwimmbecken für 4–5 Personen, 3–4 Schwimmstöße und Startsprung von der Kopfseite möglich

Abb. 7.6 Platzbedarf bei Schwimmbecken in privaten Anlagen

7 Wasser

Beckenart	Größe (Länge × Breite)	Wassertiefe	Schwimmbahnenzahl u. sonstiges	Wassertemperatur*	Anmerkungen
Schwimmerbecken	25,00 × 12,50 m 25,00 × 16,66 m 50,00 × 16,66 m 50,00 × 21,00 m 50,00 × 25,00 m	Mind. 1,80 m (nach DIN 19643-1 gelten Becken mit Wassertiefen > 1,35 m als Schwimmerbecken)	5 6 6 8 10	23 °C – 25 °C	Beckenraststufe 0,10–0,15 m breit; bei 1,20–1,35 m unter OK der höchstmöglichen Wassertiefe
Nichtschwimmerbecken	Form beliebig 600–1500 m²	0,50/0,60–1,35 m 0,50–1,10 m 0,90–1,35 m Max. Bodengefälle 10 %	Bei Schulschwimmen: 2 m breit bei zwei parallelen Seiten	23 °C – 25 °C	
Planschbecken	Form beliebig 80–200 m²	0–0,30/0,50/0,60 m/ oder 0,10/0,20/0,30–0,6 m	Bodengefälle 5–10 %	24 °C – 26 °C	
Wellenbecken	Beliebig, jedoch mind.: 12,50 × 33,00 m	Zum Ende auslaufend: 0,00 oder 0,15/0,30 m, im tiefen Bereich: 2,00 m, nach Nutzungsart: 1,80 m; 1,35 m	Wellenhöhe 0,60–1,00 m	23 °C – 25 °C	
Springerbecken	Nach Ausführung der Sprunganlage	3,40–5,00 m	Bei 20 m u. 25 m für Training möglich	23 °C – 25 °C	
Lehrschwimmbecken (Sonderform des Nichtschwimmerbeckens)	12,50 × 8,00 m 16,66 × 10,00 m	0,50/0,60–1,35 m zu empfehlen: 0,80–1,20 m	Maximales Bodengefälle 10 %	23 °C – 25 °C	
Durchschreitebecken	6,00 × 3,00/4,00 m ca. 3,00 × 3,00 m	0,15 m in der Mitte, 0,10 m am Ein- und Austritt	Muldenform Kastenform	–	Kann bei Schwimmteichen durch Duschen in weniger als 2 m Entfernung vom Zugang ersetzt werden
Mindestgrößen für Schwimmbecken privater Anlagen	2,25 × 5,25 m 4,25 × 8,00/9,00 m	–	–	–	Kleinstes einbahniges Schwimmbecken (2 Schwimmstöße, 1–2 Personen) Mittleres Schwimmbecken zweibahnig (3–4 Schwimmstöße), kleinstes Becken für Startsprung von der Kopfseite

* Wassertemperatur: bei Schwimmteichen gilt ein Maximalwert von 23 °C

Tab. 7.8 Orientierungswerte für Wasserbecken nach Nutzungsbereichen

7.3 Beckenbäder und Badeteiche

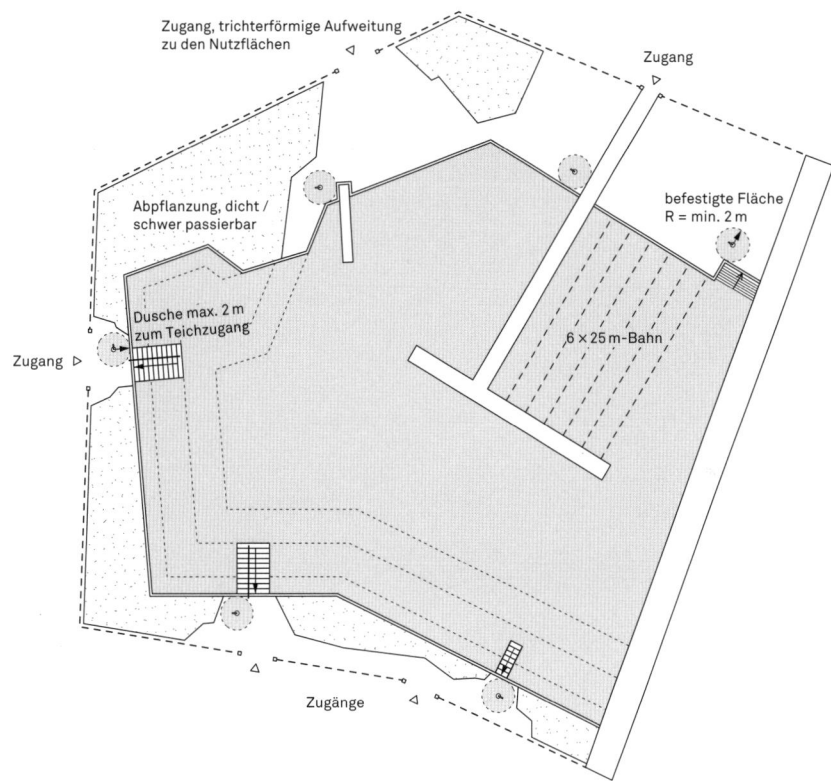

Abb. 7.7 Abmessungen für Teiche einschließlich der Umgangsflächen, Beispiel mit 25-m-Bahn (Maße in Anlehnung an die KOK-Richtlinien)

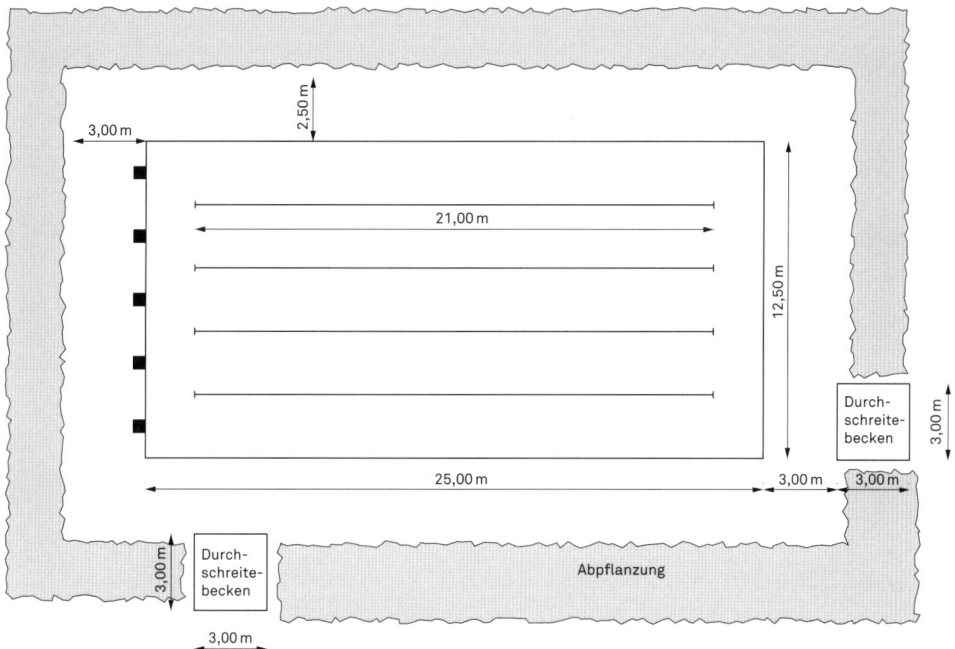

Abb. 7.8 Abmessungen für Schwimmbecken und Teiche einschließlich der Umgangsflächen, Beispiel mit 25-m-Bahn (Maße in Anlehnung an die KOK-Richtlinien)

7 Wasser

	Maße für Sprunganlagen	1-m-Brett 4,80/0,50 m	3-m-Brett 4,80/0,50 m	1-m-Plattform 4,50/0,60 m	3-m-Plattform 5,00/0,60	5-m-Plattform 6,00/1,50 m	7,50-m-Plattform 6,00/1,50 m	10-m-Plattform 6,00/2,00 m
A	6,00 m	5,00 m	6,00 m	6,00 m	8,00 m	12,00 m	1,50 m	1,50 m
A-A	Von Vorderkante obere Absprungstelle zurück zur Vorderkante der unteren Absprungstelle	–	–	–	–	1,25 m	1,25 m	1,25 m
B	Von Achse Absprungstelle seitlich zur Beckenwand	2,50 m	3,50 m	2,30 m	2,80 m	4,25 m	4,50 m	5,25 m
C	Von Achse zu Achse	1,90 m	1,90 m	–	–	2,10 m	2,10 bzw. 2,45 m	3,13 bzw. 2,65 m
D	Von Vorderkante Absprungstelle zur vorderen Beckenwand	9,00 m	10,25 m	8,00 m	9,50 m	10,25 m	11,00 m	13,50 m
E	Von Oberkante Absprungstelle zur Unterkante Decke	5,00 m	5,00 m	3,00 m	3,00 m	3,00 m	3,20 m	3,40 m
F	Raum, in dem das Maß „E" nach hinten und zu beiden Seiten der Achse der Absprungstelle einzuhalten ist	3,40 m	3,80 m	3,40 m	3,40 m	3,80 m	4,10 m	4,50 m
G	Raum, in dem das Maß „E" nach vorn ab Vorderkante Absprungstelle einzuhalten ist	5,00 m	5,00 m	5,00 m	5,00 m	5,00 m	5,00 m	6,00 m
H	Wassertiefe unter den Absprungstellen	3,40 m	3,80 m	3,40 m	3,40 m	3,80 m	4,10 m	4,50 m
J	Abstand ab Vorderkante Absprungstelle nach vorn	6,00 m	6,00 m	5,00 m	6,00 m	6,00 m	8,00 m	12,00 m
K	Wassertiefe in Abstand zu „J"	3,30 m	3,70 m	3,30 m	3,30 m	3,70 m	4,00 m	4,25 m
L	Abstand seitlich der Achse der Absprungstelle	2,25 m	3,25 m	2,05 m	2,55 m	3,75 m	3,75 m	4,50 m
M	Wassertiefe in Abstand zu „L"	3,30 m	3,70 m	3,30 m	3,30 m	3,70 m	4,00 m	4,25 m

Tab. 7.9 Mindestmaße von Sprungbrettanlagen und Plattformen

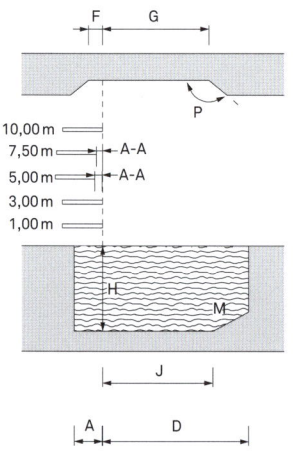

Abb. 7.9 Sicherheitsabstände bei Sprunganlagen, Bezeichnung der Abstandsmaße

7.3 Beckenbäder und Badeteiche

	Schwimmteichtyp				
	Typ I	Typ II	Typ III	Typ IV	Typ V
Merkmale	Einkammersystem ohne Technik	Einkammersystem mit Oberflächenströmung	Einkammersystem mit gezielt durchströmtem Aufbereitungsbereich	Mehrkammersystem mit teilweise ausgelagertem gezielt durchströmtem Aufbereitungsbereich	Mehrkammersystem mit ausgelagertem gezielt durchströmtem Aufbereitungsbereich
Ziel der Technik	–	Pflegeerleichterung	Verbesserung der Aufbereitung, Qualitätsoptimierung und Funktionsstabilisierung des Wassers, Pflegeerleichterung		
Aufbereitungsbereich – Regelausführung	• Nicht gezielt durchströmte Pflanzzone • Freiwasser		• (Bepflanzte,) gezielt durchströmte Filterzone • Freiwasser, ggf. nicht gezielt durchströmte Pflanzzone		• (Bepflanzte,) gezielt durchströmte Filterzone und ggf. • Freiwasser und nicht gezielt durchströmte Pflanzzone
Funktionsweise der technischen Ausstattung					
Durchströmung	Natürliche Zirkulation	Oberflächenströmung	Oberflächenströmung und durchströmter Aufbereitungsbereich		
Wasserreinigung	Pflanzen, Zooplankton, Mikroorganismen	Pflanzen, Zooplankton, Mikroorganismen; zunehmende Unterstützung durch hydraulische/technische Einrichtungen			
Empfohlene Richtwerte für Mindestgrößen nach Nutzung					
Privat genutzte Schwimmteiche (3–4 Personen)	≥ 120 m²	≥ 100 m²	≥ 80 m²	≥ 60 m²	≥ 50 m²
Öffentlich genutzte Schwimmteiche	Nicht geeignet				≥ 500 m² (Größe entsprechend der Nennbesucherzahl)
Davon Aufbereitungsbereich	≥ 60 %	≥ 50 %	≥ 40 %	≥ 40 %	≥ 40 % (bei optimierter Aufbereitung auch ≥ 30 %)
Wassertiefe im Nutzungsbereich	≥ 65 % mit mind. 2 m Tiefe		≥ 60 % mit mind. 2 m Tiefe (durch entsprechenden technischen Aufwand reduzierbar auf ≥ 40 %)	≥ 40 % mit mind. 2 m Tiefe	Je nach Situation; bei öffentlichen Bädern ≥ 40 % mit mind. 2 m Tiefe
Wartungs- und Pflegeaufwand					
Wartung baulicher und technischer Anlagen	gering	→			hoch
Pflege der Vegetations- und Wasserflächen	hoch	←			gering

Tab. 7.10 Merkmale von Schwimmteichtypen gem. Abb. 7.9
(Quelle: FLL 2006, verändert und ergänzt)

7 Wasser

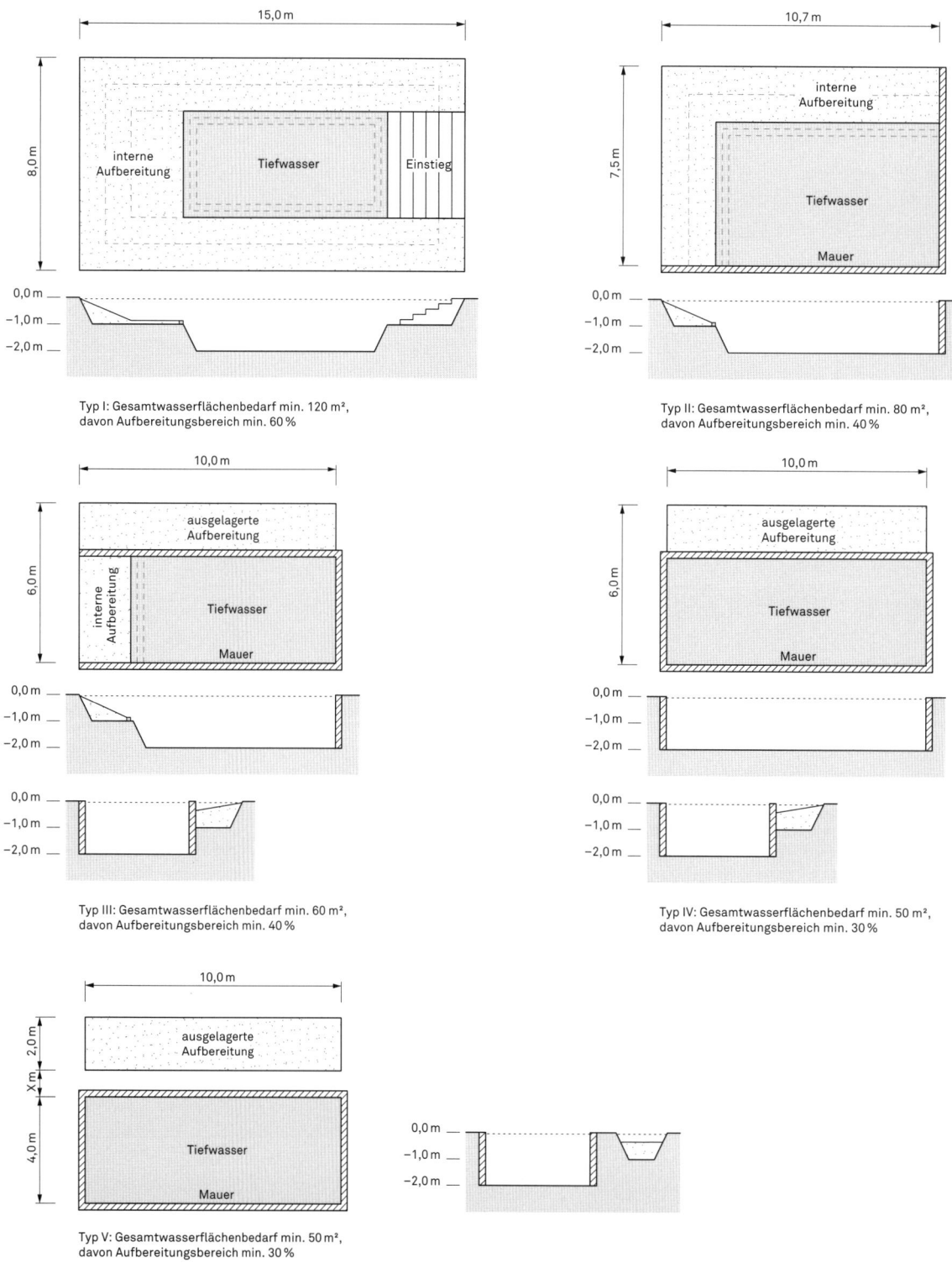

Abb. 7.10 Prinzip Schwimm- und Badeteiche mit integriertem und getrenntem Regenerationsbereich (Quelle: FLL 2003, verändert)

7.3 Beckenbäder und Badeteiche

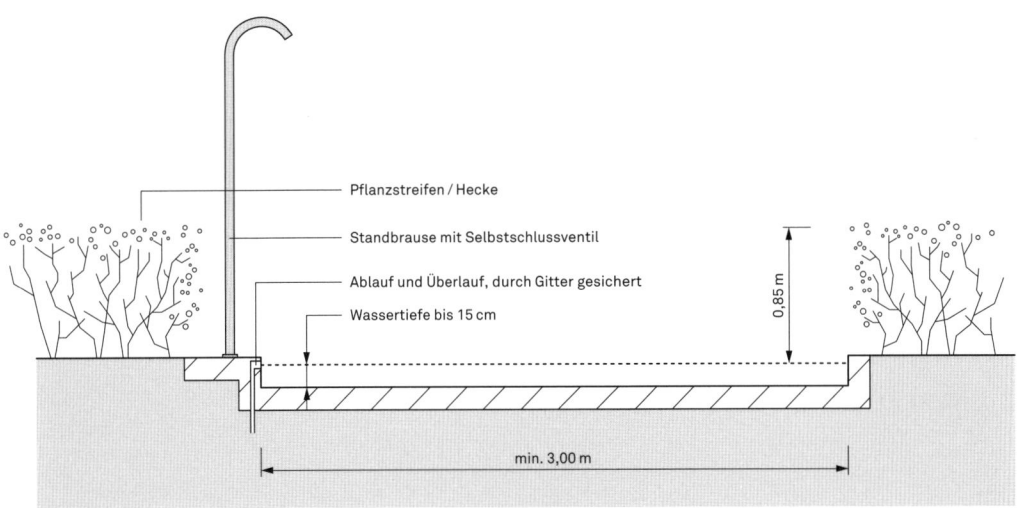

Abb. 7.11   Durchschreitebecken

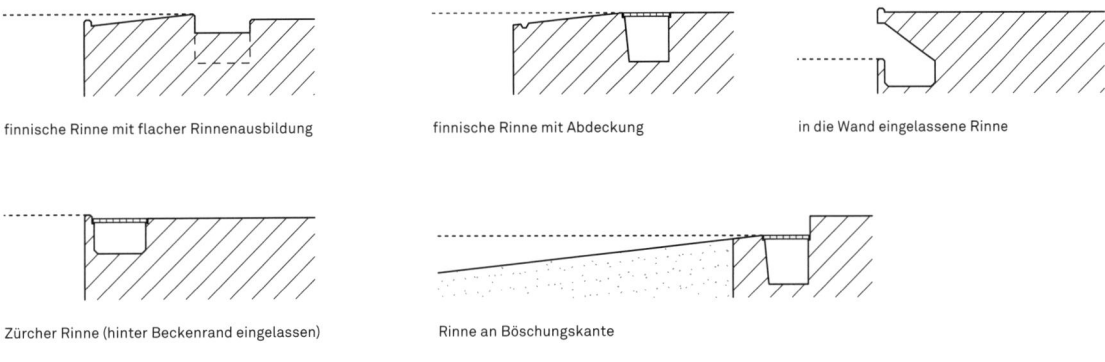

Abb. 7.12   Randabschlüsse mit Überlaufrinne

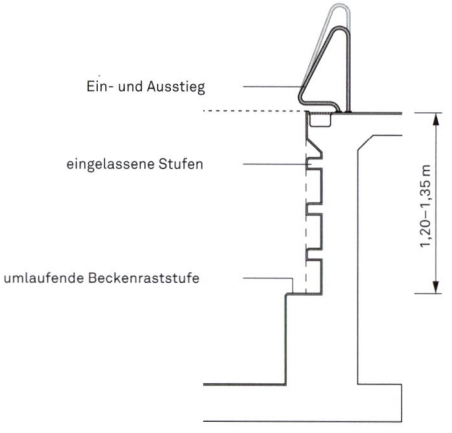 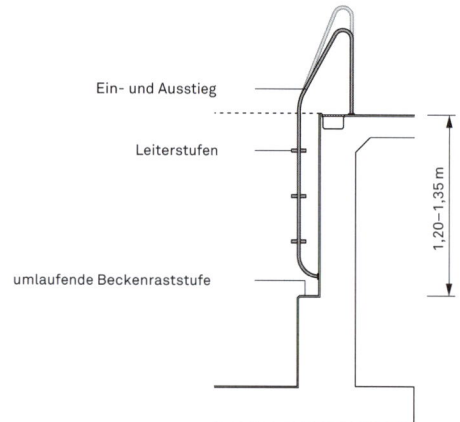

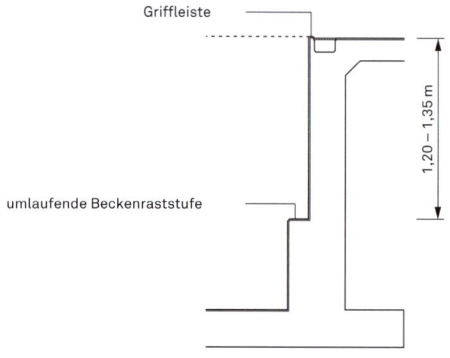 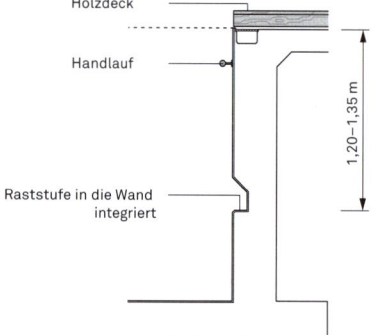

Abb. 7.13 Beckenraststufe mit und ohne Ausstieg

7.4 Wassertretanlagen

Als eine Form der Kneipp'schen Anwendungen finden sich Wassertretanlagen sowohl in Kurparks als auch an natürlichen Bachläufen am Rande von Wanderwegen. haben einen durchschnittlichen Inhalt von 7 m³. Die Mindestabmessungen betragen 1,30 × 3,60 m bei einer Tiefe von 0,60 m. Die tatsächliche Wassertiefe sollte 0,40–0,45 m betragen.

Der durchschnittliche Flächenbedarf beträgt für die Anlage selbst im Mittel 20–60 m². Inklusive Nebenflächen, wie Zuwegung, Ruhebänken, Ablageflächen, Aufenthaltsbereichen und Pflanzflächen zur räumlich-landschaftlichen Einbindung, sollten 300 m² oder mehr zur Verfügung stehen. Anlagen im Privatgarten oder bei Nutzung vorhandener Quellen oder Bachläufe, z. B. entlang von Wanderwegen, benötigen weniger Fläche.

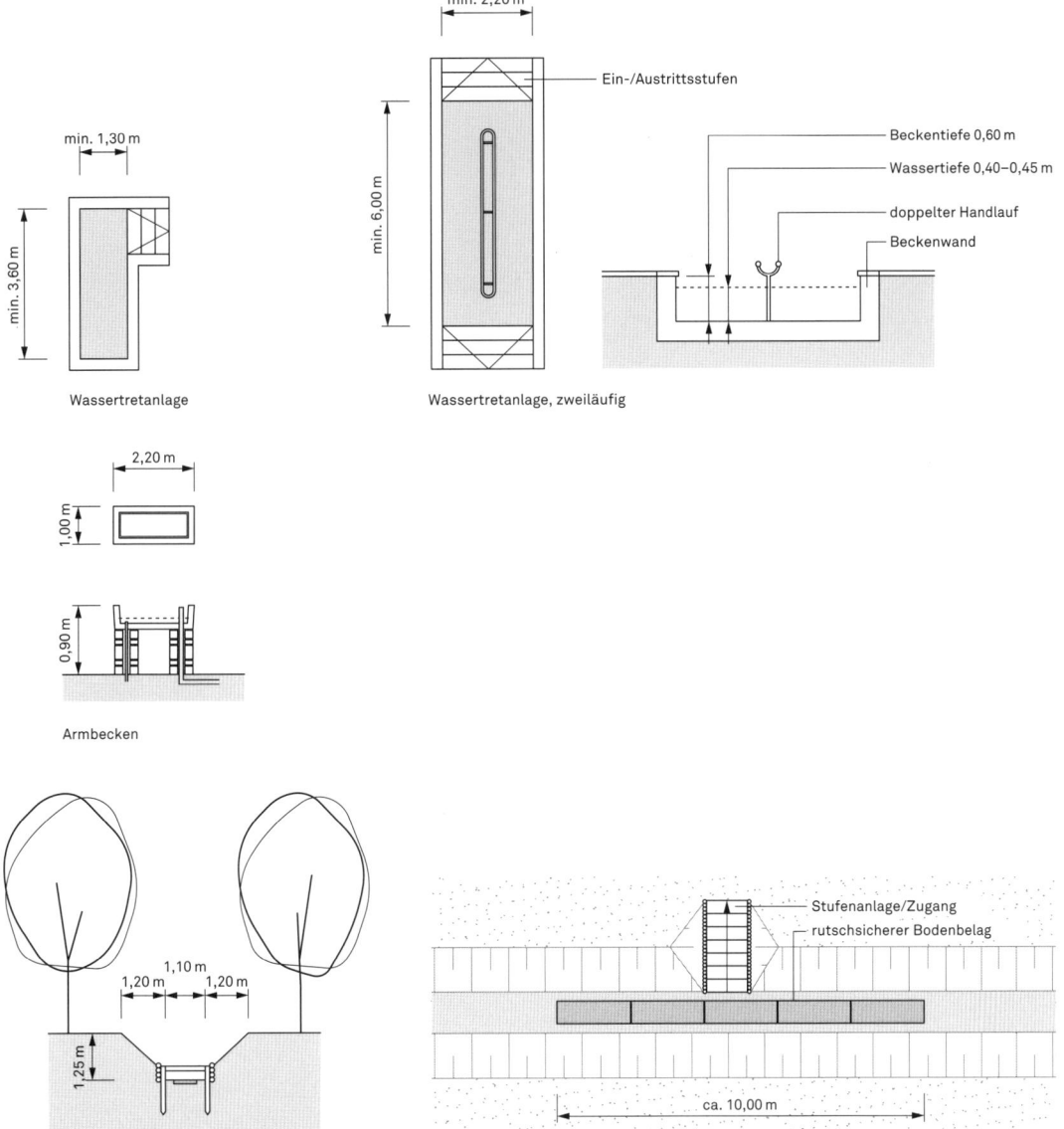

Abb. 7.14   Abmessungen von Wassertretanlagen und Armbecken

8 Gehölze

Temperaturausgleich, Beschattung, Staubbindung, Sauerstoffproduktion und Kohlendioxidreduktion sind einige der positiven Eigenschaften von Gehölzpflanzungen auf ihre Umgebung. Sie erhöhen außerdem die Luftfeuchte und können Windschutzfunktionen übernehmen. Damit stellen sie eine wichtige Komponente bei der Gestaltung von Freiräumen dar.

8.1 Bäume

Am natürlichen Standort entwickelt ein Baum einen Wurzelraum, dessen Ausmaß bis zu 0,75 m³ je m² Kronenprojektionsfläche entspricht (vgl. Bakker und Kopinga).

Bei einer funktional erforderlichen oder gestalterisch gewünschten Integration vorhandener Bäume in eine Neuanlage gilt es, den Lebensraum des Baumes optimal zu schützen. Dabei ist dem Wurzelraum größte Aufmerksamkeit entgegenzubringen. Im Regelfall sind folgende Maßnahmen zu berücksichtigen:

- Das Ursprungsniveau im Bereich der Krone ist unbedingt zu erhalten. Weder Aufschüttungen noch Abtragungen sind in diesem Bereich zulässig, da die meisten Gehölze sehr empfindlich reagieren und der langfristige Bestand damit gefährdet wäre.

- Der Kronenbereich zzgl. 1,50 m ist von baulichen Anlagen und Belägen freizuhalten (bei Säulenformen insgesamt 5,0 m).

Die verschiedenen Arten von Laub- und Nadelgehölzen weisen unterschiedliche Merkmale bei der Ausbildung ihrer Krone auf. Diese sind ein wichtiges Gestaltungsmittel und relevante Merkmale bei der räumlichen Planung. Allerdings entwickelt sich die charakteristische Kronenform erst mit dem Alter eines jeden Baumes. Dieser Aspekt verdeutlicht einmal mehr das Prozesshafte einer Planung mit Vegetation, bei der man nur selten oder erst nach Jahren einen dauerhaften Zustand erhält.

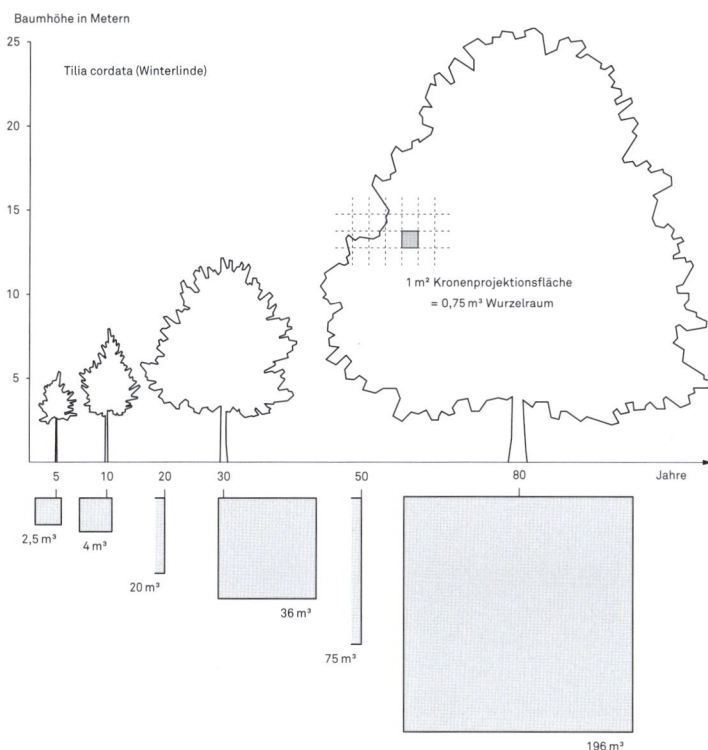

Abb. 8.1 Verhältnis von Kronenprojektionsfläche und durchwurzelbarem Raum von Bäumen unter natürlichen Bedingungen am Beispiel von Tilia cordata

8 Gehölze

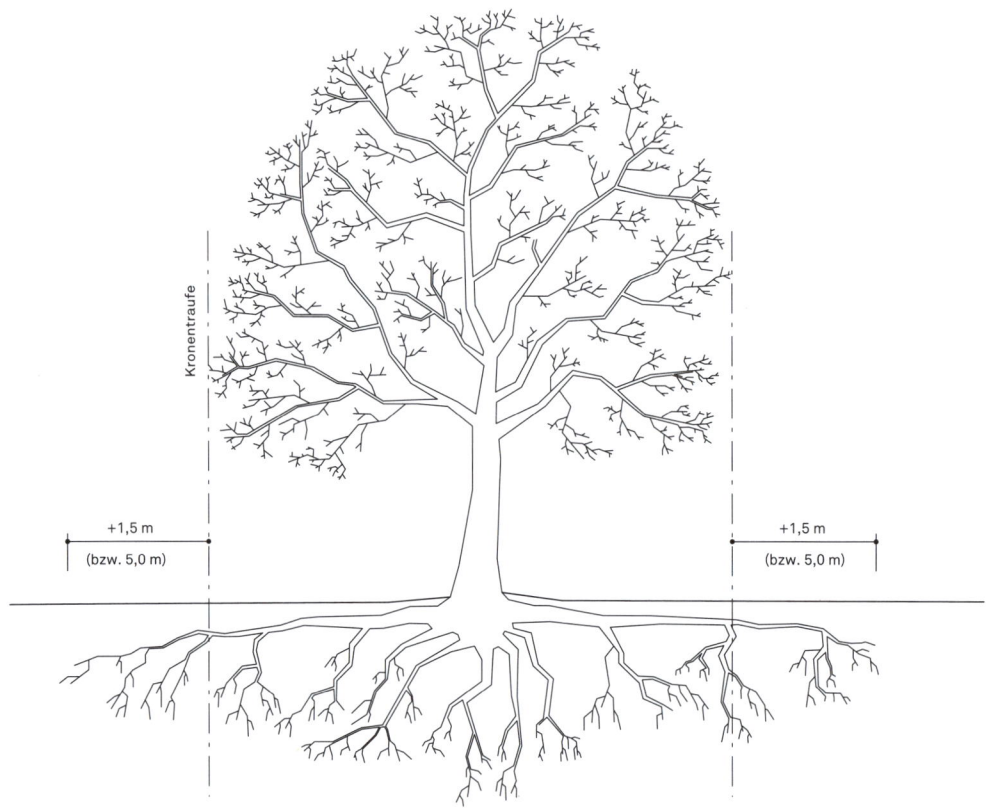

Abb. 8.2 Schutz des Wurzelbereichs von Bestandsbäumen

Verkehrsräume, Gebäude, technische Einrichtungen (gemäß RASt 06)	Abstand
Verkehrsraum Radverkehr	≥ 0,75 m
Verkehrsraum Kraftfahrzeugverkehr	≥ 1,00 m
Verkehrsraum Schienenverkehr	≥ 2,00 m
Gebäude, bei kleinkronigen Bäumen	≥ 3,00 m
Gebäude, bei großkronigen Bäumen	≥ 7,00 m
Begehbare Kabeltunnel	≥ 1,50 m
Unterirdische Rohrleitungen und Kabeltrassen (der Abstand beträgt abhängig von Art und Größe der Leitungen bis 5 m)	≥ 2,00 m
Leuchten	≥ 3,00 m

Tab. 8.1 Mindestabstände von Baumpflanzungen

8.1 Bäume

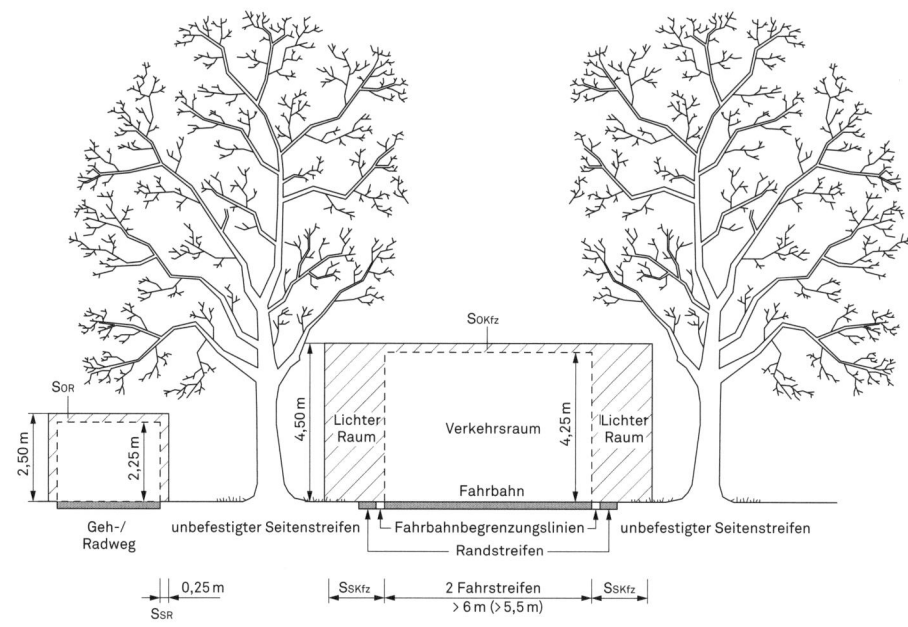

S_{OR} = oberer Sicherheitsraum Radfahrer
S_{SR} = seitlicher Sicherheitsraum Radfahrer
S_{OKfz} = oberer Sicherheitsraum Kraftfahrzeug
S_{SKfz} = seitlicher Sicherheitsraum Kraftfahrzeug

Abb. 8.3 Lichter Raum an Straßen

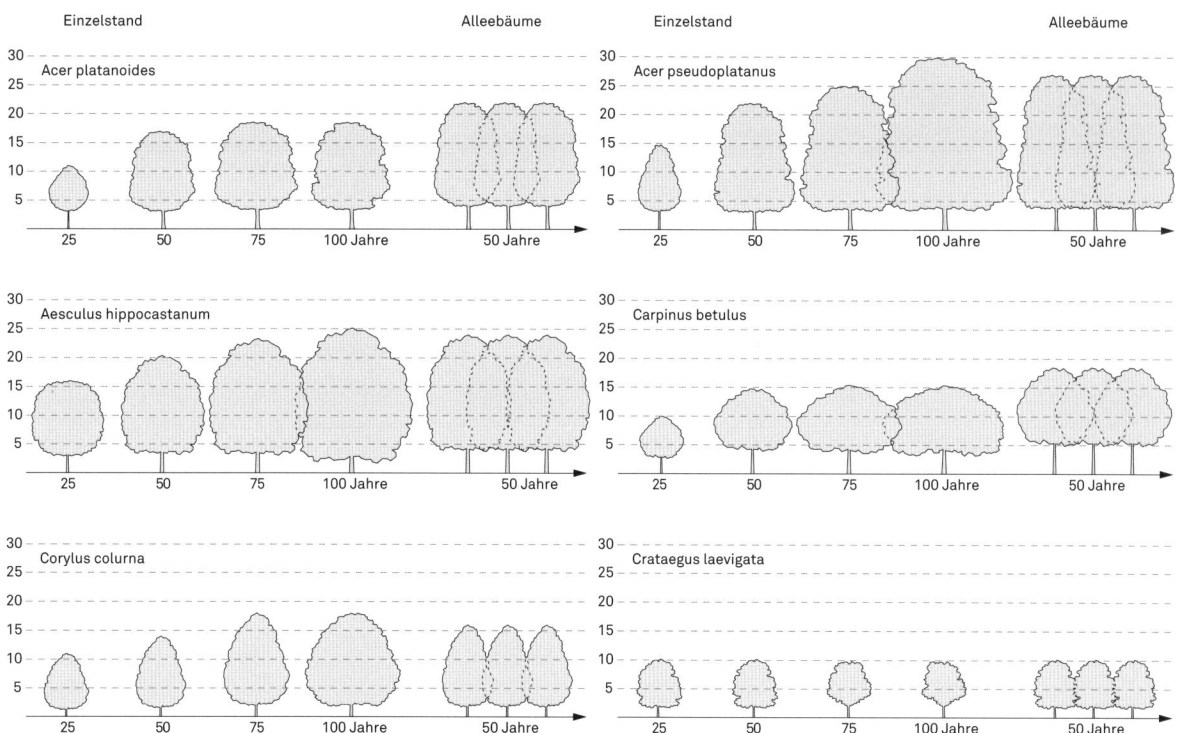

Abb. 8.4 Typische Entwicklung verschiedener Baumarten im Einzelstand von der Jugendform zur Altersform und als Allee

8 Gehölze

Botanischer und deutscher Name	Wuchshöhe in m	Breite in m	Lichtdurchlässigkeit	Lichtbedarf	Verwendbarkeit im städt. Straßenraum	Trockentoleranz (nach KLAM)	Winterhärte (Winterhärtezone) (nach KLAM)	Bemerkungen
Acer campestre (Feldahorn, Maßholder)	10–15 (20)	10–15	mittel	○-◗	m. E.	s. g.	s. g.	eiförmige, unregelmäßige, im Alter mehr rundliche Krone, verträgt trockene Böden und hohen Versiegelungsgrad, guter Bodenbefestiger für Ufer bzw. Hanglagen
Acer campestre ‚Elsrijk' (Feldahorn)	6–12 (15)	4–6	mittel	○-◗	m. E.	–	–	wie die Art, jedoch gerader durchgehender Stamm, im Wuchs schmaler und gleichmäßiger, gebietsweise Frostschäden in der Krone, mehltaufrei
Acer platanoides (Spitzahorn)	20–30	15–22	gering	○-◗	m. E.	g.	s. g. (4)	rundliche, dicht geschlossene Krone, blüht vor dem Blattaustrieb, sehr frosthart, empfindlich gegen Bodenverdichtung, Honigtauabsonderung
Acer platanoides ‚Allershausen' (Spitzahorn)	15–20	–10	gering	○-◗	g.	–	–	stark verzweigte, dichte, geschlossene Krone, gut geeignet für frostgefährdete Lagen, Honigtauabsonderung, im Straßenbaumtest 2 seit 2005
Acer platanoides ‚Apollo' (Kegelförmiger Spitzahorn)	14–18	10–15	gering	○-◗	m. E.	–	–	wie die Art, jedoch aufrechter und schneller wachsend, winterhart, Honigtauabsonderung, im Straßenbaumtest 2 seit 2005
Acer platanoides ‚Cleveland' (Kegelförmiger Spitzahorn)	10–15	7–9	gering	○-◗	g.	–	–	ovale, im Alter breit eiförmige, regelmäßige Krone, Austrieb leuchtend rot, stadtklimafest, Honigtauabsonderung
Acer platanoides ‚Columnare' Typ 1, 2, 3 (Säulenförmiger Spitzahorn)	–10 (16)	2–7	gering	○-◗	g.	–	–	schmal, säulenförmig wachsend, sehr frosthart, hitzeverträglich, trockenheitsverträglich, windfest und schattenverträglich, Honigtauabsonderung, guter Kompartimentierer
Acer platanoides ‚Deborah' (Spitzahorn)	15–20	10–15	gering	○-◗	m. E.	–	–	rundlich bis breit rundlich, gerader durchgehender Stamm, Honigtauabsonderung, Ergebnisse aus Straßenbaumtest 1 beachten
Acer platanoides ‚Emerald Queen' (Spitzahorn)	–15	8–10	gering	○-◗	m. E.	k. A.	k. A.	ovale Krone, in der Jugend betont aufrecht, hitze- und trockenheitsverträglich, windfest, geeignet für engere Straßenräume, Honigtauabsonderung
Acer platanoides ‚Farlake's Green' (Spitzahorn)	15–20	10–15	gering	○-◗	m. E.	–	–	gleichmäßig aufgebaut, hitze- und trockenheitsverträglich, windfest, wenig mehltauanfällig, empfindlich gegen Streusalz (Erfahrungen aus NL), Ergebnisse aus Straßenbaumtest 1 beachten
Acer platanoides ‚Globosum' (Kugelspitzahorn)	–6	5–8	gering	○-◗	g.	–	–	dicht verzweigte, geschlossene Kugelkrone, auf Lichtraumprofil achten, frosthart, hitze- und trockenheitsverträglich, windfest und schattenverträglich, Honigtauabsonderung, für Kübel und Container geeignet
Acer platanoides ‚Olmsted' (Spitzahorn)	10–12 (15)	2–3	gering	○-◗	g.	–	–	schmal, säulenförmig; geeignet für enge Räume in exponierter, lufttrockener Stadtlage, entspricht vermutlich Typ 1 von Acer platanoides ‚Columnare', Honigtauabsonderung

k. A. = keine Angaben, m. E. = mit Einschränkungen, s. g. = sehr gut geeignet, g. g. = gut geeignet, g = geeignet, p. = problematisch, s. e. E. = sehr eingeschränkte Eignung

Tab. 8.2   Eignung von Bäumen für den Straßenraum und für innerstädtische Lagen nach GALK und KLAM

8.1 Bäume

Botanischer und deutscher Name	Wuchshöhe in m	Breite in m	Lichtdurchlässigkeit	Lichtbedarf	Verwendbarkeit im städt. Straßenraum	Trockentoleranz (nach KLAM)	Winterhärte (Winterhärtezone) (nach KLAM)	Bemerkungen
Acer platanoides 'Royal Red' (Rotblättriger Spitzahorn)	–15 (20)	8–10	gering	○–◐	m. E.	–	–	Laub im Austrieb rot, danach bis zum Herbst konstant purpurschwarzrot, glänzend, sehr frosthart, hitzeverträglich, windfest, Honigtauabsonderung
Acer platanoides 'Summershade' (Spitzahorn)	20–25	15–20	gering	○–◐	m. E.	–	–	ausladende und hängende Äste, bildet Quirle, windbruchgefährdet, stadtklimafest, Honigtauabsonderung
Acer rubrum (Rotahorn)	10–15 (20)	6–10 (14)	gering	○–◐	m. E.	s. g.	g.	dunkelrote Blüte vor Blattaustrieb, frosthart, etwas hitzeempfindlich, bedingt stadtklimafest, flach wurzelnd, auf Kalkböden Chlorosegefahr
Aesculus hippocastanum (Rosskastanie)	–25 (30)	15–20 (25)	gering	○	m. E.	s. e. E.	g.	empfindlich gegen Bodenverdichtungen und Streusalz, Fruchtfall beachten, starker Kronen- und Wurzeldruck
Aesculus hippocastanum 'Baumannii' (Gefüllt-blühende Rosskastanie)	–25 (30)	15–20 (25)	gering	○	m. E.	–	–	wie die Art, jedoch länger und gefüllt blühend, keine Fruchtbildung
Aesculus x carnea, Rotblühende Kastanie (Purpurkastanie)	10–15 (20)	8–12 (16)	gering	○–◐	m. E.	g.	s. g.	schwierig aufzuasten, nicht geeignet bei Bodenverdichtungen und hohem Versiegelungsgrad, geringer Befall durch Miniermotte, geringer Fruchtfall
Aesculus x carnea 'Briotii' (Scharlachkastanie)	10–15	8–12	gering	○–◐	m. E.	–	–	wie die Art, jedoch kräftiger gefärbte Blüte, in verschiedenen Typen im Handel
Alnus cordata (Italienische Erle)	10–15 (20)	8–10	mittel	○	m. E.	g.	g.	treibt früh aus, deshalb gelegentlich spätfrostgefährdet, industrie- und stadtklimafest, sehr windverträglich, Schneebruchgefahr durch lang haftendes Laub
Alnus x spaethii, (Erle, Purpurerle)	12–15	8–10	mittel	○	g. g.	g.	s. g.	frosthart, windfest, wüchsig, gerader, durchgehender Stamm, Schneebruchgefahr durch lang haftendes Laub, Ergebnisse aus Straßenbaumtest 1 beachten
Amelanchier arborea 'Robin Hill' (Felsenbirne)	6–8	3–5	mittel	○–◐	g.	–	–	breit eiförmige Krone, früh blühend und angenehm duftend, für Kübel und Container geeignet, im Straßenbaumtest 2 seit 2005
Betula papyrifera (Papierbirke)	18–25	7–12	stark	○	m. E.	–	–	pyramidale Krone, kurzlebig, nicht stadtklimafest, nicht in befestigten Flächen verwenden, Pflanzzeitpunkt beachten
Betula pendula syn. B. verrucosa (Sandbirke, Weißbirke)	18–25 (30)	10–15 (18)	stark	○	m. E.	g.	s. g.	lockere, hochgewölbte Krone, Seitenbezweigung oft lang herunterhängend, frosthart, nicht stadtklimafest, neigt zur Anhebung von Belägen, nicht in befestigten Flächen verwenden, Pflanzzeitpunkt beachten

k. A. = keine Angaben, m. E. = mit Einschränkungen, s. g. = sehr gut geeignet, g. g. = gut geeignet, g = geeignet, p. = problematisch, s. e. E. = sehr eingeschränkte Eignung

Tab. 8.2 (Fortsetzung) Eignung von Bäumen für den Straßenraum und für innerstädtische Lagen nach GALK und KLAM

8 Gehölze

Botanischer und deutscher Name	Wuchshöhe in m	Breite in m	Lichtdurchlässigkeit	Lichtbedarf	Verwendbarkeit im städt. Straßenraum	Trockentoleranz (nach KLAM)	Winterhärte (Winterhärtezone) (nach KLAM)	Bemerkungen
Betula utilis syn. B. jacquemontii (Schneebirke)	8–10 (15)	5–7	stark	○	m.E.	s.e.E.	p.	aufrecht wachsend, Wurzeln flach ausgebreitet, hoher Anteil an Feinwurzeln in der oberen Bodenzone, Pflanzzeitpunkt beachten
Carpinus betulus, Hainbuche (Weißbuche)	10–20 (25)	7–12 (15)	gering	◗	m.E.	g.	s.g.	kegelförmig, im Alter hochgewölbt, nicht stadtklimafest, daher nicht in befestigten Flächen verwenden
Carpinus betulus ‚Fastigiata' (Pyramiden-Hainbuche)	15–20	4–6 (10)	gering	◗	g.	–	–	säulen- bis kegelförmige Krone, im Alter auseinanderfallend, weniger hitze- und strahlungsempfindlich als die Art, für Kübel und Container geeignet
Carpinus betulus ‚Frans Fontaine' (Säulen-Hainbuche)	10–15	4–5	gering	○–◗	m.E.	–	–	wie Carpinus betulus ‚Fastigiata', jedoch auch im Alter säulenförmig, Krone in der Jugend nicht ganz geschlossen, sehr windfest, vermehrt Spätfrostschäden an den Stämmen der Jungbäume, für Kübel und Container geeignet
Catalpa bignonioides, Trompetenbaum (Amerikanischer Trompetenbaum)	8–10 (15)	6–10	mittel	○–◗	m.E.	p.	p.	rundliche Krone und weit ausladende Seitenäste, artbedingt kein durchgehender Leittrieb; auffallende Blüten, Blätter und Früchte, auf Lichtraumprofil achten
Celtis australis (Südlicher oder Europäischer Zürgelbaum)	10–20	10–15	mittel	○	m.E.	s.g.	p.	ausladend, rund, schirmförmige Krone, Stammbildung besser als bei Celtis occidentalis, wärmeliebend und für trockene Standorte geeignet (Weinbauklima)
Cercis siliquastrum (Gemeiner Judasbaum)	4–6	4–6	gering	○	m.E.	s.g.	s.e.E.	runde, breit auswachsende Krone, wärmeliebend (Weinbauklima), für trockene Standorte geeignet, auf geraden Leittrieb achten
Cornus mas (Kornelkirsche, Gelber Hartriegel, Herlitze, Dirlitze)	5–6 (8)	3–5	mittel	○–◗	g.g.	s.g.	s.g.	kleinkronige, sehr zeitig blühende Bäume für enge Straßen, Stämme mit abblätternder Borke, anspruchslos, nicht frostempfindlich, stadtklimafest, Fruchtfall beachten, Lichtraumprofil beachten
Corylus colurna (Baumhasel, Türkische Hasel)	15–18 (23)	8–12 (16)	gering	○–●	g.	g.	g.	regelmäßige, breit kegelförmige Krone; anspruchslos, stadtklimafest, in manchen Jahren starker Fruchtfall
Crataegus crus-galli syn. C. prunifolia ‚Splendens' (Hahnendorn)	5–7 (9)	5–7 (9)	mittel	○–◗	m.E.	–	–	breit runde Krone, besonders lange Dornen, frosthart, windfest, Lichtraumprofil beachten, für Kübel und Container geeignet
Crataegus laevigata ‚Paul's Scarlet' syn. C. monogyna ‚Kermesina Plena' (Echter Rotdorn)	4–6 (8)	4–6 (8)	mittel	○	m.E.	–	–	regelmäßige, breit kegelförmige Krone, gefüllt blühend, anspruchslos, nicht zu trocken, für Kübel und Container geeignet

k.A. = keine Angaben, m.E. = mit Einschränkungen, s.g. = sehr gut geeignet, g.g. = gut geeignet, g = geeignet, p. = problematisch, s.e.E. = sehr eingeschränkte Eignung

Tab. 8.2 (Fortsetzung) Eignung von Bäumen für den Straßenraum und für innerstädtische Lagen nach GALK und KLAM

8.1 Bäume

Botanischer und deutscher Name	Wuchshöhe in m	Breite in m	Lichtdurchlässigkeit	Lichtbedarf	Verwendbarkeit im städt. Straßenraum	Trockentoleranz (nach KLAM)	Winterhärte (Winterhärtezone) (nach KLAM)	Bemerkungen
Crataegus lavallei ‚Carrierei' syn. C. carrierei (Apfeldorn)	5–7	5–7	mittel	○	g.	s.g.	s.g.	breit kegelförmige Krone, Triebe mit starken Dornen, lang haftendes, ledrig glänzendes dunkelgrünes Laub, für Kübel und Container geeignet
Crataegus monogyna ‚Stricta' (Säulenweißdorn)	5–7 (10)	2–3	mittel	○–◐	m.E.	–	–	straff aufrecht bis säulenförmig, im Alter auseinanderfallend, Triebe mit Dornen behaftet, für Kübel und Container geeignet
Crataegus x prunifolia syn. C. x persimilus (Pflaumenblättriger Weißdorn)	6–7	5–6	mittel	○	m.E.	–	–	wie Crataegus crus-galli, glänzendes, dunkelgrünes Laub, frosthart, stadtklimafest
Fraxinus angustifolia ‚Raywood' syn. F. oxycarpa ‚Flame', F. oxycarpa ‚Raywood' (Schmalblättrige Esche)	10–15 (20)	10–15	stark	○–◐	m.E.	–	–	hitzeverträglich und wärmeliebend, gebietsweise frostempfindlich, stadtklimafest, ohne Früchte, auffallende Herbstfärbung
Fraxinus excelsior (Gemeine Esche)	25–35 (40)	20–25 (30)	stark	○–◐	m.E.	g.	g.	rundliche, lichte Krone, weit ausladend, später Austrieb, früher Laubfall, empfindlich gegen Oberflächenverdichtung
Fraxinus excelsior ‚Altena' syn. F. excelsior ‚Monarch' (Esche)	15–20	10–12	stark	○–◐	m.E.	–	–	wie die Art, jedoch schlanker und regelmäßiger, Zweige aufstrebend, gerader, durchgehender Stamm, empfindlich gegen Oberflächenverdichtung und Trockenheit
Fraxinus excelsior ‚Atlas' (Esche)	15–20	10–15	stark	○–◐	g.	–	–	wie die Art, jedoch kompaktere, schmalere Krone, wärmeliebend, hitzeverträglich, Ergebnisse aus Straßenbaumtest 1 beachten
Fraxinus excelsior ‚Diversifolia' syn. F. excelsior ‚Monophylla' (Einblättrige Esche)	10–18	6–12	stark	○–◐	g.	–	–	wie die Art, jedoch kleiner und schmalwüchsiger, stadtklimafest, lockere Krone, aufrechter Wuchs, windfest, Ergebnisse aus Straßenbaumtest 1 beachten
Fraxinus excelsior ‚Geessink' (Esche)	15–20	10–12	stark	○–◐	g.	–	–	wie die Art, jedoch schmaler und schwächer wachsend, sehr windbeständig, kaum spätfrostgefährdet
Fraxinus excelsior ‚Globosa' syn. F. excelsior ‚Nana', Kugelesche	3–5	3–5	mittel	○–◐	g.	–	–	wie die Art, jedoch klein und kugelförmig, mit dicht verzweigter Krone, langsam wachsend, Lichtraumprofil beachten, für Kübel und Container geeignet
Fraxinus excelsior ‚Westhof's Glorie' (Nichtfruchtende Straßenesche)	20–25 (30)	12–15	stark	○–◐	g.	–	–	wie die Art, jedoch sehr später Laubaustrieb, deshalb kaum spätfrostgefährdet, gerader, durchgehender Stamm

k.A. = keine Angaben, m.E. = mit Einschränkungen, s.g. = sehr gut geeignet, g.g. = gut geeignet, g = geeignet, p. = problematisch, s.e.E. = sehr eingeschränkte Eignung

Tab. 8.2 (Fortsetzung) Eignung von Bäumen für den Straßenraum und für innerstädtische Lagen nach GALK und KLAM

8 Gehölze

Botanischer und deutscher Name	Wuchshöhe in m	Breite in m	Lichtdurchlässigkeit	Lichtbedarf	Verwendbarkeit im städt. Straßenraum	Trockentoleranz (nach KLAM)	Winterhärte (Winterhärtezone) (nach KLAM)	Bemerkungen
Fraxinus ornus, Blumenesche (Manna-Esche)	8–12 (15)	6–8 (10)	stark	○	g.	s. g.	s. e. E.	schwachwüchsig, stadtklimafest, selten mit geradem Leittrieb, auf Lichtraumprofil achten, nicht in befestigten Flächen verwenden, schöne Blüte
Fraxinus ornus ‚Rotterdam' (Blumenesche, Manna-Esche)	8–12	6–8	mittel	○	g.	–	–	wie die Art, jedoch mit regelmäßiger und kegelförmiger Krone, durchgehendem Leittrieb, trockenheits- und hitzeverträglich, für Kübel und Container geeignet, schöne Blüte
Ginkgo biloba, Ginkgobaum (Fächerbaum)	15–30 (35)	10–15 (20)	stark	○	g. g.	s. g.	g.	anspruchslos, stadtklimafest, frei von Schädlingen, hoher Lichtanspruch, schöne Herbstfärbung, zweihäusig, auf männliche Selektionen zurückgreifen
Gleditsia triacanthos ‚Inermis' (Dornenlose Gleditschie)	10–25	8–15 (20)	stark	○	g.	–	–	wie die Art, jedoch dornlose Sorte, bei der in Einzelfällen nachträglich Dornen gebildet werden können, als junger Baum frostempfindlich
Gleditsia triacanthos ‚Shademaster' (Dornenlose Gleditschie)	10–15 (20)	10–15	stark	○	g.	–	–	wie die Art, jedoch dornlose Sorte, bei der in Einzelfällen nachträglich Dornen gebildet werden können, später Laubfall
Gleditsia triacanthos ‚Skyline' (Dornenlose Gleditschie)	10–15 (20)	10–15	stark	○	g. g.	–	–	wie die Art, jedoch gleichmäßig geschlossene Krone mit aufstrebenden Ästen, dornenlose Sorte, bei der in Einzelfällen nachträglich Dornen gebildet werden können, bildet keine Früchte aus
Gleditsia triacanthos ‚Sunburst' (Gold-Gleditschie)	8–10	6–8	stark	○	m. E.	–	–	wie die Art, jedoch dornenlos, hellgelber Austrieb, später gelbgrün, auf Lichtraumprofil achten
Koelreuteria paniculata, Blasenbaum, Blasenesche (Lampionbaum)	6–8	6–8	stark	○	m. E.	s. g.	s. e. E.	klein, langsamwüchsig, sehr breite Krone, auffallende Blüten und Fruchtstände, im Straßenbaumtest 2 seit 2005
Liquidambar styraciflua (Amberbaum)	10–20 (30)	6–12	mittel	○	m. E.	g.	p.	stark variierende, im Alter offene Krone, kalkempfindlich, lang anhaltende Herbstfärbung, sofern sonniger Standort und kalte Nächte
Liquidambar styraciflua ‚Moraine' (Amberbaum)	10–20	6–12	mittel	○–◐	m. E.	–	–	wie die Art, jedoch kleiner, gleichmäßigere Krone und schnellerer Wuchs, schöne Herbstfärbung
Liquidambar styraciflua ‚Paarl' (Amberbaum)	15–25	3–4	mittel	○	m. E.	–	–	wie die Art, jedoch schmale, spitz kegelförmige Krone, mittlere Wuchskraft, früh einsetzende und lang anhaltende Herbstfärbung, im Straßenbaumtest 2 seit 2005
Liriodendron tulipifera (Tulpenbaum)	25–35	15–20	mittel	○	m. E.	p.	g.	breit kegelförmige Krone, gerader, durchgehender Leittrieb, wärmeliebend, aber frosthart, raschwüchsig, ältere Exemplare windbruchgefährdet, schöne Herbstfärbung

k. A. = keine Angaben, m. E. = mit Einschränkungen, s. g. = sehr gut geeignet, g. g. = gut geeignet, g = geeignet, p. = problematisch, s. e. E. = sehr eingeschränkte Eignung

Tab. 8.2 (Fortsetzung) Eignung von Bäumen für den Straßenraum und für innerstädtische Lagen nach GALK und KLAM

8.1 Bäume

Botanischer und deutscher Name	Wuchshöhe in m	Breite in m	Lichtdurchlässigkeit	Lichtbedarf	Verwendbarkeit im städt. Straßenraum	Trockentoleranz (nach KLAM)	Winterhärte (Winterhärtezone) (nach KLAM)	Bemerkungen
Liriodendron tulipifera ‚Fastigiata' (Säulenförmiger Tulpenbaum)	15–18	4–6	gering	○	m.E.	–	–	wie die Art, jedoch schmalkronig, straff aufrecht wachsend, schöne Herbstfärbung
Malus spec. (Zierapfelformen)	4–12	2–6	mittel	○–◐	m.E.	–	–	reich blühende und fruchtende Sorten, Fruchtbehang teilweise bis in den Winter hinein, Lichtraumprofil beachten, für Kübel und Container geeignet
Malus tschonoskii (Wollapfel, Scharlach-Apfel, Pillar Apple)	8–12	2–4	mittel	○–◐	g.	g.	s.g.	schmal kegelförmige Krone, im Alter breiter werdend, gerader durchgehender Leittrieb; Früchte gelb bis rot, geringe Schorfanfälligkeit, im Straßenbaumtest 2 seit 2005
Malus-Hybride ‚Evereste' (Zierapfel)	4–6	3–5	mittel	○–◐	m.E.	–	–	breit aufrechte Krone, im Alter überhängende Seitenäste, Lichtraumprofil beachten, kleine orangerote Früchte, geringe Schorfanfälligkeit, für Kübel und Container geeignet
Malus-Hybride ‚Red Sentinel' (Zierapfel)	4–5	3–4	mittel	○–◐	m.E.	–	–	schlanke Krone, tief überhängende Seitenäste, Lichtraumprofil beachten, dunkelrote Früchte, geringe Schorfanfälligkeit, für Kübel und Container geeignet
Malus-Hybride ‚Rudolph' (Zierapfel)	5–6	4–5	mittel	○–◐	m.E.	–	–	aufrechte Krone, später breit eiförmig bis rundlich, Lichtraumprofil beachten, orangegelbe Früchte; geringe Schorfanfälligkeit, neigt zu oberflächlichen Rindenrissen, für Kübel und Container geeignet
Malus-Hybride ‚Street Parade' (Sibirischer Apfel)	4–6	2–3	mittel	○–◐	m.E.	–	–	schmal eiförmige Krone, Lichtraumprofil beachten, geringe Mehltau- und Schorfanfälligkeit, kleine blaurote Früchte, für Kübel und Container geeignet
Metasequoia glyptostroboides (Urweltmammutbaum)	25–35 (40)	7–10	stark	○	m.E.	p.	s.g.	spitz kegelförmig, mit dicht verzweigter Krone, gerader, durchgehender Stamm, breit werdende Wurzelanläufe, weit reichendes Wurzelsystem, auf ausreichende Entfernung zu Straßenkanten u. ä. achten
Ostrya carpinifolia (Hopfenbuche)	10–15 (20)	8–12	mittel	○–◐	g.	s.g.	s.g.	kegelförmige, später rundliche Krone, Erscheinungsbild ähnlich Hainbuche; Früchte hopfenähnlich, dekorativ, im Straßenbaumtest 2 seit 2005
Platanus acerifolia syn. P. x hybrida, P. hispanica (Platane)	20–30 (40)	15–25	gering	○	m.E.	–	–	weit ausladende Krone, auffällige Stämme durch abblätternde Borke, anspruchslos, nicht frostempfindlich, stadtklimafest, häufig Wurzelhebungen verursachend, Laub schlecht verrottend, Befall durch Schadorganismen hat in den letzten Jahren zugenommen

k.A. = keine Angaben, m.E. = mit Einschränkungen, s.g. = sehr gut geeignet, g.g. = gut geeignet, g = geeignet, p. = problematisch, s.e.E. = sehr eingeschränkte Eignung

Tab. 8.2 (Fortsetzung) Eignung von Bäumen für den Straßenraum und für innerstädtische Lagen nach GALK und KLAM

8 Gehölze

Botanischer und deutscher Name	Wuchshöhe in m	Breite in m	Lichtdurchlässigkeit	Lichtbedarf	Verwendbarkeit im städt. Straßenraum	Trockentoleranz (nach KLAM)	Winterhärte (Winterhärtezone) (nach KLAM)	Bemerkungen
Populus berolinensis (Berliner Lorbeerpyramidenpappel)	18–25	8–10	mittel	○	m.E.	g.	s.g.	breit säulenförmig, Äste schräg aufrecht steigend, in der Jugend kegelförmig, im Alter unregelmäßig, gerader, durchgehender Stamm, bildet Wurzelausläufer
Populus simonii syn. P. brevifolia (Birkenpappel)	12–15	6–8 (10)	mittel	○	m.E.	p.	g.	schmal kegelförmig, im Alter breit und rund, kurzlebig, Schneebruchgefahr durch frühen Austrieb
Populus simonii ‚Fastigiata' (Säulenbirkenpappel)	7–10	4–6	mittel	○	m.E.	–	–	wie die Art, jedoch anfangs schmal säulenförmig, später breit kegelförmig, verträgt Streusalz
Prunus avium ‚Plena' (Gefülltblühende Vogelkirsche)	10–15	8–10	gering	○	m.E.	–	–	wie die Art, jedoch regelmäßig pyramidale, dichte, geschlossene Krone, gefüllt blühend, keine Früchte, stadtklimafest
Prunus padus ‚Schloss Tiefurt' (Traubenkirsche)	9–12	–8	mittel	○–◗	g.	–	–	wie die Art, jedoch kleiner, mit gleichmäßig geschlossener Krone, auffallend schöne und gerade Stämme bildend, auffallende, stark duftende Blüte, im Straßenbaumtest 2 seit 2005
Prunus sargentii (Scharlachkirsche, Bergkirsche)	8–12	5–8	mittel	○–◗	m.E.	p.	g.	breite, fächerförmige Krone, Äste trichterförmig, im Alter ausladend breitkronig, spärlich fruchtend, auffallende Herbstfärbung
Prunus sargentii ‚Accolade' (Zierkirsche)	5–8	3–5 (7)	mittel	○–◗	m.E.	–	–	rundliche bis leicht trichterförmige Krone, auf Lichtraumprofil achten, auffallende Blüte und Herbstfärbung
Prunus sargentii ‚Rancho' (Zierkirsche)	6–8	3–4	mittel	○–◗	m-E.	–	–	wie die Art, jedoch schmal säulenförmige Krone und kräftigere Blütenfärbung, nicht fruchtend
Prunus serrulata ‚Kanzan' (Japanische Nelkenkirsche)	7–10 (12)	5–8	mittel	○–◗	m.E.	–	–	breit trichterförmige, später ausladende Krone, auf Lichtraumprofil achten, auffallende Blüte und Herbstfärbung, selten fruchtend
Prunus spec. (Japanische Kirsche in Arten und Sorten)	3–15	1–10	gering	○	m.E.	–	–	unterschiedliche Kronenformen, hoher Zierwert durch Blüte, je nach Veredelungsform Stamm- oder Wurzelaustriebe, für Kübel und Container geeignet
Prunus subhirtella ‚Autumnalis' (Winterkirsche, Schneekirsche)	5–8	3–5	mittel	○	m.E.	–	–	kleiner Baum mit auffallender Blüte und Herbstfärbung, auf Lichtraumprofil achten, für Kübel und Container geeignet
Prunus x schmittii (Zierkirsche)	8–10	3–5	mittel	○–◗	g.	–	–	geschlossene, schmal kegelförmige Krone, Äste aufrecht wachsend, gerader durchgehender Stamm, nur kurze Zeit blühend

k.A. = keine Angaben, m.E. = mit Einschränkungen, s.g. = sehr gut geeignet, g.g. = gut geeignet, g = geeignet, p. = problematisch, s.e.E. = sehr eingeschränkte Eignung

Tab. 8.2 (Fortsetzung) Eignung von Bäumen für den Straßenraum und für innerstädtische Lagen nach GALK und KLAM

8.1 Bäume

Botanischer und deutscher Name	Wuchshöhe in m	Breite in m	Lichtdurchlässigkeit	Lichtbedarf	Verwendbarkeit im städt. Straßenraum	Trockentoleranz (nach KLAM)	Winterhärte (Winterhärtezone) (nach KLAM)	Bemerkungen
Pyrus calleryana ‚Chanticleer' (Stadtbirne, Chinesische Wildbirne)	8–12 (15)	4–5	mittel	○	m. E.	–	–	schmal kegelförmige Krone, später locker, breit pyramidal, Laubfall erst nach starkem Frost (Schneebruchgefahr), vereinzelt Fruchtbildung, frühe Vergreisung
Pyrus caucasica (Kaukasische Wildbirne)	8–12	3–4	mittel	○–◐	m. E.	–	–	säulen- bis kegelförmige Krone, straff aufrecht wachsend, gerader durchgehender Stamm, sehr anpassungsfähig, Trockenheit vertragend, Fruchtbildung, Ergebnisse aus Straßenbaumtest 1 beachten
Pyrus communis ‚Beech Hill' (Stadtbirne)	8–12	5–7	mittel	○–◐	m. E.	–	–	anfänglich straff aufrecht wachsend, später auseinanderfallend, feuerbrandgefährdet, gebietsweise Birnengitterrost, Fruchtbildung, Ergebnisse aus Straßenbaumtest 1 beachten
Pyrus regelii (Wildbirne, Turkmenische Birne)	8–10	7–9	gering	○–◐	m. E.	–	–	eiförmig bis rundlich locker, sperrige Verzweigung, feuerbrandgefährdet, gebietsweise Birnengitterrost, teilweise starke Fruchtbildung, Ergebnisse aus Straßenbaumtest 1 beachten
Quercus cerris (Zerr-Eiche)	20–30	10–15 (25)	mittel	○	g.	–	–	stumpf kegelig, breit, durchgehender Stamm, im Alter ausladend, lang haftendes, langsam verrottendes Laub, auch auf trockenen Böden gedeihend, stadtklimafest
Quercus frainetto, Ungarische Eiche	10–20 (25)	10–15	gering	○–◐	m. E.	–	–	gleichmäßige und geschlossene Krone, oval bis rundlich, im Alter lockerer, stadtklimafest, Laub langsam verrottend, im Straßenbaumtest 2 seit 2005
Quercus palustris, Sumpfeiche	15–20 (25)	8–15 (20)	mittel	○	g.	g.	g.	gleichmäßige, kegelförmige Krone, gerader durchgehender Stamm, auch auf mäßig trockenen Böden gedeihend, auf Kalkböden Chlorosegefahr, Laub oft lang haftend, auffallende Herbstfärbung
Quercus petraea, Traubeneiche	20–30 (40)	15–20 (25)	mittel	○	g.	g.	g.	regelmäßige, eiförmige Krone, tiefgrün glänzende Blätter, stadtklimafester als Quercus robur
Quercus robur syn. Quercus pedunculata, Stieleiche	25–35 (40)	15–20 (25)	stark	○	g.	p.	s. g.	breit kegelige Krone, weit ausladend, lang haftendes, langsam verrottendes Laub, Pflanzung nicht vor Dezember, verträgt Überschwemmungen, reagiert auf Grundwasserabsenkung mit Wipfeldürre, frosthart
Quercus robur ‚Fastigiata' Stielsäuleneiche, Pyramideneiche	15–20	5–7	gering	○	g.	–	–	wie die Art, jedoch säulenförmige Krone, im Alter auseinanderfallend, durch Aussaat oft nicht typische Wuchsform, Laub lang haftend; frosthart, anspruchslos
Quercus robur, Schmale Pyramideneiche	15–20	3–5	mittel	○–◐	g.	–	–	wie Quercus robur ‚Fastigiata', jedoch auch im Alter schlanker und kompakter Wuchs, Laub lang haftend, häufig bis zum Frühjahr; frosthart, anspruchslos

k. A. = keine Angaben, m. E. = mit Einschränkungen, s. g. = sehr gut geeignet, g. g. = gut geeignet, g = geeignet, p. = problematisch, s. e. E. = sehr eingeschränkte Eignung

Tab. 8.2 (Fortsetzung) Eignung von Bäumen für den Straßenraum und für innerstädtische Lagen nach GALK und KLAM

8 Gehölze

Botanischer und deutscher Name	Wuchshöhe in m	Breite in m	Lichtdurchlässigkeit	Lichtbedarf	Verwendbarkeit im städt. Straßenraum	Trockentoleranz (nach KLAM)	Winterhärte (Winterhärtezone) (nach KLAM)	Bemerkungen
Quercus rubra syn. Quercus borealis, Amerikanische Roteiche	20–25	12–18 (20)	mittel	○	m.E.	g.	g.	rundliche Krone, durchgehender Leittrieb, anspruchsloser als Quercus robur, auf Kalkböden Chlorosegefahr, stadtklimafest, lang haftendes Laub, auffallende Herbstfärbung
Robinia pseudoacacia, Robinie, Scheinakazie	20–25	12–18 (22)	stark	○	g.	s.g.	s.g.	lockere unregelmäßige Krone, in der Jugend raschwüchsig, im Alter schirmförmig; anspruchslos, windbruchgefährdet auf nährstoffreichen Böden, im Alter Totholzbildung, Blüten stark duftend
Robinia pseudoacacia ,Bessoniana', Kegelakazie	20–25	10–12 (15)	stark	○	g.	–	–	im Alter breite rundliche und dicht verzweigte Krone, meist gerader durchgehender Leittrieb, wenige und nur kleine Dornen, selten blühend
Robinia pseudoacacia ,Monophylla'	15–20 (25)	8–10	mittel	○	g.	–	–	unregelmäßig kegelförmige Krone, aufrechter Wuchs, Hauptäste schlank aufrecht, gerader, durchgehender Leittrieb, nur wenige kleine Dornen
Robinia pseudoacacia ,Nyirsegi', Robinie, Scheinakazie	25–30	10–15	mittel	○	g.	–	–	aufrechte, rundlich eiförmige, dicht verzweigte Krone, gerader, durchgehender Stamm bis in die Krone, wenige Dornen, geringere Bruchgefahr als die Art
Robinia pseudoacacia ,Sandraudiga', Robinie, Scheinakazie	20–25	12–18 (22)	stark	○	g.	–	–	breit pyramidal, auffallend lockere Krone, gerader, durchgehender Stamm, rosa blühend, Ergebnisse aus Straßenbaumtest 1 beachten
Robinia pseudoacacia ,Semperflorens', Robinie, Scheinakazie	15–20	10–15 (18)	stark	○	g.	–	–	aufrechte, lockere, im Alter breit ovale Krone, geringe Bedornung, durch Nachblüte oft durchgehend von Juni bis September blühend
Robinia pseudoacacia ,Umbraculifera', Kugelakazie	4–6	4–6	gering	○	g.	–	–	dichte, kugelrunde, feintriebige Krone; im Alter mehr breit oval, Lichtraumprofil beachten, verträgt radikalen Rückschnitt, keine Blüte, für Kübel und Container geeignet
Sophora japonica (Schnurbaum)	15–20 (25)	12–18 (20)	stark	○	m.E.	s.g.	g.	breit rundliche, sehr lockere und lichte Krone, im Alter ausladend, auf geraden, durchgehenden Stamm achten, Sommerschnitt, Jungbäume gebietsweise frostgefährdet, auffällige Blüte
Sophora japonica ,Regent' (Schnurbaum)	15–20 (25)	10–15	stark	○	m.E.	–	–	wie die Art, breit rundliche Krone, im Alter ausladend, entbehrliche Sorte, da sie keine Verbesserung zur Art darstellt, Ergebnisse aus Straßenbaumtest 1 beachten
Sorbus aria (Mehlbeere)	6–12 (18)	4–7 (12)	mittel	○	m.E.	s.g.	s.g.	gleichmäßig aufgebaute kegelförmige Krone, im Alter breiter und lockerer, langsamwüchsig, Lichtraumprofil beachten
Sorbus aria ,Magnifica' (Mehlbeere)	6–12 (18)	4–7 (12)	mittel	○	g.	–	–	wie die Art, jedoch kleiner und schmaler, mit regelmäßig aufgebauter Krone, im Alter breiter

k.A. = keine Angaben, m.E. = mit Einschränkungen, s.g. = sehr gut geeignet, g.g. = gut geeignet, g = geeignet, p. = problematisch, s.e.E. = sehr eingeschränkte Eignung

Tab. 8.2 (Fortsetzung) Eignung von Bäumen für den Straßenraum und für innerstädtische Lagen nach GALK und KLAM

8.1 Bäume

Botanischer und deutscher Name	Wuchshöhe in m	Breite in m	Lichtdurchlässigkeit	Lichtbedarf	Verwendbarkeit im städt. Straßenraum	Trockentoleranz (nach KLAM)	Winterhärte (Winterhärtezone) (nach KLAM)	Bemerkungen
Sorbus aria ‚Majestica' syn. S. aria decaisneana (Mehlbeere)	8–10 (12)	4–7	mittel	○	m.E.	–	–	wie die Art, jedoch schmal kegelförmige Krone, im Alter schirmförmig, Früchte und Blätter größer
Sorbus intermedia (Schwedische Mehlbeere, Oxelbeere)	10–15 (20)	5–7	mittel	○	m.E.	g.	s.g.	kegelförmige Krone, im Alter rundlich, Lichtraumprofil beachten
Sorbus intermedia ‚Brouwers' (Schwedische Mehlbeere, Oxelbeere)	9–12	4–7	gering	○	g.	–	–	wie die Art, jedoch kompakt pyramidale Krone, gerader, durchgehender Stamm, stadtklimafest, windfest, frosthart
Sorbus x thuringiaca ‚Fastigiata' (Thüringische Säulen-Mehlbeere)	5–7	4–5	mittel	○	g.	–	–	schmale, kegelförmige und kompakte Krone, stadtklimafest, windverträglich, frosthart, trockenheitsverträglich, langsam wachsend
Tilia americana ‚Nova' (Amerikanische Linde)	25–30	15–20	gering	○–◐	g.	–	–	breit kegelförmige Krone, im Alter rundlich, gerader durchgehender Stamm, vergleichsweise große Blätter, Honigtauabsonderung, frosthart, hitzeverträglich
Tilia cordata (Winterlinde, Steinlinde)	18–20 (30)	12–15 (20)	gering	○–◐	m.E.	g.	s.g.	sehr stark duftend, hervorragender Pollenspender, Habitus kann sehr variabel sein, daraus resultiert ein schwieriger Kronenaufbau, schwer aufzuasten, Honigtauabsonderung
Tilia cordata ‚Erecta' syn. T. cordata ‚Böhlje' (Dichtkronige Winterlinde)	15–20	10–12 (14)	gering	○–◐	g.	–	–	wie die Art, jedoch mit kleiner und regelmäßiger Krone, kleine Blätter, als junger Baum langsam wachsend, geringere Honigtauabsonderung
Tilia cordata ‚Greenspire' (Amerikanische Stadtlinde)	18–20	10–12	gering	○–◐	g.g.	–	–	schmale, regelmäßige und dichte Krone, im Alter breiter, Äste aufsteigend, stadtklimafest, Honigtauabsonderung
Tilia cordata ‚Rancho' (Amerikanische Stadtlinde)	8–12 (15)	4–6 (8)	gering	○–◐	g.	–	–	wie die Art, jedoch mit schmal eiförmiger, im Alter breit rundlicher, regelmäßiger Krone, langsam und kompakt wachsend, geringere Honigtauabsonderung, Ergebnisse aus Straßenbaumtest 1 beachten
Tilia cordata ‚Roelvo', Winterlinde (Stadtlinde)	10–15	7–10	gering	○–◐	g.	–	–	wie die Art, jedoch breit kegelförmige bis rundliche Krone, langtriebiger und nicht so kompakt wachsend wie ‚Rancho', geringere Honigtauabsonderung, Ergebnisse aus Straßenbaumtest 1 beachten
Tilia tomentosa (Silberlinde)	25–30	15–20	gering	○	m.E.	s.g.	g.	regelmäßige, breit kegelförmige, geschlossene Krone, Neigung zu Gabelwuchs; späte Blütentracht, weder bienen- noch hummelgefährlich, kein Honigtau, die Verwendung von Sorten wird empfohlen

k.A. = keine Angaben, m.E. = mit Einschränkungen, s.g. = sehr gut geeignet, g.g. = gut geeignet, g = geeignet, p. = problematisch, s.e.E. = sehr eingeschränkte Eignung

Tab. 8.2 (Fortsetzung) Eignung von Bäumen für den Straßenraum und für innerstädtische Lagen nach GALK und KLAM

8 Gehölze

Botanischer und deutscher Name	Wuchshöhe in m	Breite in m	Lichtdurchlässigkeit	Lichtbedarf	Verwendbarkeit im städt. Straßenraum	Trockentoleranz (nach KLAM)	Winterhärte (Winterhärtezone) (nach KLAM)	Bemerkungen
Tilia tomentosa ‚Brabant' (Brabanter Silberlinde)	20–25 (30)	12–18 (20)	gering	○	g. g.	–	–	breit kegelförmige, dichte und regelmäßig aufgebaute Krone, Selektion mit geradem, durchgehendem Stamm, bessere Leittriebbildung als die Art, kein Honigtau
Tilia x euchlora syn. Tilia x europaea ‚Euchlora' (Krimlinde)	15–20 (25)	10–12	mittel	○	g.	g.	s. g.	stumpf kegelförmige Krone, gerader, durchgehender Stamm, stark hängende Äste, auf Lichtraumprofil achten, schnellwachsend, windfest, frosthart, Honigtauabsonderung
Tilia x europaea syn. T. x intermedia, T. x vulgaris, T. hollandica (Holländische Linde)	25–35 (40)	15–20	gering	○	g.	p.	s. g.	gleichmäßig aufgebaute kegelförmige Krone, stadtklimafest, trockenheitsverträglich und wärmeliebend, Bienenweide, Honigtauabsonderung
Tilia x europaea ‚Pallida' syn. T. x intermedia ‚Pallida', T. x vulgaris ‚Pallida' (Kaiserlinde)	30–35 (40)	12–18 (20)	gering	○	g. g.	–	–	wie die Art, jedoch gleichmäßig kegelförmige Krone, im Alter breit ausladend, Blätter haften im Herbst länger als bei der Art, verschiedene Selektionen im Handel, Honigtauabsonderung
Tilia x flavescens ‚Glenleven' (Kegellinde)	15–20 (25)	12–15	gering	○	m. E.	–	–	geschlossene, breit kegelförmige Krone, im Alter ausladend und rundlicher, gerader, durchgehender Stamm, schnellwachsend, stadtklimafest, Honigtauabsonderung, Ergebnisse aus Straßenbaumtest 1 beachten
Ulmus x hollandica ‚Lobel' (Schmalkronige Stadtulme)	12–15	4–5	gering	○	m. E.	–	–	anfangs schmal aufrecht wachsende, säulenförmige Krone, später mehr kegelförmig, breiter werdend, starkwüchsig, geringere Anfälligkeit gegenüber Ulmenkrankheit
Ulmus-Hybride ‚Dodoens' (Ulme, Rüster)	12–15	5–6	gering	○–◐	m. E.	–	–	lockere, schlank aufrechte Krone, im Alter breit kegelförmig, geringere Anfälligkeit gegen die Ulmenkrankheit
Ulmus-Hybride ‚New Horizon' (Ulme, Rüster)	20–25	5–6	gering	○–◐	m-E.	–	–	säulen- bis kegelförmige dichte Krone, im Jugendstadium schmal kegelförmig, später breiter, vermutlich hohe Resistenz gegen Ulmenkrankheit, im Straßenbaumtest 2 seit 2007/08
Ulmus-Hybride ‚Rebona' (Rebona-Ulme)	15–20	10–15	gering	○–◐	m. E.	–	–	breit kegelförmige Krone, Äste flach abstehend, vermutlich resistent gegen Ulmenkrankheit
Ulmus-Hybride ‚Regal' (Ulme, Rüster)	15–20	6–8	mittel	○	m. E.	–	–	anfangs schmal kegelförmig, im Alter breit säulenförmig, schnell wachsend, vermutlich resistent gegen Ulmenkrankheit, im Straßenbaumtest 2 seit 2007/08
Zelkova serrata syn. Z. acuminata, Z. keaki (Japanische Zelkove)	20–25	15–25	gering	○–◐	m. E.	g.	g.	breit, runde Krone mit weit ausladendem Wuchs, auf geraden durchgehenden Leittrieb achten, stadtklimafest, im Straßenbaumtest 2 seit 2005

k. A. = keine Angaben, m. E. = mit Einschränkungen, s. g. = sehr gut geeignet, g. g. = gut geeignet, g = geeignet, p. = problematisch, s. e. E. = sehr eingeschränkte Eignung

Tab. 8.2 (Fortsetzung) Eignung von Bäumen für den Straßenraum und für innerstädtische Lagen nach GALK und KLAM

8.2 Hecken

Hecken kann man nach ihrer Zusammensetzung, der Pflegeintensität und ihrer Verwendung in drei Hauptgruppen unterteilen: naturnahe Hecken der freien Landschaft, frei wachsende Hecken und Formschnitthecken.

Naturnahe Hecken zeichnen sich durch die Verwendung heimischer Gehölze aus. Ihre Anlage diente und dient mitunter heute noch dem Windschutz der Felder oder der Abgrenzung und Einfriedung.

Frei wachsende Hecken dienen der dekorativen oder funktionalen Einfriedung eines Grundstücks oder strukturieren als lineare Elemente einen Freiraum. Sie können als Blütenhecke, als immergrüne Hecke, als Mischpflanzung oder als homogene Hecke angelegt werden. Da diese Hecken nur bei Bedarf einen Pflegeschnitt erhalten, entspricht ihr Wuchs mehr oder weniger den natürlichen Bedingungen, womit der Platzbedarf relativ groß sein kann.

Formschnitthecken werden durch regelmäßige und wiederkehrende Schnittmaßnahmen in Form gebracht; entsprechend schnittverträglich müssen die verwendeten Gehölze sein. Diese Hecken sind aufwendiger in der Pflege als frei wachsende Hecken.

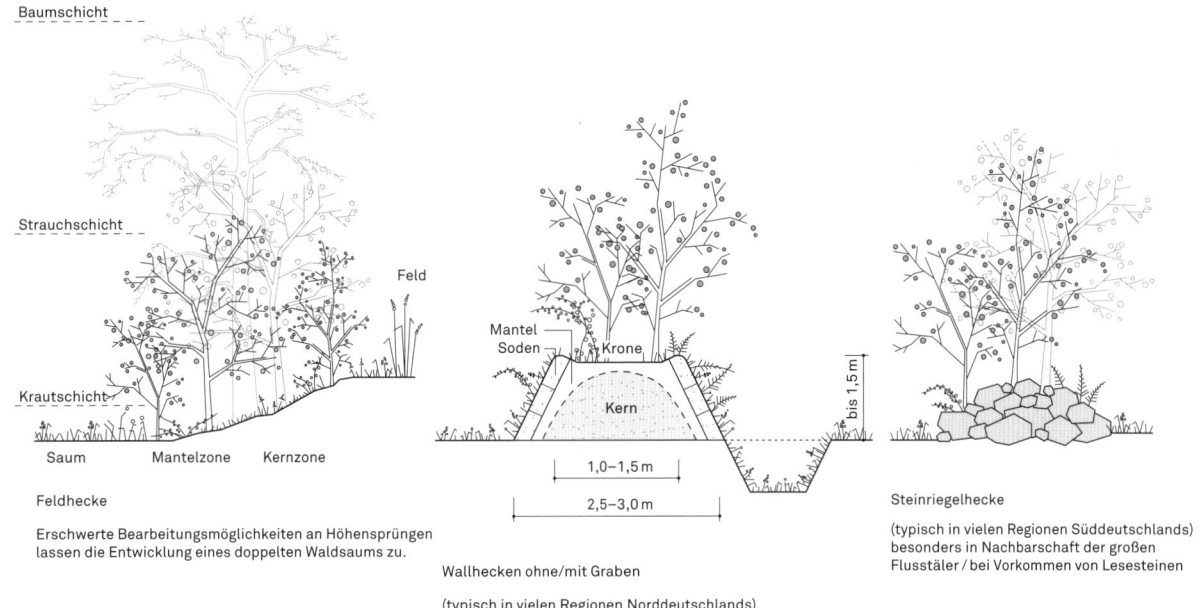

Abb. 8.5 Verschiedene Arten naturnaher Hecken

8 Gehölze

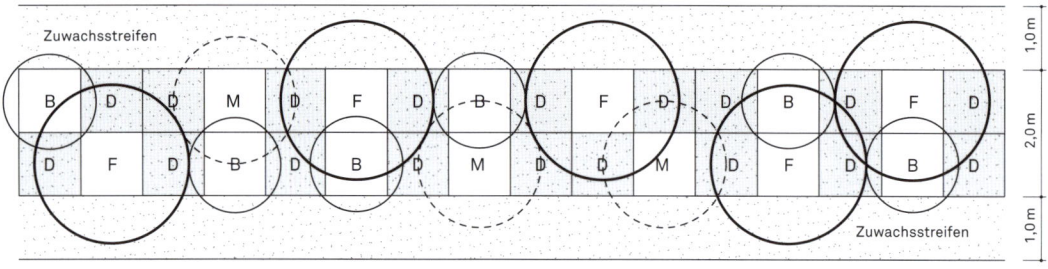

2-reihige Gehölzpflanzung mit Untersaat im Pflanzraster 1 × 1 m

F führende Gehölze
M Mantelgehölze
B begleitende Gehölze
D Stauden, Kräuter und dienende Gehölze

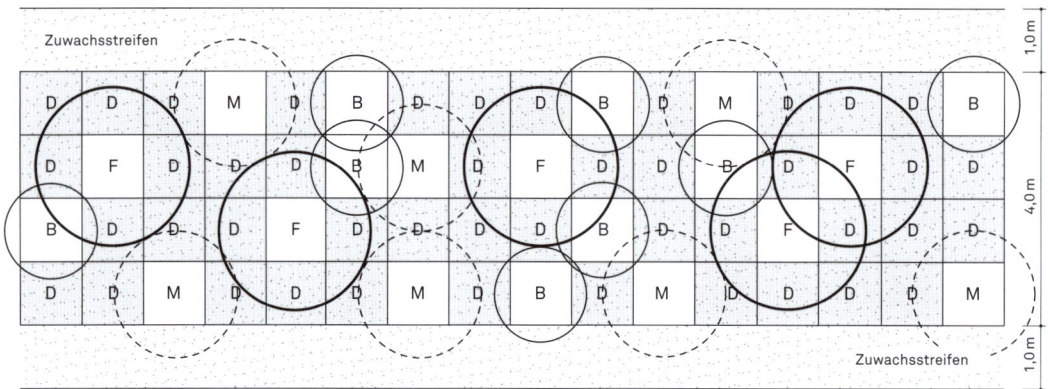

4-reihige Gehölzpflanzung mit Untersaat im Pflanzraster 1 × 1 m

Abb. 8.6 Pflanzprinzip für frei wachsende Hecken

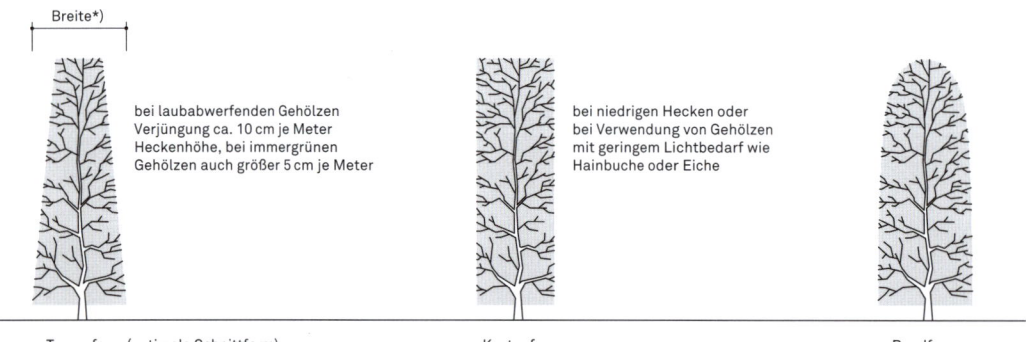

Trapezform (optimale Schnittform) — bei laubabwerfenden Gehölzen Verjüngung ca. 10 cm je Meter Heckenhöhe, bei immergrünen Gehölzen auch größer 5 cm je Meter

Kastenform — bei niedrigen Hecken oder bei Verwendung von Gehölzen mit geringem Lichtbedarf wie Hainbuche oder Eiche

Rundform

*) Mindestbreite = geplante Höhe × ca. 0,4 (hohe Hecken) bis 0,6 (niedrige Hecken)

Abb. 8.7 Schnittprofile für Formschnitthecken

8.2 Hecken

Art	Max. Wuchshöhe	Geeignet für Heckenhöhe in m			Jährlicher Zuwachs	Pflanzen je m, je nach Ausgangshöhe	Lichtbedarf	Bemerkungen
		–1	1–2	2–4				
Acer campestre (Feld-Ahorn)	15 m		x	x	35–40 cm	2–3	So–HS	Gelbe Herbstfärbung; Bienenweide; auch für Heckentore und Heckenlauben; anfällig für Mehltau
Berberis vulgaris (Berberitze)	3 m	x	x		20–50 cm	3–4	So–HS	Dornen, Herbstfärbung leuchtend rot; Insektennahrung
Berberis thunbergii ‚Atropurpurea' (Rote Berberitze)	1,5–2 m	x			20–40 cm	2–4	So–HS	Dunkelrotes Laub, gelbe Blüten; anspruchslos
Buxus sempervirens (Buchsbaum)	2–6 m	x	x	x	10 cm	4–5	So–S	Befall mit dem Pilz Cylindrocladium buxicola möglich
Carpinus betulus (Hainbuche)	25 m		x	x	25–35 cm	2,5–4	So–S	Anspruchslos, hitze- und trockenheitstolerant, trockenes Laub den Winter über haftend
Cornus mas (Kornelkirsche)	3–7 m		x	x	20–40 cm	3–4	So–HS	Sommergrün; gelblich-rotorange Herbstfärbung; Bienenweide; Vogelschutzgehölz
Crataegus monogyna (Weißdorn)	–8 m		x	x	20–25 cm	3–4	So–S	Vogelschutzgehölz; verträgt auch totalen Rückschnitt; kann von Feuerbrand befallen werden
Crataegus prunifolia (Pflaumen-Dorn)	–7 m		x	x	20–25 cm	2–3	So–HS	Rinde stark bedornt
Fagus sylvatica (Rotbuche)	–30 m			x	20–50 cm	2–3	So–HS	Bevorzugt lockeren Boden; hält lange die trockenen Blätter
Ilex aquifolium (Stechpalme)	4–7 m		x	x	15–40 cm	2–4	HS–S	
Juniperus communis (Gemeiner Wacholder)	–10 m		x	x	10–15 cm	1–2	So–HS	Anspruchslos; Schnitt von Frühjahr bis Mitte September; Zwischenwirt für Birnengitterrost
Ligustrum vulgare ‚Atrovirens' (Liguster)	2–4 m	x	x		20–50 cm	3–4	So–HS	Anspruchslos; Hitze vertragend
Ligustrum vulgare ‚Lodense' (Zwergliguster)	–0,7 m	x			5–8 cm	3–4	So–HS	
Prunus laurocerasus ‚Herbergii' (Kirschlorbeer)	2–3 m		x		20–45 cm	2–3	So–S	Immergrün; verträgt viel Schatten und Wurzeldruck
Pyracantha coccinea ‚Red Column' (Feuerdorn)	1,5–2,5	x	x		10–20 cm	2–3	So–HS	Immergrün; Dornen; auffällige Beeren
Ribes alpinum	1,5–2	x	x		15–25 cm	2–3	So–S	Vogel- und Insektennährquelle
Spirea japonica ‚Froebeli' (Rote Strauch-Spiere)	0,8–1,2 m	x	x		10–20 cm	3–4	So–HS	Sommergrün; Frühjahrsschnitt fördert Blüte
Taxus baccata (Eibe)	12–15 m		x	x	20–40 cm	3–4	So–HS	Sehr robust; auch nährstoffarme Böden; verträgt radikalen Verjüngungsschnitt
Thuja occidentalis (Lebensbaum)	15–20 m		x	x	20–25 cm	2–5	So–HS	Sehr widerstandsfähig, windresistent, hohes Ausschlags- und Regenerationsvermögen

Tab. 8.3 Gehölze für geschnittene Hecken, Richtwerte für Pflanzabstände, Pflanzgröße, Höhe und den jährlichen Zuwachs

8.3 Begrünung unterbauter Flächen

Die Begrünung unterbauter Flächen umfasst neben der Begrünung von Dächern auch diejenige von Innenhöfen, Tiefgaragen und sonstigen Bauwerken unter Freianlagen sowie von Brücken. Die positive Wirkung auf das (Klein-)Klima, die Bindung von Staub und Schadstoffen, der Rückhalt von Niederschlagswasser, die Schaffung von Lebensraum für Fauna und Flora und die Schutzfunktion für das Dach sowie die Steigerung der Freiraumqualität bei nutzbaren Räumen stellen gute Argumente für eine Dachbegrünung dar.

Bezogen auf den Schichtaufbau und die Schichtdicke unterscheidet man zwischen Extensivbegrünung, einfacher und aufwendiger Intensivbegrünung. Auf flachen Dachneigungen sind alle Formen der Begrünung möglich, bei Dachneigungen von über 5° kommen nur noch extensive Dachbegrünungen infrage.

Aufgrund der meist gebäudebezogenen Lage und der Exposition gibt es teilweise extreme Standortunterschiede für eine mögliche Bepflanzung. Auf Dächern herrschen oftmals extremere Windverhältnisse als am Boden oder in Innenhöfen. Durch die Exposition des Daches oder die Lage in einem Innenhof ergeben sich sehr strahlungsintensive oder komplett verschattete Lagen. Besonders auf Schrägdächern entstehen extrem trockene Lagen, da Niederschläge sich kaum in den dünnen Substratschichten halten können und schnell nach unten ablaufen.

Die Dicke der durchwurzelbaren Schichten bedingt die grundsätzlich unterschiedlichen Begrünungsarten. Das Spektrum dieser Begrünungsformen zeigt Tab. 8.4

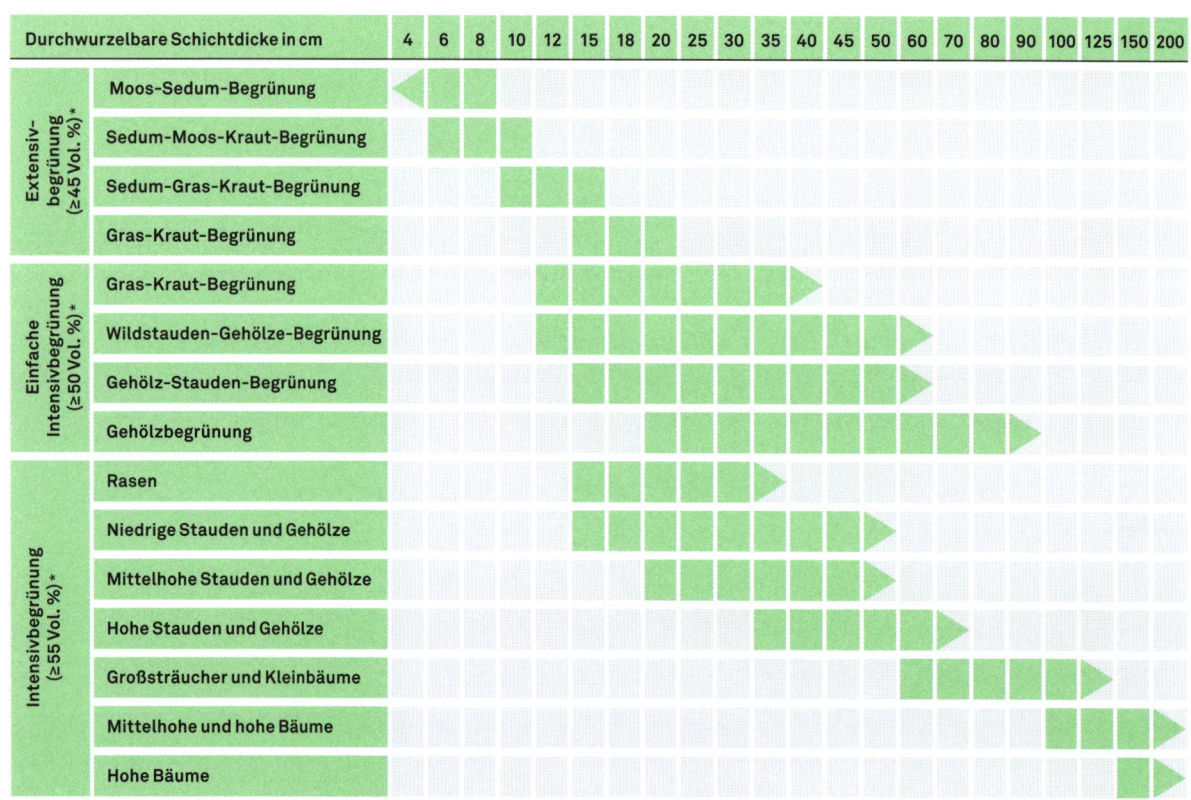

* maximale Wasserkapazität der Vegetationstrag- und Drainschicht

Tab. 8.4   Mögliche Begrünungsformen in Abhängigkeit von der Vegetationstragschichtdicke

8.3 Begrünung unterbauter Flächen

	Begrünungsart		
	Extensivbegrünung	Einfache Intensivbegrünung	Intensivbegrünung
Schichtaufbau 1 Extensivsubstrat 2 Intensivsubstrat 3 Mineralisches Unterbodensubstrat 4 Filterschicht/-matte 5 Festkörperdrainage 6 Drainageschicht 7 Schutzlage 8 Dachdichtung (wurzelfest)			
Drainschicht	Ca. 3 cm (entfällt bei Einschichtbauweise)	3–5 cm	>10 cm
Vegetationsschicht	5–15 cm	10–25 cm	>25 cm
Dachlast	50–150 kg/m²	150–350 kg/m²	>350 kg/m²
Art der Begrünung	Moose, wenige trockenheitsverträgliche Gräser und Stauden, insbesondere Moose-Sedum-, Sedum-Moose-Kraut-, Sedum-Gras-Kraut-, Gras-Kraut-Begrünungen	Trockenheitsverträgliche Stauden, Gräser und Gehölze	Nahezu uneingeschränkte Pflanzenverwendung, je nach Standortbedingungen, keine windempfindlichen Pflanzen und keine Großgehölze
	Keine stark wachsenden Kletterpflanzen und Pflanzen mit aggressivem Wurzelwachstum, z. B. einige Bambusarten, die die Dachdichtung/Wurzelschutzschicht beschädigen könnten		
Pflege	Gering, in der Regel keine Bewässerung erforderlich	Mittel, ggf. Bewässerung (Trockenperioden), Rückschnitt und Düngung nach Bedarf und Art der Bepflanzung	Hoch, regelmäßige Bewässerung, Rückschnitt und Düngung nach Bedarf und Art der Bepflanzung
	Kontrolle der Dachabläufe, ggf. Entfernen von Fremdaufwuchs, insbesondere auf Schutzstreifen		
Dachneigung	(0) 1–35° (in Ausnahmefällen bis 45°), ab 20° nur mit Rutsch- und Schubsicherungen, um Erosion durch die Abflussgeschwindigkeit des Niederschlagswassers zu vermeiden	(0) 1–5° (ca. 8 %)	(0) 1–5° (ca. 8 %)
Geeignete Dachtypen	Einfache Konstruktionen wie Carports, Pavillons, Gartenhäuser etc., Kaltdächer	Einfache Konstruktionen nur nach vorheriger Prüfung	
	• Umkehrdach mit Wärmedämmung • Warmdächer, soweit druckfeste Dämmung vorhanden • WU-Dach mit Wärmedämmung • Dächer ohne Wärmedämmung (z. B. Tiefgaragen, Brücken, Nebengebäude etc.)		

Tab. 8.5 Merkmale der unterschiedlichen Dachbegrünungsarten (Quelle: Staatliche Forschungsanstalt für Gartenbau Weihenstephan, verändert und ergänzt)

8 Gehölze

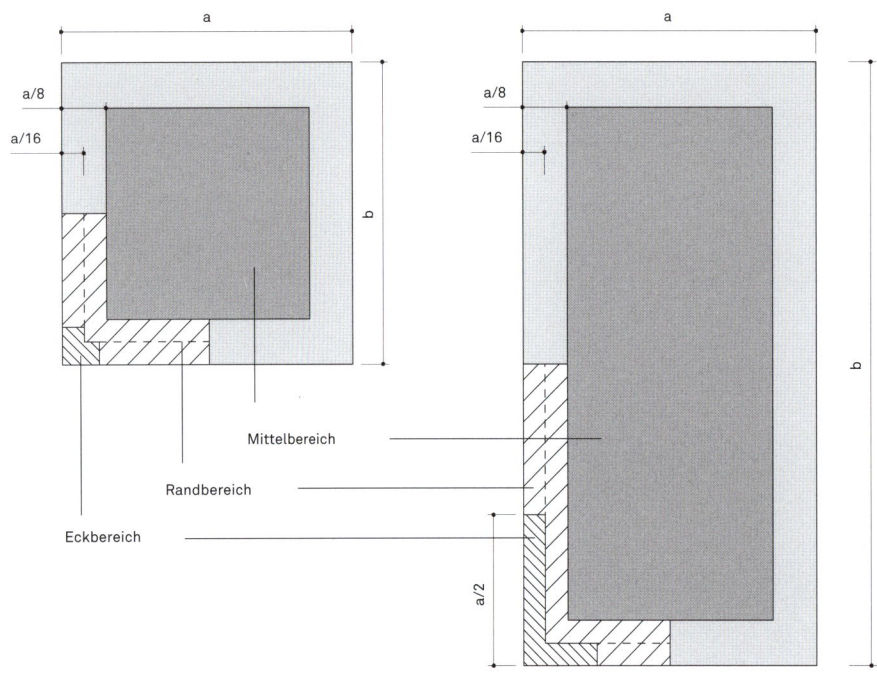

quadratischer Grundriss b/a ≤ 1,5

rechteckiger Grundriss b/a > 1,5

Abb. 8.8 Flächenaufteilung für Flachdächer bis 8° Neigung zur Bestimmung der erforderlichen Auflasten

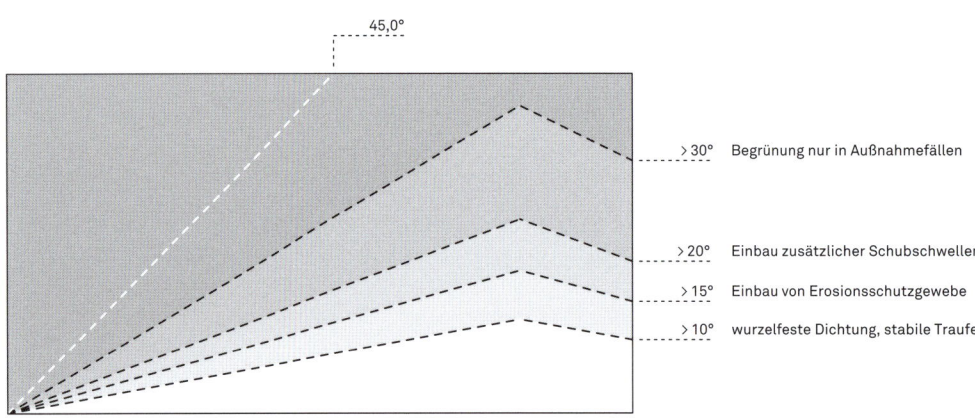

Abb. 8.9 Sicherungsmaßnahmen bei zunehmender Dachneigung

8.3 Begrünung unterbauter Flächen

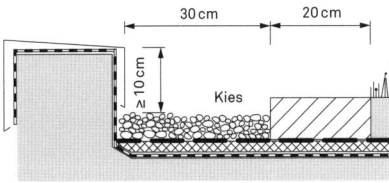

Abstandsstreifen zum Dachrand

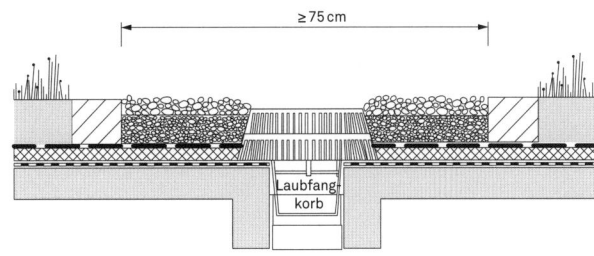

vegetationsfreier Abstandsstreifen um einen Dachablauf

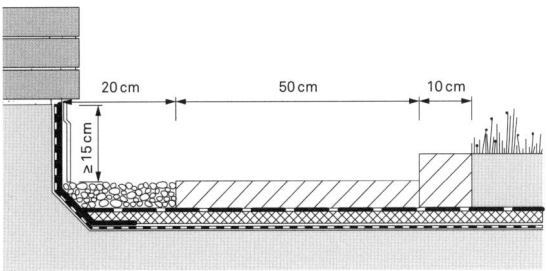

Schutzstreifen an aufgehendem Mauerwerk

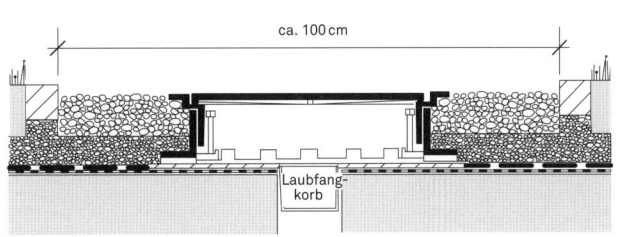

Dachablauf

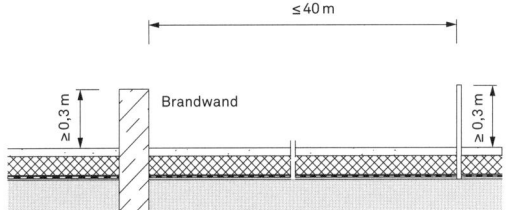

Brandschutz durch aufgehende Wände im Abstand von ≤ 40 m

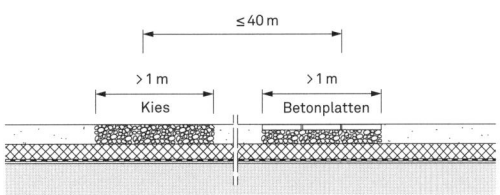

oder im Abstand von ≤ 40 m ein Streifen aus Kies oder Betonplatten

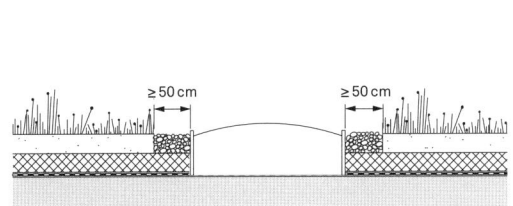

Streifen aus Kies oder Betonplatten um Dachöffnungen (z. B. Lichtkuppeln)

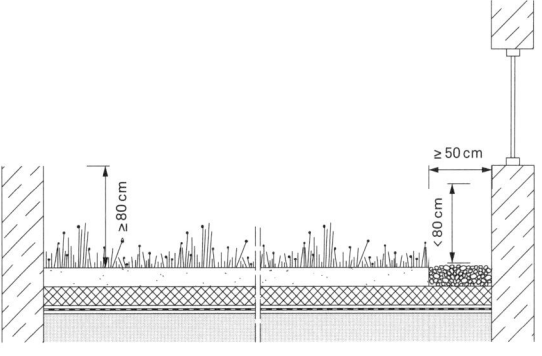

Streifen aus Kies oder Betonplatten vor aufgehenden Wänden mit Brüstungshöhe der Fenster < 80 cm.

Abb. 8.10   Mindestabstände zu aufgehenden Bauteilen und Randabschlüssen

8 Gehölze

8.4 Vertikalbegrünung

Die Vertikalbegrünung umfasst die Kultivierung von Kletterpflanzen entlang eines Ranksystems oder eines Spaliers, bei Selbstklimmern auch direkt an einem Bauwerk oder an einem Gehölz. Außerdem können begrünte Töpfe bzw. Trogsysteme entlang einer Fassade angeordnet werden. Eine Art Weiterentwicklung und Synthese aus diesen Systemen stellen fassadengebundene Pflanzsysteme (auch „lebendige Wände") dar, bei denen Pflanzen in Substratmatten oder Taschen gesetzt werden und auf diese Weise eine flächige Begrünung an einer Gebäudewand erzeugt wird.

Bei der vertikalen Begrünung kann man folgende Pflanzengruppen nach ihrer Verwendung und den entsprechenden Eigenschaften unterscheiden: ein- und mehrjährige Kletterpflanzen, Spalierpflanzen, Pflanzen für fassadengebundene Systeme (Stauden, Kräuter und kleinwüchsige Gehölze) sowie geschnittene Heckenpflanzen.

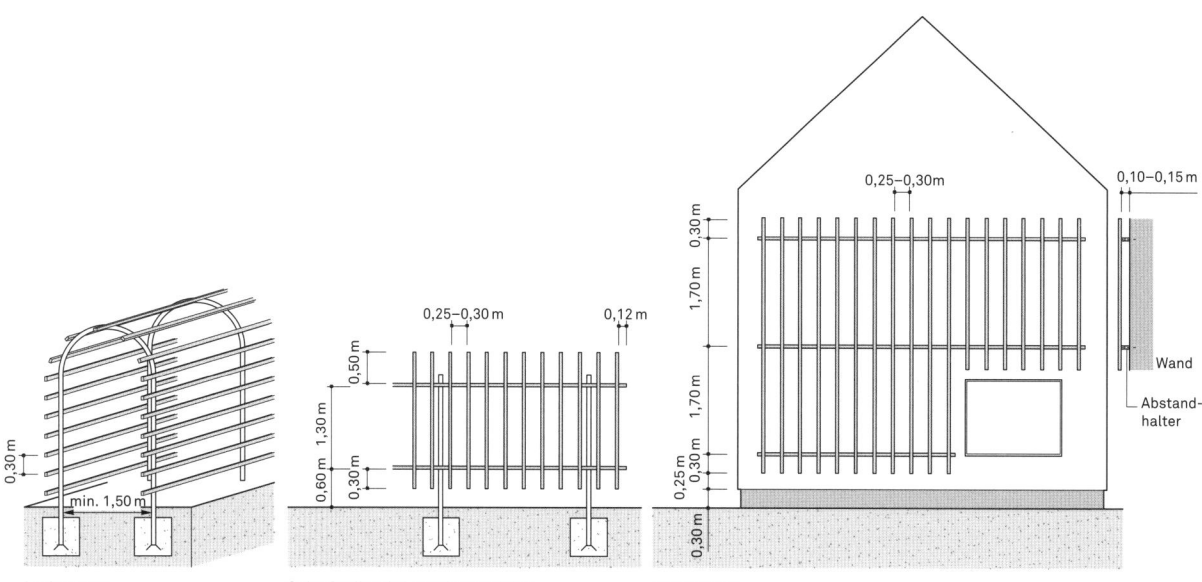

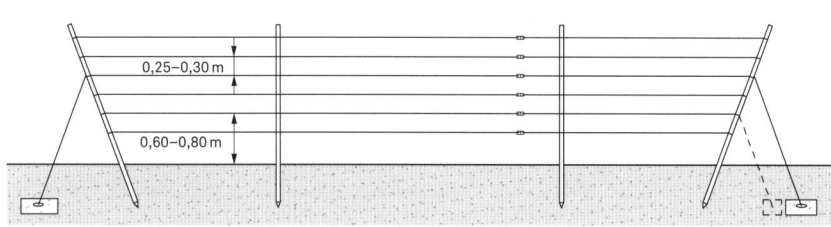

Abb. 8.11 Wandspalier und freistehende Spaliere

8.4 Vertikalbegrünung

einjährige Kletterpflanzen
- an oder auf einer Unterkonstruktion kletternde Pflanzen
- schneller Begrünungserfolg
- keine Probleme mit zu hohen Lasten
- zeitlich begrenzte Begrünung, muss jährlich erneuert werden

mehrjährige Kletterpflanzen
- an oder auf einer Unterkonstruktion kletternde Pflanzen
- je nach Art mehr oder weniger schneller Begrünungserfolg
- dauerhafte Pflanzung
- hohe Lasten an der Unterkonstruktion sind möglich

Spaliergehölze
- werden an Drähten, Seilen und (Holz-)Gerüsten gezogen
- Ausbildung einer grünen Wand, freistehend oder vor/an Mauerwerk und Wänden
- dauerhafte Pflanzung
- vor allem Obst und Wein sowie Hochstammspaliere (z. B. Linden)
- hoher Pflegeaufwand durch regelmäßigen Schnitt

geschnittene Gehölze
- schmal geschnittene Hecken, die vor einer Fassade stehen
- dauerhafte Pflanzung
- aufwendig in der Pflege durch regelmäßigen Schnitt

Pflanzen für fassadengebundene Systeme
- Stauden, krautige Pflanzen, Gräser, Zwerggehölze (bodendeckend) oder Farne, tw. auch Kletterpflanzen
- dauerhafte Pflanzung
- sehr hoher Pflegeaufwand

Selbstklimmer
- wachsen an Mauern oder hölzernen/ausreichend rauen Konstruktionen selbständig nach oben
- überwiegend starkwüchsig
- bei mehrjährigen Kletterpflanzen: Schäden an Holzoberflächen, bei schadhaftem Mauerwerk, vorgehängten Fassaden und Bauweisen mit hohem Anteil offener Fugen oder kleinformatiger Wandbekleidung möglich
- nicht geeignet bei erforderlicher Bauunterhaltung (periodischem Holzschutz, Überholungsbeschichtung usw.)

Gerüstkletterer
- klettern mittels Rankhilfe (Seile, Stäbe, Gitter, Latten) nach oben
- überwiegend starkwüchsig
- Schäden bei Bauweisen mit hohem Anteil offener Fugen möglich
- nicht geeignet bei erforderlicher Bauunterhaltung dahinterliegender Wände (periodischem Holzschutz, Überholungsbeschichtung usw.)

Haftwurzelkletterer
- Ausbildung von Haftwurzeln an den jungen Trieben, die sich selbständig auf rauem oder unebenem Untergrund verankern

Haftscheibenranker
- Ausbildung von Ranken, die an den jungen Trieben bei Kontakt mit einer Oberfläche Haftwurzeln bilden, die sich selbständig auf glattem Untergrund verankern

Schlinger und Winder
- Ausbildung von windenden Sprossen, die nach Halt suchend kreisende Bewegungen ausführen; Stützen werden spiralförmiges umschlungen

Ranker
- Ausbildung von fadenförmigen Umbildungen von Blättern (Blattranker), Sprossen (Sprossranker) oder seltener von Wurzeln; kreisende Suchbewegungen der jungen Ranken reagieren auf Berührung durch Krümmung und mehrfaches Umwickeln der Stütze

Spreizklimmer
- Ausbildung von langen Trieben, die sich meist mittels Dornen, Stacheln oder hakenförmigen Haaren an anderen Pflanzen oder am Untergrund verhaken oder festspreizen

Abb. 8.12 Pflanzengruppen für die vertikale Begrünung

8 Gehölze

Botanischer und deutscher Name	Mittlere Wuchshöhe (kletternd)	Wuchsbreite (= sinnvolle Breite der Kletterhilfe soweit erforderlich)	Wuchs (jährlicher Zuwachs unter üblichen Bedingungen)			Max. Triebdurchmesser am Wurzelhals/Wandabstand der Kletterhilfe	Profilstärke der Kletterhilfe	Lichtanspruch So = Sonne, HS = Halbschatten, S = Schatten	Laub sommergrün (s) / immergrün (i)	Besonderheiten
			>200 cm	100–200 cm	50–100 cm	<50 cm				
Selbstklimmer										
Haftwurzelkletterer										
Campsis radicans (Amerikanische Klettertrompete)	6–12 m	6–10 m	x	x			bis 20 cm	–	So	s	anfangs langsamwüchsig, nach 3–5 Jahren schnellwüchsig, lichtfliehende Triebe, geschützter Standort
Campsis radicans ‚Flava' (Gelbe Klettertrompete)	4–5 m, in günstigen Lagen bis 8 m	4 m		x			–	–	So	s	dicht, mit überhängenden Zweigen
Campsis tagliabuana ‚Mme. Galen' (Großblütige Klettertrompete)	3–5 (9) m	5–6 m	x		x	x	bis 10 cm	–	So	s	langsamwüchsig, Triebe weit überhängend, wenig haftend, empfehlenswert sind Kletterhilfen, an denen die langen Triebe angeheftet werden können, lichtfliehende Triebe, geschützter Standort
Euonymus fortunei radicans (Immergrüne Kriechspindel)	0,5–0,8 m	0,8–1,2 m				x	bis 10 cm	–	HS	i	
Euonymus fortunei ‚Vegetus' (Immergrüne Kriechspindel ‚Vegetus')	2–6 m	1–4 m 1–1,5 m				x	bis 10 cm	–	So–HS	i	
Euonymus fortunei in Sorten (Immergrüne Kriechspindel)	3–5 m					x	bis 10 cm	–	HS–S	i	
Hedera colchica (Persischer Efeu)	6–8 m in günstigen Lagen 10–20 m	bis 10 m	x	x			bis 15 cm	–	HS–S	i	lichtfliehende Triebe, verlangt geschützten Standort
Hedera helix (Gewöhnlicher Efeu)	10–20 m (–30 m)	2–15 m	x	x				–	So–S	i	Haftwurzeln an der lichtabgewandten Seite dringen in feinste Risse und Poren ein (0,2 mm) und verankern sich dort

Tab. 8.6 Eigenschaften von mehrjährigen Kletterpflanzen

8.4 Vertikalbegrünung

Botanischer und deutscher Name	Mittlere Wuchshöhe (kletternd)	Wuchsbreite (= sinnvolle Breite der Kletterhilfe soweit erforderlich)	Wuchs (jährlicher Zuwachs unter üblichen Bedingungen) >200 cm	100–200 cm	50–100 cm	<50 cm	Max. Triebdurchmesser am Wurzelhals/Wandabstand der Kletterhilfe	Profilstärke der Kletterhilfe	Lichtanspruch So = Sonne, HS = Halbschatten, S = Schatten	Laub sommergrün (s) / immergrün (i)	Besonderheiten
Hedera helix ‚Woerner' (Gewöhnlicher Efeu ‚Woerner')	10–15 m	5 m und mehr	x					–	So–S	i	
Hedera helix hibernica (Irischer Efeu)	5–20 m	über 5 m 4–10 m	x					–	So–S	i	starkwüchsig, jedoch bevorzugt kriechend und mattenförmig
Hydrangea petiolaris (Kletter-Hortensie)	10–12 m 10–20 m	2–6 m 8–12 m			x			–	So–S	s	mit lockeren, überhängenden Zweigen, als ältere Pflanze andeutungsweise schlingend, die ersten drei bis fünf Jahre sehr schwachwüchsig, Jahrestrieb: 5–10 cm
Haftscheibenranker											
Parthenocissus quinquefolia ‚Engelmannii' (Engelmanns-Wein)	15–18 m 10–15 m	3–4 m	x	x			bis 20 cm	–	So–S	s	starkwüchsig, auch schleppenartig überhängend
Parthenocissus tricuspidata ‚Veitchii' (Jungfernrebe)	15–18 m 20–25 m			x				–	So–HS	s	sehr starkwüchsig, mattenartig dicht
Gerüstkletterer											
Schlinger, Winder											
Actinidia arguta (Scharfzähniger Strahlengriffel)	5–12 m	5–6 m	x	x	x		bis 15 cm	bis 3,5 cm	So–HS	s	sehr fest verankernd
Actinidia chinensis (Chinesischer Strahlengriffel, Kiwi)	8–10 m	6–8 m	x	x	x		bis 20 cm	bis 4,0 cm	So–HS	s	verlangt geschützten Standort
Actinidia kolomikta (Rosa Strahlengriffel)	2–(6) m	3–5 m	x	x			bis 3 cm	bis 3,5 cm	So	s	langsamwüchsig
Akebia quinata (Fünfblättrige Akebie)	4–(10) m	2–4 m 6–8 m	x				bis 5 cm	bis 3 cm	So–HS	s	auch schleppenartig überhängend wachsend (etwa 2 m lang)

Tab. 8.6 (Fortsetzung)   Eigenschaften von mehrjährigen Kletterpflanzen

8 Gehölze

Botanischer und deutscher Name	Mittlere Wuchshöhe (kletternd)	Wuchsbreite (= sinnvolle Breite der Kletterhilfe soweit erforderlich)	Wuchs (jährlicher Zuwachs unter üblichen Bedingungen)			Max. Triebdurchmesser am Wurzelhals/Wandabstand der Kletterhilfe	Profilstärke der Kletterhilfe	Lichtanspruch So = Sonne, HS = Halbschatten, S = Schatten	Laub sommergrün (s) / immergrün (i)	Besonderheiten
			>200 cm	100–200 cm	50–100 cm / <50 cm					
Aristolochia macrophylla (Großblättrige Pfeifenwinde)	8–10 m	1–8 m 4–6 m	x	x		bis 10 cm	2 (3) cm	So–S	s	anfangs sehr langsam wachsend, ab dem 3. bis 5. Jahr starkwüchsig, verlangt ausreichende Bodenfeuchtigkeit
Celastrus orbiculatus (Chinesischer Baumwürger)	8–12 (15) m	2–6 m 8–10 m	x	x		bis ca. 4. Jahr nur bis 10 cm	bis 16 cm	Jungpflanzen: 1–2 cm, für ältere Pflanzen: bis 7,5 cm	So–HS	s	umschlungene Bäume bis ca. 20 cm Durchmesser können durch starkes Dickenwachstum stranguliert werden, mit lockeren bis 2 m ausgreifenden Zweigen, auch schleppenartig überhängend (2–3 m lang)
Humulus lupulus (Hopfen)	3–6 m 5–6 m	8–12 m 1–2 m	x				bis 2 cm	bis 2,0 cm	So–HS	s	Staude, zieht nach jeder Vegetationsperiode ein, oberflächliche Pflanzenteile sterben ab, Wuchsleistung in der Vegetationsperiode pro Woche zwischen 0,5–1 m, starker Ausbreitungsdrang
Lonicera japonica repens (Kriechende Heckenkirsche)	2–5 (10) m				x		bis 2 cm	bis 2 cm	So–HS	s	in milden Lagen halbimmergrün
Lonicera brownii ‚Dropmore Scarlet' (Trompeten-Geißblatt)	2–5 m	0,5–1 m		x	x		bis 2 cm	0,5–1,5 cm	So–HS	s	in milden Lagen halbimmergrün
Lonicera caprifolium (Echtes Geißblatt)	2–5 (8) m	0,5–2 m		x			bis 2 cm	0,5–3 cm	So–HS	s	
Lonicera heckrottii (Feuer-Geißblatt)	2–6 m	2–3 m Zweige bis 1,5 m weit ausgreifend		x	x		bis 2 cm	0,2–1 cm	HS	s	nur schwach windend, eher locker strauchig wachsend,
Lonicera henryi (Immergrünes Geißblatt)	5–8 m	1–2 m		x			bis 4 cm	1–3 cm	So–S	i	auch schleppenartig überhängend (2–3 m lang)
Lonicera periclymenum (Wald-Geißblatt)	1–3 (6) m				x		bis 2 cm	bis 2 cm	So–HS	s	starkwüchsig, strangulierend

Tab. 8.6 (Fortsetzung)   Eigenschaften von mehrjährigen Kletterpflanzen

8.4 Vertikalbegrünung

Botanischer und deutscher Name	Mittlere Wuchshöhe (kletternd)	Wuchsbreite (= sinnvolle Breite der Kletterhilfe soweit erforderlich)	Wuchs (jährlicher Zuwachs unter üblichen Bedingungen) >200 cm	100–200 cm	50–100 cm	<50 cm	Max. Triebdurchmesser am Wurzelhals/Wandabstand der Kletterhilfe	Profilstärke der Kletterhilfe	Lichtanspruch So = Sonne, HS = Halbschatten, S = Schatten	Laub sommergrün (s) / immergrün (i)	Besonderheiten
Lonicera x tellmanniana (Gold-Geißblatt)	4–6 m	1–4 m			x		bis 3 cm	0,5–3 cm	So–HS		Seitenzweige waagerecht abstehend, geschützter Standort
Polygonum aubertii (Schling-Knöterich)	8–15 (20) m	5–10 m	x					1–5 cm	So–HS	s	dicht und mattenartig, an zu dünnen Stützen sich selbst strangulierend
Wisteria floribunda (Japanischer Blauregen)	6–8 m Höhe und mehr		x	x			bis 25 cm	bis 7,5 cm	So–HS	s	mächtiger Schlinger mit extrem starkem Dickenwachstum, labile Stützen und Verankerungen zerdrückend und herausreißend
Wisteria sinensis (Chinesischer Blauregen)	6–15 m	2–10 m 8–30 m	x				bis 50 cm	2–10 cm	So	s	an zu dünnen Stützen sich selbst strangulierend, kleinere Bäume strangulierend, Regenfallrohre zusammendrückend, lichtfliehende Triebe, geschützter Standort
Ranker											
Clematis alpina in Sorten (Alpen-Weinrebe)	1–3 m	1–3 m			x		bis 3 cm	0,2–0,5 cm	HS–S	s	dünne, spinnwebartige Triebe, verlangt kühle Lagen
Clematis Hybriden in Sorten (Waldreben-Hybriden)	je nach Sorte 2–3 m oder 3–4 m	1–2 m						0,2–0,5 cm	So–HS	s	im ungeschnittenen Zustand nur im oberen Drittel dicht verzweigt und blühend, schleppenartig überhängend
Clematis makropetala in Sorten (Anemonen-Waldrebe)	2–3,5 m	2–2,5 m		x				bis 0,7 cm	So–HS	s	teilweise dicht und mattenartig, dünne, bogige, gelegentlich überhängende Triebe
Clematis montana in Sorten (Berg-Waldrebe)	3–6 m (–11 m)	2–4 m		x				0,2–1 cm		s	
Clematis montana ‚Rubens' (Berg-Waldrebe ‚Rubens')	3–6 (10) m	2–4 m	x				bis 5 cm	0,2–1 cm	So–HS	s	geschützter Standort

Tab. 8.6 (Fortsetzung) Eigenschaften von mehrjährigen Kletterpflanzen

8 Gehölze

Botanischer und deutscher Name	Mittlere Wuchshöhe (kletternd)	Wuchsbreite (= sinnvolle Breite der Kletterhilfe soweit erforderlich)	Wuchs (jährlicher Zuwachs unter üblichen Bedingungen) >200 cm	100–200 cm	50–100 cm	<50 cm	Max. Triebdurchmesser am Wurzelhals/ Wandabstand der Kletterhilfe	Profilstärke der Kletterhilfe	Lichtanspruch So = Sonne, HS = Halbschatten, S = Schatten	Laub sommergrün (s) / immergrün (i)	Besonderheiten
Clematis orientalis ‚Orange Peel' (Orient-Waldrebe)	4–6 m (selten bis 8 m),				x		bis 5 cm		So	s	dicht mattenartig und zum Teil starkwüchsig in Baumkronen kletternd
Clematis tangutica (Gold-Waldrebe)	4–6 m	2–4 m		x	x		bis 5 cm	0,2–0,5 cm	So–S	s	dicht und spinnenwebartig verzweigt, trockenheitsverträglich
Clematis texensis in Sorten (Scharlach-Waldrebe)	1–1,5 (2,5) m									s	rankender Halbstrauch, spinnwebartig über andere Pflanzen kletternd
Clematis vitalba (Gewöhnliche Waldrebe)	5–15 (30) m	2–8 m	x				bis 15 cm	0,2–1 cm	So–HS	s	undurchdringlich mattenartig wachsend, vereinzelt bis 500 cm
Clematis viticella in Sorten (Italienische Waldrebe)	2–5 m	2–3 m			x			0,2–0,5 cm	So–HS	s	auch schleppenartig überhängend (bis 2 m lang)
Vitis coignetiae (Scharlach-Wein)	6–8 m, in Bäumen bis zu 25 m hoch kletternd	10–12 m			x			3 cm	So–HS	s	bis zu 30 m² lückenlos bedeckend, schnellwüchsig, Ranken bis zu 25 cm lang, umklammernd
Parthenocissus quinquefolia (inserta) (Wilder Wein)	6–10 (15) m	1–4 m	x	x			bis 20 cm	bis 1,3 cm	So–HS	s	auch schleppenartig überhängend, bildet auch Haftscheiben aus
Spreizklimmer											
Jasminum nudiflorum (Winter-Jasmin)	2–3 (5) m	2–3 m			x		bis 3 cm	–	So–HS	s	auch schleppenartig überhängend, dann 2–5 m lang, 2–3 m breit, verträgt Formschnitt als Hecke
Rosa arvensis (Feld-Rose)	0,5–2 m	1–2 m			x			–	So–HS	s	zum Teil mit dünnen, kriechenden, bewurzelnden Trieben und zum Teil kletternd
Kletterrosen	2–3 (6) m 2–6 m				x		bis 20 cm	–	So–HS	s	meist aufrecht wachsend, Winterhärte sortenabhängig

Tab. 8.6 (Fortsetzung) Eigenschaften von mehrjährigen Kletterpflanzen

8.4 Vertikalbegrünung

Botanischer und deutscher Name	Mittlere Wuchshöhe (kletternd)	Wuchsbreite (= sinnvolle Breite der Kletterhilfe soweit erforderlich)	Wuchs (jährlicher Zuwachs unter üblichen Bedingungen)			Max. Triebdurchmesser am Wurzelhals/Wandabstand der Kletterhilfe	Profilstärke der Kletterhilfe	Lichtanspruch So = Sonne, HS = Halbschatten, S = Schatten	Laub sommergrün (s) / immergrün (i)	Besonderheiten
			>200 cm	100–200 cm	50–100 cm	<50 cm				
Rubus fruticosus (Brombeere)	0,5–3 (4) m	2–3 m		x	x		bis 4 cm	–	So–S	s	
Rubus henryi (Immergrüne Kletter-Brombeere)	2–4 m				x		bis 2 cm	–	HS–S	i	Triebe neigen zu Schlingen

Tab. 8.6 (Fortsetzung) Eigenschaften von mehrjährigen Kletterpflanzen

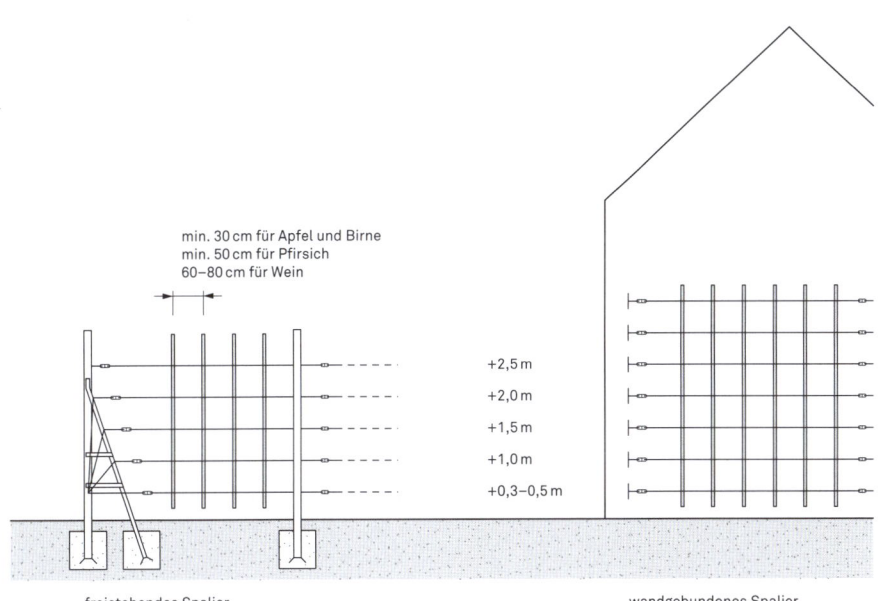

Abb. 8.13 Freistehende und wandgebundene Spaliere für Obst

8 Gehölze

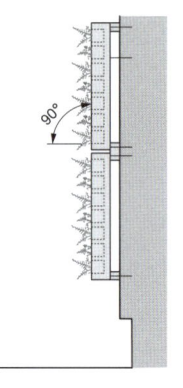 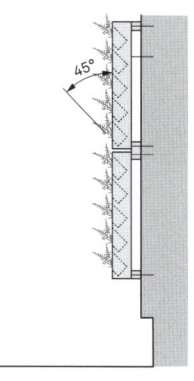 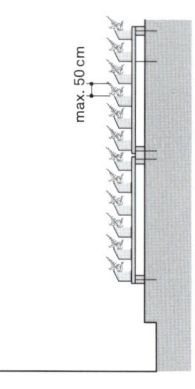 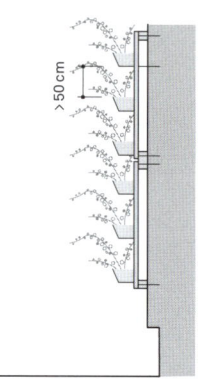 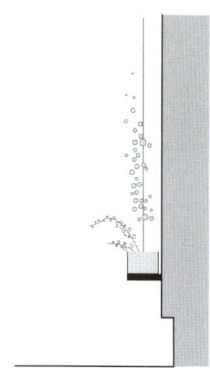

vollflächiger Vegetationsträger, Pflanzenausrichtung 90° | vollflächiger Vegetationsträger, Pflanzenausrichtung < 90° (z. B. 45°) | teilflächiger Vegetationsträger, linear, ≤ 50 cm zwischen Pflanzebenen | teilflächiger Vegetationsträger, linear, > 50 cm zwischen Pflanzebenen | teilflächiger Vegetationsträger, punktuell

Abb. 8.14 Prinzipien fassadengebundener Pflanzsysteme

Art	Material/Bauweise			Unterhaltungsaufwand			
	Träger-systeme	Geeignete Fassade	Art der Pflanzen	Wartung	Bewäs-serung	Pflege-gänge	Begrünungs-dauer
Bodengebundene Begrünungssysteme							
Starre Kletter-hilfe, flächig	Gerüste und Gitter: z. B. Stahlrahmen und -stäbe, Stabstahl-gitter, Holzlatten-konstruktionen und Wandspaliere	gut geeignet: • Massivkon-struktion, • Wärmedämm-verbund (nach statischem Eignungstest, Wärmebrücken bei unsachgemä-ßer Verarbeitung möglich) nicht geeignet: • vorgehängte, hinterlüftete Fas-sade bei Pflan-zen mit negativem Phototropismus (z. B. Haftwurzeln des Efeu)	Gerüstkletterer	Mittel, alle 5–10 Jahre	bei Bedarf	bei Bedarf	>3 Jahre
Starre Kletter-hilfe, linear	Stabförmige/lineare Konstruk-tionen z. B. aus Stahlrohr oder Stabstahl		Gerüstkletterer	Mittel, alle 5–10 Jahre	bei Bedarf	bei Bedarf	1–2 Jahre
Flexible Kletter-hilfe, flächig	(Stahldraht-)Netze und Seilverspan-nungen		Gerüstkletterer	Mittel, alle 5–10 Jahre	bei Be-darf	bei Bedarf	>3 Jahre
Flexible Kletter-hilfe, linear	(Stahldraht-)Netze und Seilverspan-nungen		Gerüstkletterer	Mittel, alle 5–10 Jahre	bei Bedarf	bei Bedarf	>3 Jahre
Ohne Kletterhilfe	Mauern und Wände		Selbstklimmer	Mittel, alle 5–10 Jahre	bei Bedarf	bei Bedarf	>3 Jahre

Tab. 8.7 Übersicht über bodengebundene und fassadengebundene Begrünungssysteme hinsichtlich Materialverwendung und Unterhaltungsaufwand

8.4 Vertikalbegrünung

Art	Material/Bauweise			Unterhaltungsaufwand			
	Trägersysteme	Geeignete Fassade	Art der Pflanzen	Wartung	Bewässerung	Pflegegänge	Begrünungsdauer
Fassadengebundene Begrünungssysteme							
Vollflächiger Vegetationsträger, Pflanzenausrichtung 90°	Vegetationsträger auf Montageplatte, sichtbares Oberflächenmaterial: Metall, Vlies, Geotextil und/oder Kunststoff	gut geeignet: • vorgehängte, hinterlüftete Fassade • bei Massivkonstruktionen ist nachträglich Hinterlüftung einzubauen • Wärmedämmverbund nach statischem Eignungstest (Wärmebrücken bei unsachgemäßer Verarbeitung)	gut geeignet: • Gräser, Stauden, Kräuter mäßig geeignet: • Kletterpflanzen (Neigung zum Verwachsen) • Gehölze (beschränkter Wurzelraum)	sehr hoch, <3 Jahre	hoch, täglich	hoch, 1–2 Pflegegänge/Jahr	sofort bzw. kurzfristige Flächendeckung erreichbar
Vollflächiger Vegetationsträger, Pflanzenausrichtung <90° (z. B. 45°)			gut geeignet: • Gräser, Stauden, Kräuter und Sedum mäßig geeignet: • Kletterpflanzen (Neigung zum Verwachsen) • Gehölze (beschränkter Wurzelraum)	sehr hoch, <3 Jahre	hoch–sehr hoch, täg­lich bis mehr­mals täglich	sehr hoch, >2 Pflegegänge/Jahr	1–2 Jahre
Teilflächiger Vegetationsträger, linear, ≤50 cm zwischen Pflanzebenen			gut geeignet: • Gräser, Stauden, Kräuter und Sedum mäßig geeignet: • Kletterpflanzen (Neigung zum Verwachsen) • Gehölze (beschränkter Wurzelraum)	hoch, 3–5 Jahre	mittel, 1–4 mal wöchentlich	hoch, 1–2 Pflegegänge/Jahr	1–2 Jahre
Teilflächiger Vegetationsträger, linear, >50 cm zwischen Pflanzebenen			sehr gut geeignet: • Kletterpflanzen gut geeignet: • bodendeckende/ überhängende Gehölze (Flächendeckung erschwert)	sehr hoch, <3 Jahre	mittel, 1–4 mal wöchentlich	hoch, 1–2 Pflegegänge/Jahr	2–3 Jahre
Teilflächiger Vegetationsträger, punktuell	Pflanztröge (Beton, Stahl, Kunststoff) auf Trägergerüst/ Montageplatte, mit und ohne Kletterhilfe	gut geeignet: • Massivkonstruktion • Wärmedämmverbund (nach statischem Eignungstest, Wärmebrücken bei unsachgemäßer Verarbeitung möglich) bedingt geeignet: • vorgehängte, hinterlüftete Fassade, bei Pflanzen mit negativem Phototropismus nicht geeignet	sehr gut geeignet: • Kletterpflanzen geeignet: • bodendeckende/ überhängende Gehölze mäßig geeignet: • Gräser, Stauden, Kräuter und Sedum	sehr hoch, <3 Jahre	hoch, täglich	hoch, 1–2 Pflegegänge/Jahr	2–3 Jahre

Tab. 8.7 (Fortsetzung)   Übersicht über bodengebundene und fassadengebundene Begrünungssysteme hinsichtlich Materialverwendung und Unterhaltungsaufwand

9 Freizeitelemente

Die Freizeitnutzung stellt eine wesentliche Komponente bei der Gestaltung öffentlicher Parks und Freianlagen dar. Spielplätze und Sportanlagen schaffen hierbei konkrete Nutzungsangebote. Bei ihrer Gestaltung sind sowohl Sicherheitsaspekte als auch die Normgrößen von Spielflächen relevant, die es bei der Planung zu berücksichtigen gilt. Fallschutzbeläge und -räume bei Spielgeräten sowie ausreichende Abstandsflächen um die jeweiligen Anlagen bestimmen somit häufig die tatsächliche Ausformulierung der geplanten Anlagen.

Sondernutzungen wie Campingplätze und Freiluftbühnen basieren gleichermaßen auf Mindestgrößen. Bei der Planung sind die entsprechenden Anforderungen und Richtwerte zu berücksichtigen, um ihre Funktion zu gewährleisten. (Platzgrößen, Ausstattung mit sanitären Anlagen)

9.1 Spielräume und Spielplätze

Für wohnungsnahe Kinderspielplätze werden in der Regel Mindestabstände von 10 m zu Fenstern von Aufenthaltsräumen gefordert.

Der Flächenbedarf der unterschiedlichen Spielgeräte und Spielbereiche bestimmt die erforderliche Spielplatzgröße. Bei eingeschränktem Platzangebot können nur bestimmte Spielgeräte und -bereiche zum Einsatz kommen.

Spielgeräte sind so aufzustellen, dass Überschneidungen von Hauptlaufrichtungen und Gerätespielbereichen sowie Behinderungen in Schwingbereichen vermieden werden. Neben diesen Sicherheitsräumen müssen noch die Fallräume berücksichtigt werden, die ein Nutzer bei einem Fall vom Gerät theoretisch benötigen würde.

Art/Hauptnutzergruppe	Städtebaulicher Orientierungswert	Richtmaße je Spielplatz	Standort, Entfernung
Spielplätze im Stadtraum			
Wohnungsnah/Kleinkinder bis 6 Jahre	0,5 m²/Einwohner nutzbare Spielfläche, 0,75 m²/Einwohner Bruttofläche 2 m²/Einwohner (ÖNORM 2607)	40–50 m² nutzbare Spielfläche, 60–225 m² Bruttofläche	Max. fußläufige Entfernung von den Wohnungen: 100 m
Wohnviertelspielplatz/Kinder 6–12 Jahre		450–800 m² nutzbare Spielfläche, 675–1200 m² Bruttofläche	Max. fußläufige Entfernung von den Wohnungen: 400 m
Dorf-, Stadtteil-, Ortsteilspielplatz/Kinder und Jugendliche ab 12 Jahre		600–3000 m² nutzbare Spielfläche, 800–3750 m² Bruttofläche	Max. fußläufige Entfernung von den Wohnungen: 800–1000 m
Familien/Erwachsene	1,5 m²/Einwohner Bruttofläche	≥1500 m² nutzbare Fläche, ≥2250 m² Bruttofläche	Max. fußläufige Entfernung von den Wohnungen: 800–1000 m
Spielplätze in Wohnanlagen (je nach Bauordnung, Gemeindeverordnung oder Satzung unterschiedlich geregelt)			
Spielflächen für Kleinkinder, in Berlin ab 75 Wohnungen auch für größere Kinder geeignet	Ab 3 (teilweise 4 oder 5) Wohnungen sind 4–6 m² nutzbare Spielfläche pro Wohnung anzulegen	Mind. 25 m² groß; Berlin: 50 m², Oberösterreich: 100 m²	Max. fußläufige Entfernung von den Wohnungen: 100 (50) m

Tab. 9.1 Orientierungswerte: Mindestbedarf an Spielplatzflächen, die einschlägigen Richtlinien bzw. Bauordnungen sind zu beachten (Quellen: DOG-Richtlinien, DIN 18034-1, Landesbauordnungen, ÖNORM B 2607)

9 Freizeitelemente

Spielbereich	Mindestgröße inkl. Sicherheits- und Bewegungsflächen	Anlage, Ausstattung
Sandspiel	20–35 m²	Sandkiste, Sandmulde, Spieltisch
Einzelgeräte	6–20 m²	Federwippe, Wippe, Spielhaus, Balancierbalken
Einzelgeräte	20–30 m²	Schaukel, Rutsche, Balancierstation, Kletter- und Seilspielgerät, Wasserspiel
Gerätekombinationen	70–100 m²	Themenspielanlage, Kletter-Rutschen-Kombination, Wasserspielkombination
Spiele an mehreren Geräten	150–500 m²	Rutschen, Wippen, Schaukeln, Kletter- und Hangelgeräte, Balancierbalken
Abenteuerspielplatz	600–800 m²	(Themen-)Spielkombination mit umliegenden Gehölzflächen
Ball-, Lauf- und Bewegungsspiele	800–1300 m²	Kleine Spielfelder, Geländemodellierung und Kletterwand, Fitnessparcours
Spiele im und am Wasser	200–500 m²	Planschbecken, Wasserspiele
Skateparks	250–400 m²	Pools, Halfpipes, Quarterpipes etc.

Tab. 9.2   Mindestgrößen für unterschiedliche Spielbereiche im öffentlichen Raum (Quelle: Gälzer, 2001, ergänzt)

Freie Fallhöhe	Fallraumbreite/Breite der Aufprallfläche	Bodenbelag
≤ 0,6 m	1,5 m	Ohne stoßdämpfende Anforderungen
≤ 1,5 m	1,5 m	Fallschutz → Tab. 9.4
Formel zur Berechnung der freien Fallhöhe × 2/3 + 0,5 m		
1,65 m	1,6 m	
1,8 m	1,7 m	
2,0 m	1,83 m	Fallschutz → Tab. 9.4
2,5 m	2,16 m	
3,0 m	2,5 m	

Tab. 9.3   Fallraumbreite in Abhängigkeit von der Fallhöhe

9.1 Spielräume und Spielplätze

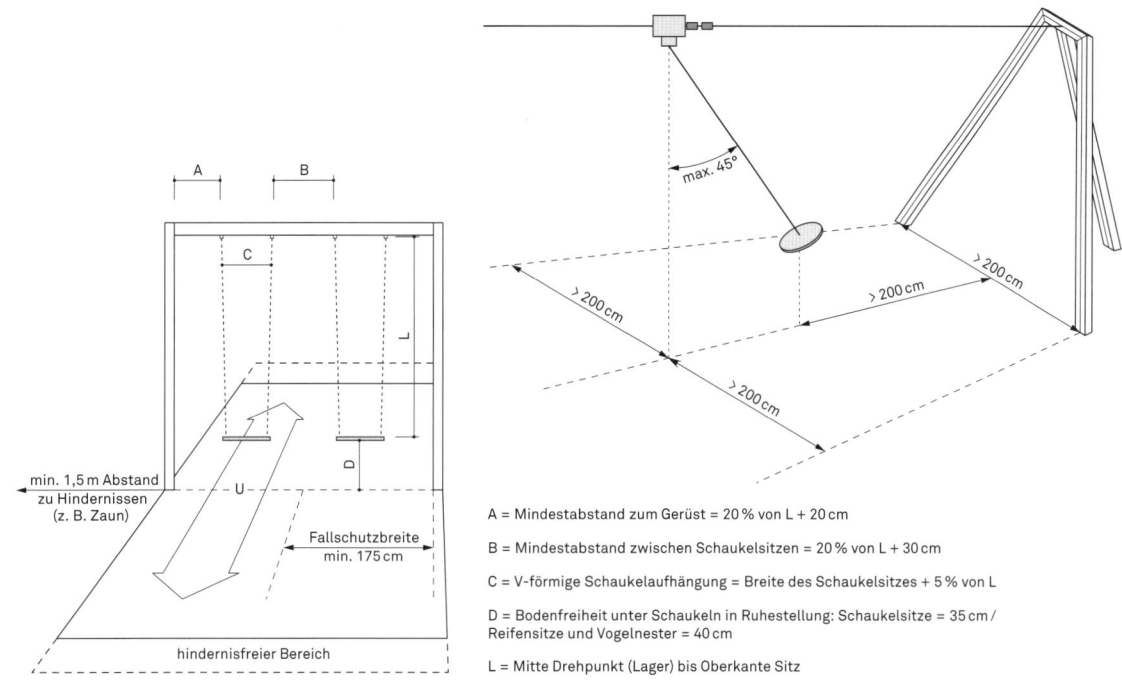

A = Mindestabstand zum Gerüst = 20 % von L + 20 cm

B = Mindestabstand zwischen Schaukelsitzen = 20 % von L + 30 cm

C = V-förmige Schaukelaufhängung = Breite des Schaukelsitzes + 5 % von L

D = Bodenfreiheit unter Schauken in Ruhestellung: Schaukelsitze = 35 cm / Reifensitze und Vogelnester = 40 cm

L = Mitte Drehpunkt (Lager) bis Oberkante Sitz

U = 2 × (L × 0,867 + 225 cm) stoßdämpfender Untergrund (loses Material); bei stoßdämpfendem Boden (Fallschutzplatten) gilt:
2 × (L × 0,867 + 175 cm) zzgl. beidseitig 50 cm als hindernisfreier Bereich

Abb. 9.1 Beispiele für Mindestabstände bei Schaukeln und Seilbahnen

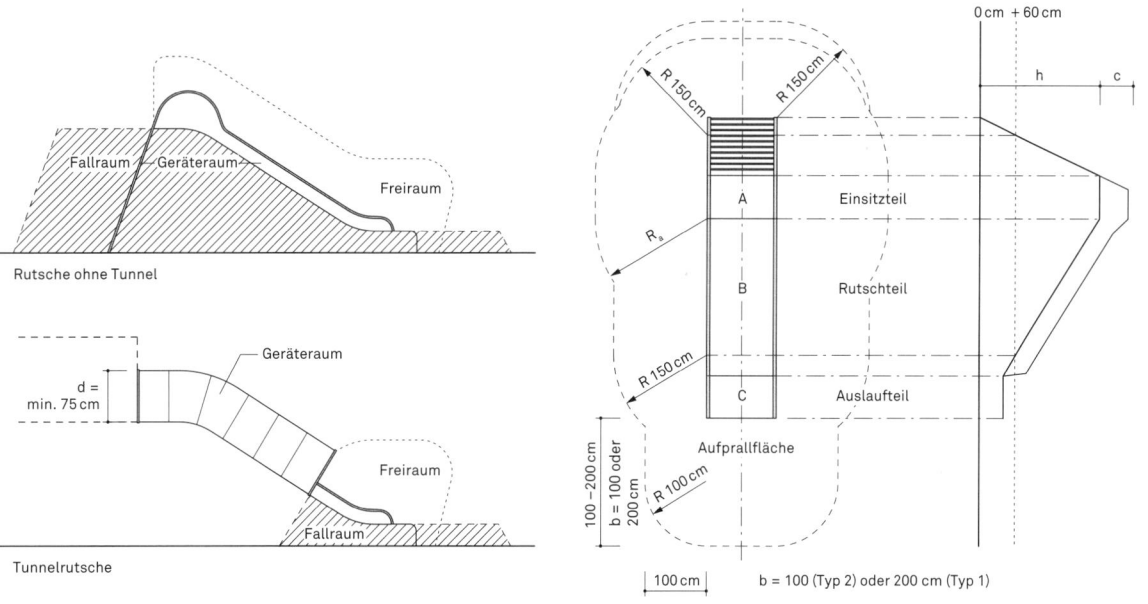

a = der Radius richtet sich nach der freien Fallhöhe h

b = die Länge der Aufprallfläche ist abhängig vom Typ des Auslaufteils (gem. EN 1176-3)

c = die Höhe der Seitenbegrenzung richtet sich nach der freien Fallhöhe h
(z. B. bei einer freien Fallhöhe h > 2,5 m ist c = min. 50 cm)

Abb. 9.2 Beispiel für Fallräume und Freiräume bei Rutschen

9 Freizeitelemente

Plattform- bzw. Podesthöhe (h)	Absturzsicherung an Spielgeräten		Bodenbelag
	Für jedes Alter leicht zugänglich (EU)	Nicht leicht zugänglich für Kinder bis 3 Jahre/für alle Altersgruppen in D*	
h < 0,6 m	Keine Anforderungen	Keine Anforderungen	Keine Anforderungen (in D)
0,6 ≥ h < 1,0 m		Keine Anforderungen	Ungebundener Boden
1,0 ≥ h < 2,0 m	Brüstung (geschlossene Absturzsicherung) erforderlich, Höhe ≥ 0,7 m	Geländer erforderlich, mit einer Höhe von ≥ 0,6 m bis 0,85 m	Stoßdämpfender Untergrund (bis 1,5 m Rasen) → Tab. 9.5
2,0 m ≥ h < 3,0 m		Brüstung erforderlich, Höhe ≥ 0,7 m	Stoßdämpfender Untergrund → Tab. 9.5

* Aufgrund der gesetzlichen Aufsichtspflicht für Kinder bis 3 Jahre in Deutschland abweichende Regelung

Tab. 9.4   Erforderliche Absturzsicherungen an Plattformen/Podesten von Spielgeräten

Bodenmaterial	Max. Fallhöhe gem. EN 1176-1:2008-08					Anmerkungen
	≤ 60 cm	≤ 100 cm	≤ 150 cm	≤ 200 cm	≤ 300 cm	
Beton, Stein, bitumengebundene Böden	Nur in D zulässig					Sollte nur in Ausnahmefällen Verwendung finden; nicht bei Geräten, die eine erzwungene Bewegung auf den Körper des Nutzers erzeugen wie Rutschen, Schaukeln oder Karussells
Oberboden	x	x				Kein festgetretener, ausgetrockneter Boden, nicht barrierefrei
Rasen	x	x	In D zulässig (geschlossene Grasnarbe vorausgesetzt)			Nationale Regelungen und regionale klimatische Verhältnisse sind zu beachten, Flächen sind vor Austrocknung zu schützen, nicht barrierefrei
Holzschnitzel (Korngröße 5–30 mm)	Schichtdicke ≥ 20 cm zzgl. 10 cm, um den Wegspieleffekt zu kompensieren				Schichtdicke ≥ 30 cm, zzgl. 10 cm, um den Wegspieleffekt zu kompensieren	Sind auf einen wasserabführenden Untergrund aufzubringen, nicht barrierefrei
Rindenmulch (Korngröße 20–80 mm)						Sind auf einen wasserabführenden Untergrund aufzubringen, nicht barrierefrei
Sand (Korngröße 0,2–2 mm)						Ohne schluffige oder tonige Anteile, empfehlenswerte Korngrößen: 1/5 mm, nicht barrierefrei
Kies (Korngröße 2–8 mm)						
Andere Materialien (z. B. Fallschutzplatten, Kunststoffbeläge)	Mit entsprechender HIC-Prüfung gem. EN 1177					HIC = Head Injury Criterion

Tab. 9.5   Fallhöhen in Abhängigkeit vom Bodenmaterial

9.2 Sportanlagen

Grundlage für die Planung ist die Frage nach der Art der zu realisierenden Sportanlage: Je nachdem, ob es sich um eine Anlage für Freizeit, Schulen oder Vereine handelt, ergeben sich andere Anforderungen an Abmessungen und Ausstattung.

Kombinationsanlagen, bei denen eine Überlagerung und ein Nebeneinander verschiedener Sportarten auf kleinstem Raum gegeben sind, bieten sich vor allem für Freizeit- und Schulsport an.

Eine Nord-Süd-Ausrichtung stellt in der Regel die optimale Ausrichtung von Spielfeldern und Laufbahnen dar. Der Blendungseffekt der Sportler ist von Süden durch die hochstehende Sonne als deutlich geringer einzustufen, als dies bei einer Ost-West-Ausrichtung – und der dann tiefer stehenden Sonne – der Fall ist.

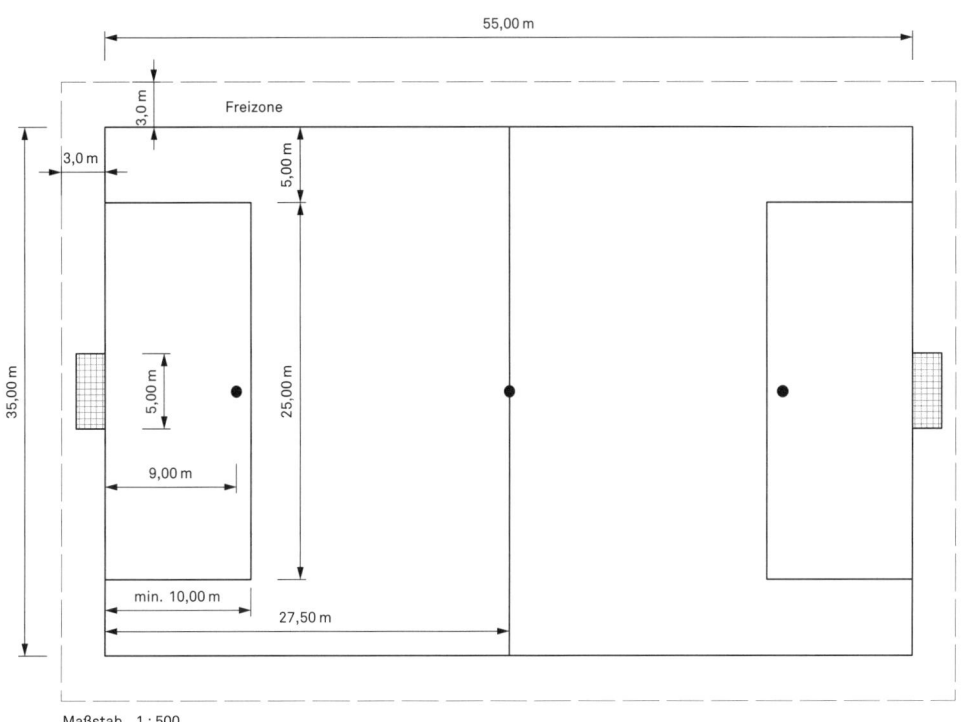

Maßstab 1 : 500

Abb. 9.3 Fußball (Kleinspielfeld)

9 Freizeitelemente

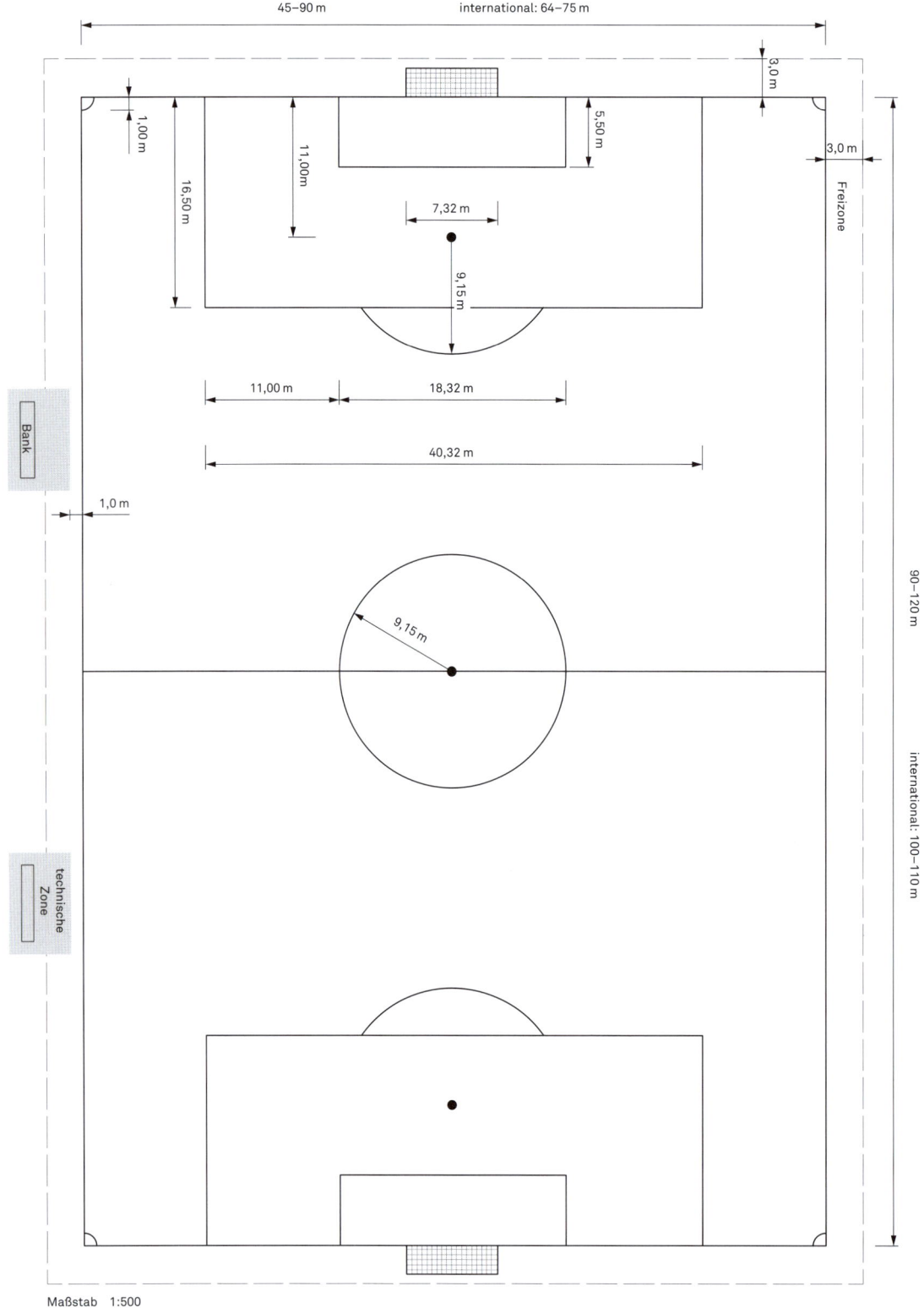

Maßstab 1:500

Abb. 9.4 Fußball (FIFA)

9.2 Sportanlagen

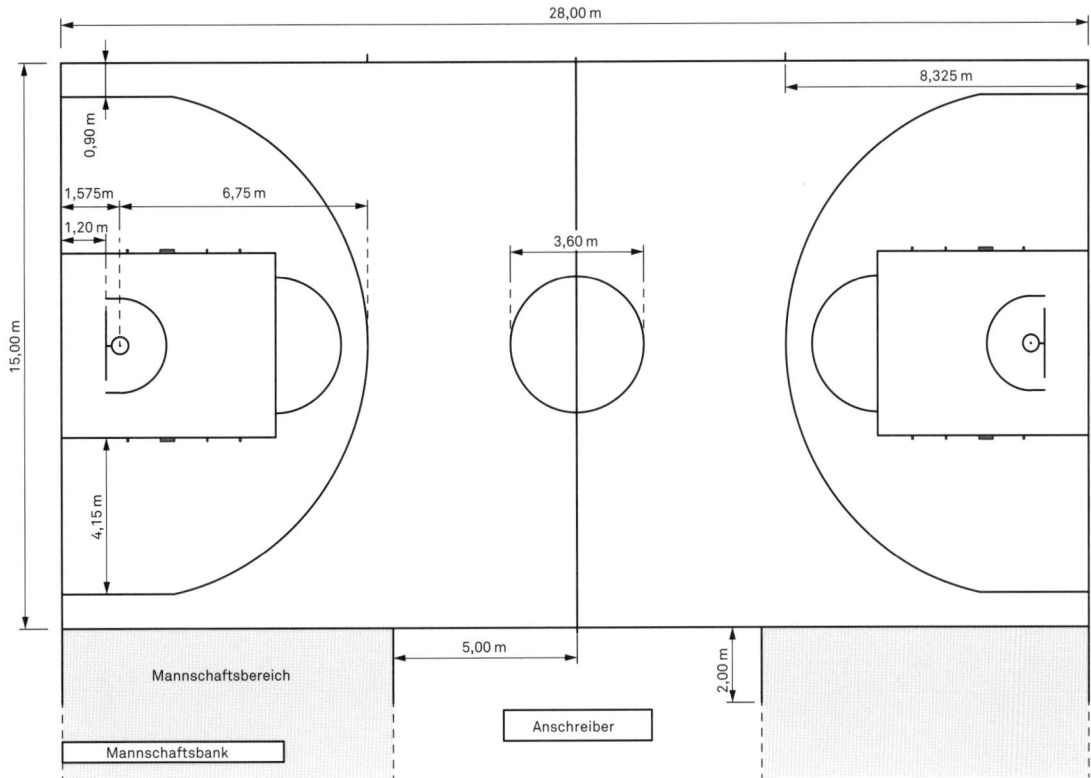

Abb. 9.5   Basketball und Streetball   Maßstab 1:200

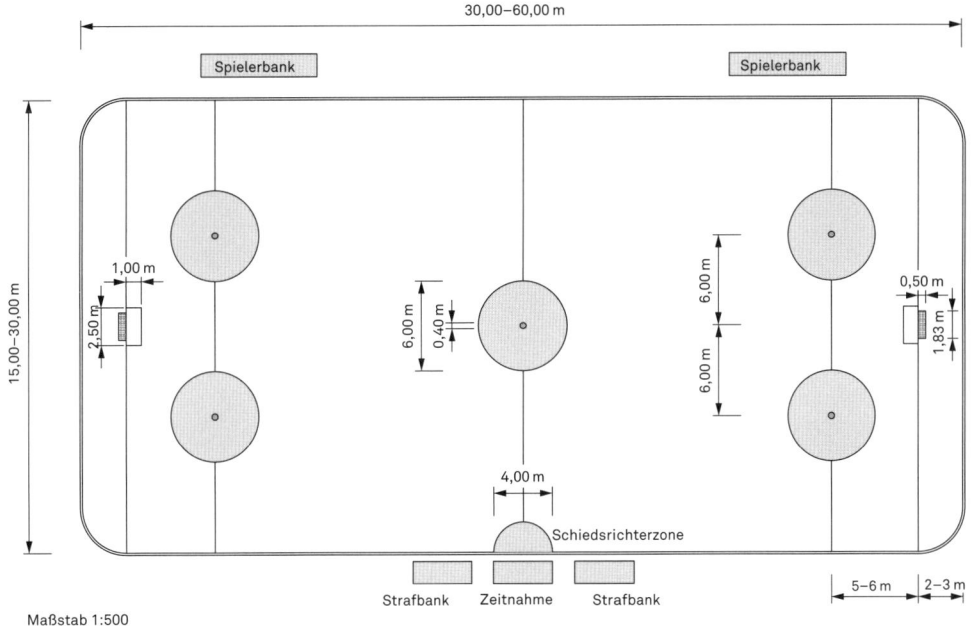

Abb. 9.6   Inlineskater-Hockey

9 Freizeitelemente

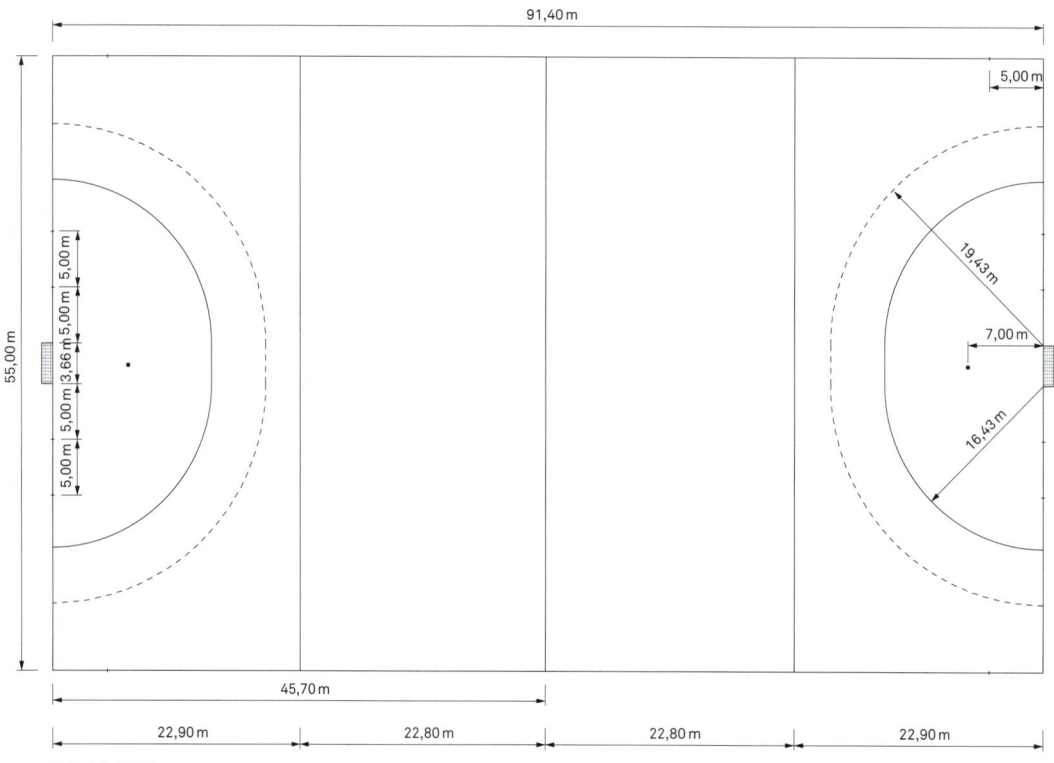

Abb. 9.7　Feldhockey

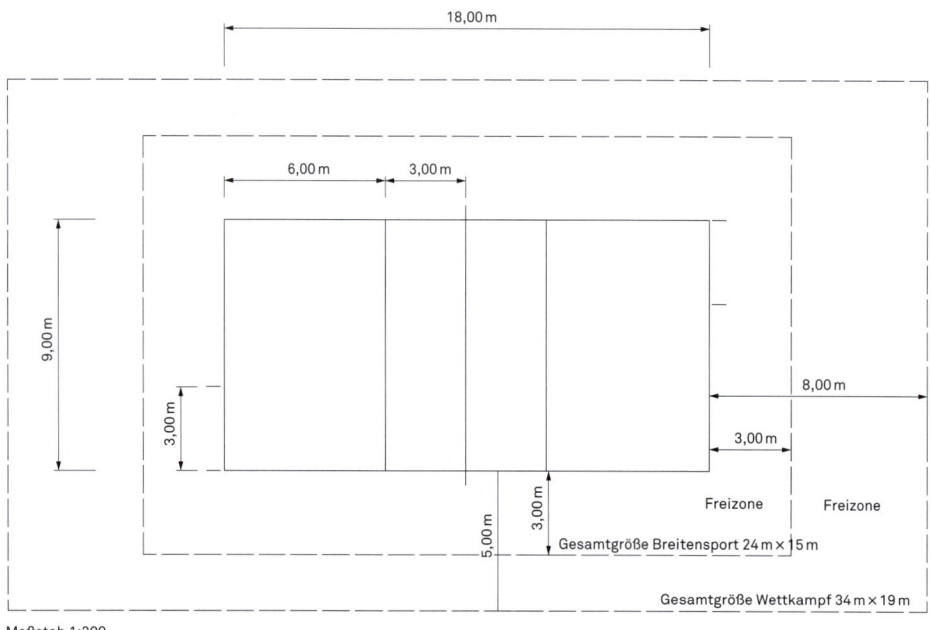

Abb. 9.8　Volleyball

9.2 Sportanlagen

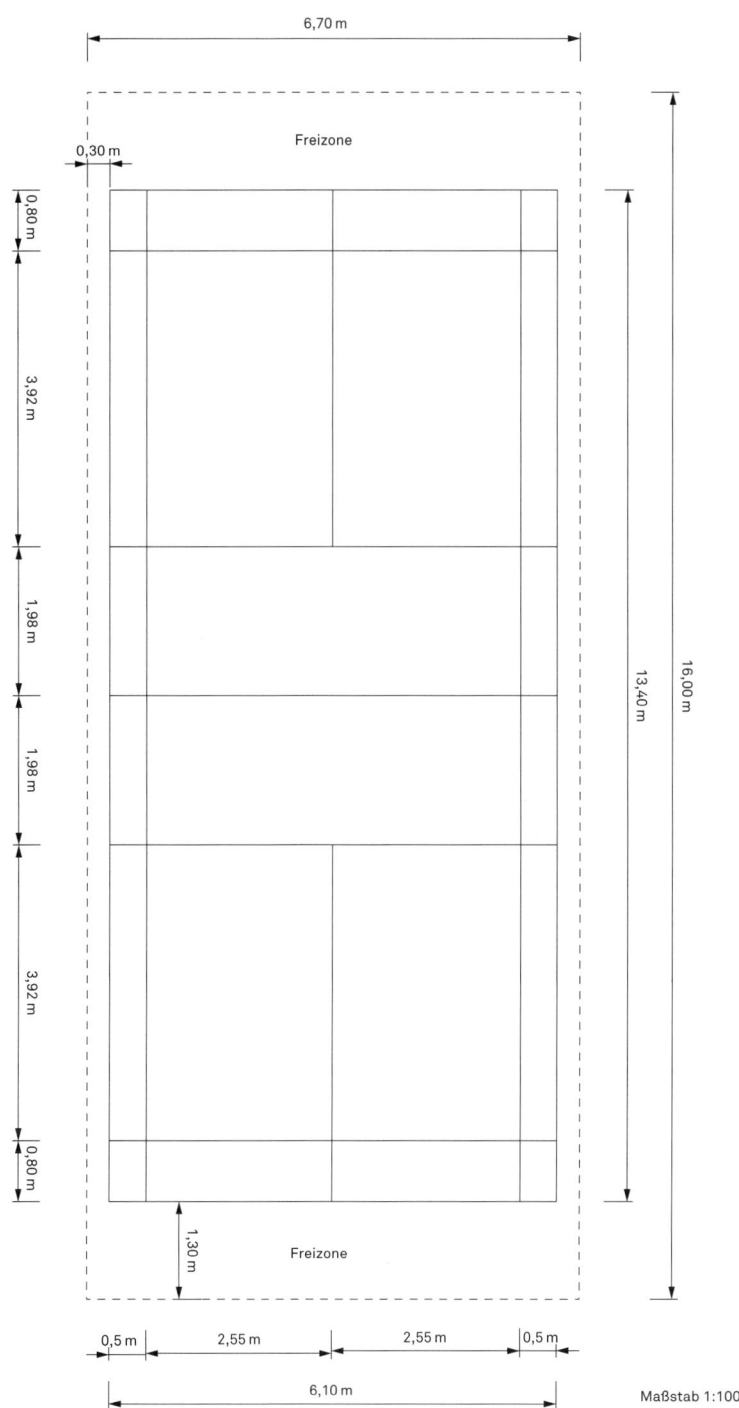

Abb. 9.9 Badminton

9 Freizeitelemente

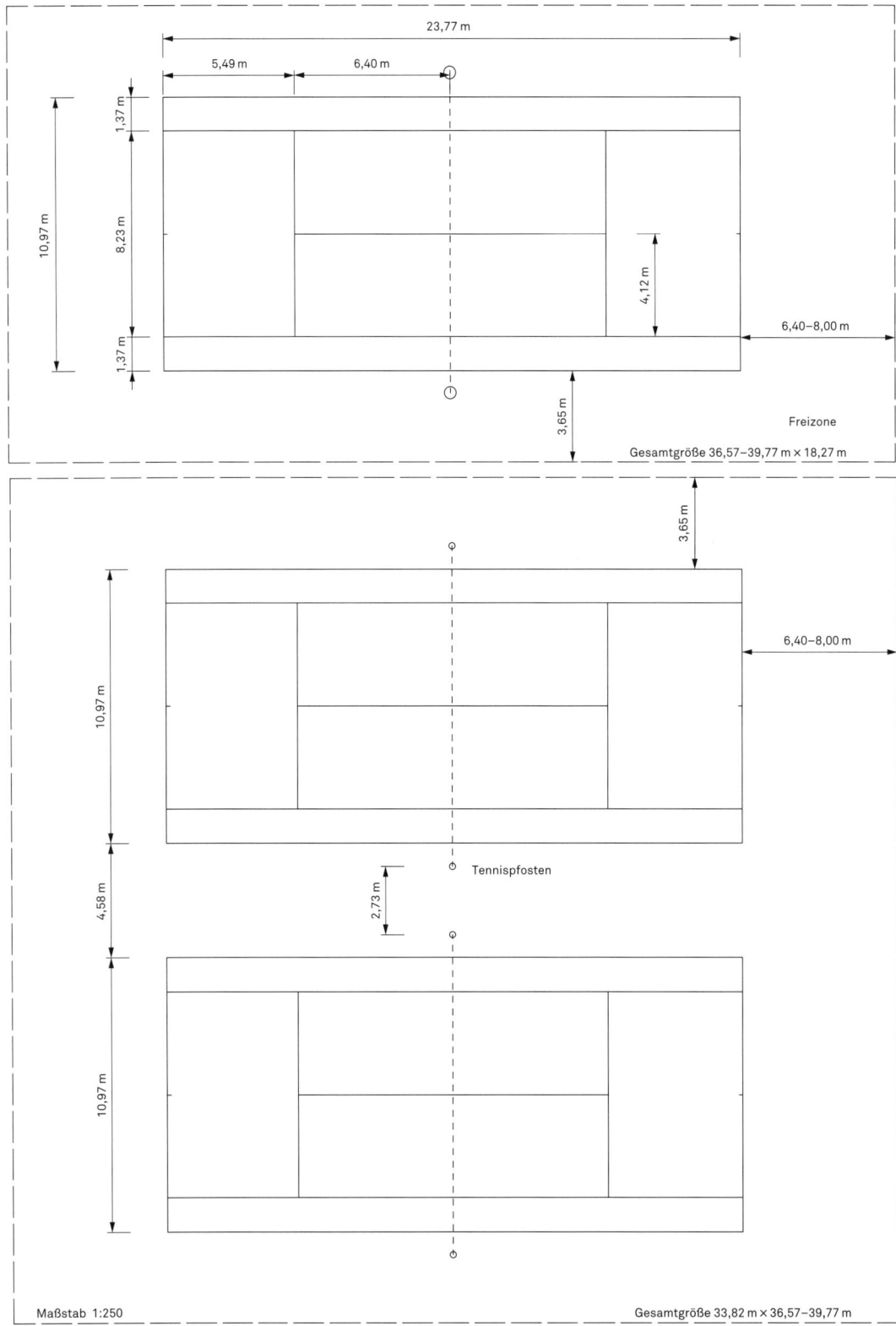

Abb. 9.10 Tennis: Einzelfeld und Mehrfachanlage

9.2 Sportanlagen

Sportart	Länge			Breite Einzelbahn	Sicherheitszone an äußerer Laufbahn
	Startraum	Laufstrecke	Auslauf		
Kurzstreckenbahn	3 m	110 m	17 m	1,22 m	0,28 m
Rundbahn	–	400 m	17 m	1,22 m	0,28 m

Tab. 9.6 Laufbahnen

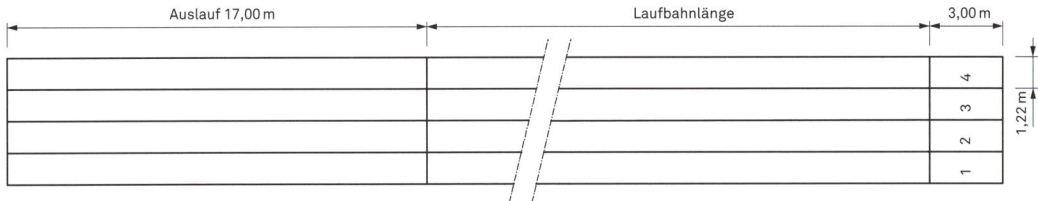

Maßstab 1:250

Abb. 9.11 Laufbahn

Sprunganlage	Anlauf		Grube bzw. Kissen	
	Länge	Breite Einzel-/Mehrfachanlagen	Länge	Breite
Weitsprung	≥45 m, Absprungbalken ≥2 m vor der Grube (1 m bei Hochleistungssport)	1,22 m / 2,00 m	Grube ≥8 m (9 m bei Hochleistungssport)	2,75 m
Dreisprung	≥45 m, Absprungbalken ≥11 m vor der Grube	1,22 m / 2,00 m	Grube ≥8 m (für Jugendliche ≥9 m, für Spitzensportler ≥13 m)	2,75 m
Stabhochsprung	≥45 m	1,22 m / 2,00 m	Kissen ≥5 m	≥5 m
Hochsprung	Halbkreis mit r ≥18 m		Kissen 4 m	5–6 m

Tab. 9.7 Sprunganlage

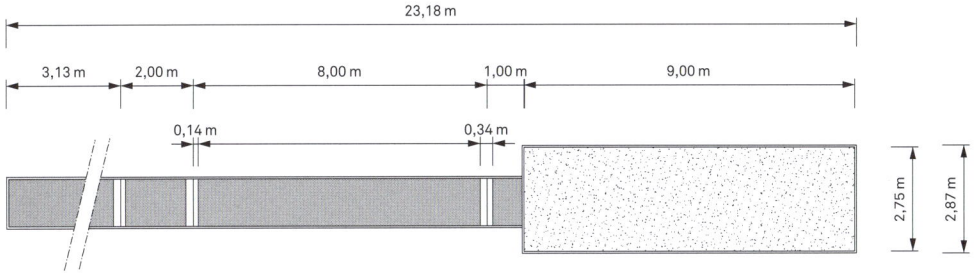

Weitsprung Einzelanlaufbahn Maßstab 1:200

Abb. 9.12 Weitsprunganlagen

9 Freizeitelemente

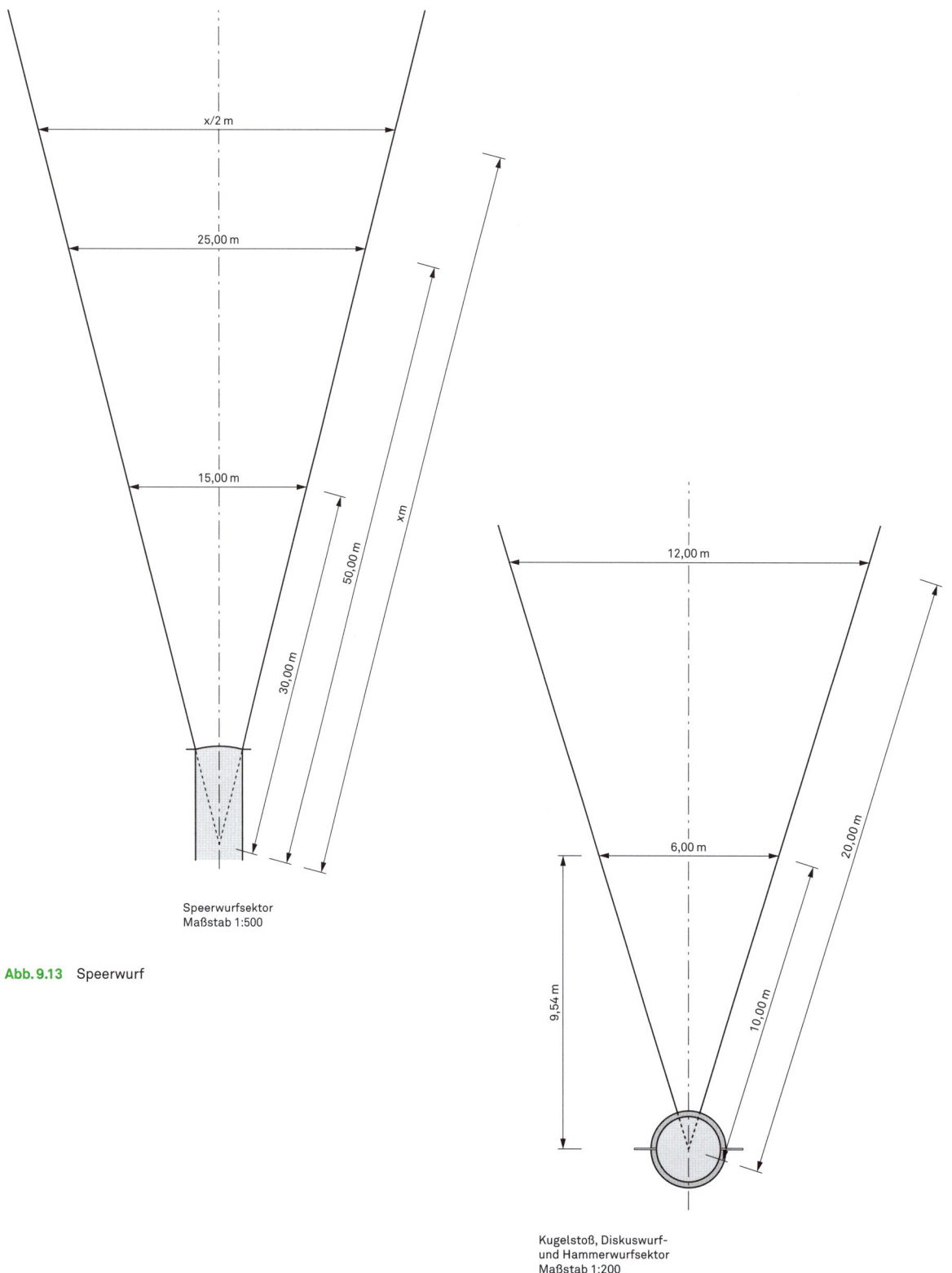

Speerwurfsektor
Maßstab 1:500

Abb. 9.13 Speerwurf

Kugelstoß, Diskuswurf-
und Hammerwurfsektor
Maßstab 1:200

Abb. 9.14 Wurf- und Stoßanlagen

9.2 Sportanlagen

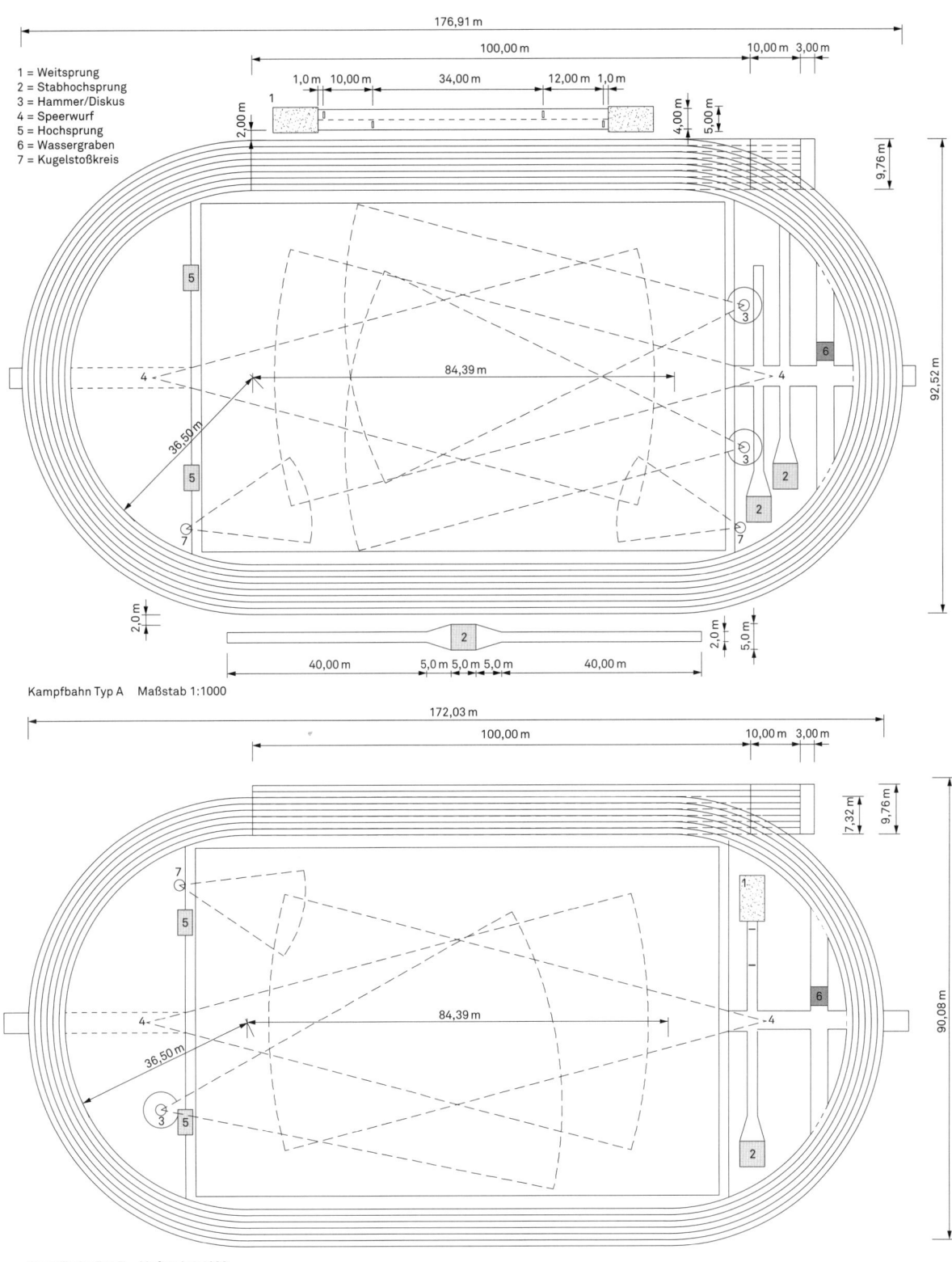

Abb. 9.15 Kampfbahn Typ A und B

9 Freizeitelemente

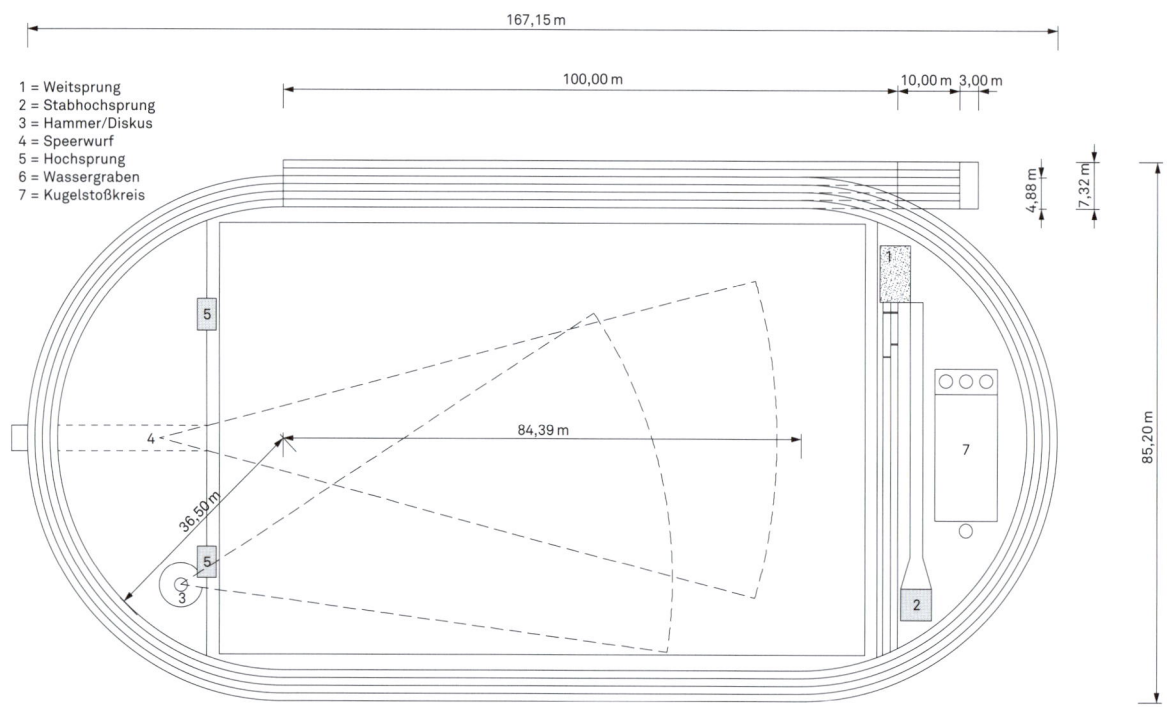

1 = Weitsprung
2 = Stabhochsprung
3 = Hammer/Diskus
4 = Speerwurf
5 = Hochsprung
6 = Wassergraben
7 = Kugelstoßkreis

Kampfbahn Typ C   Maßstab 1:1000

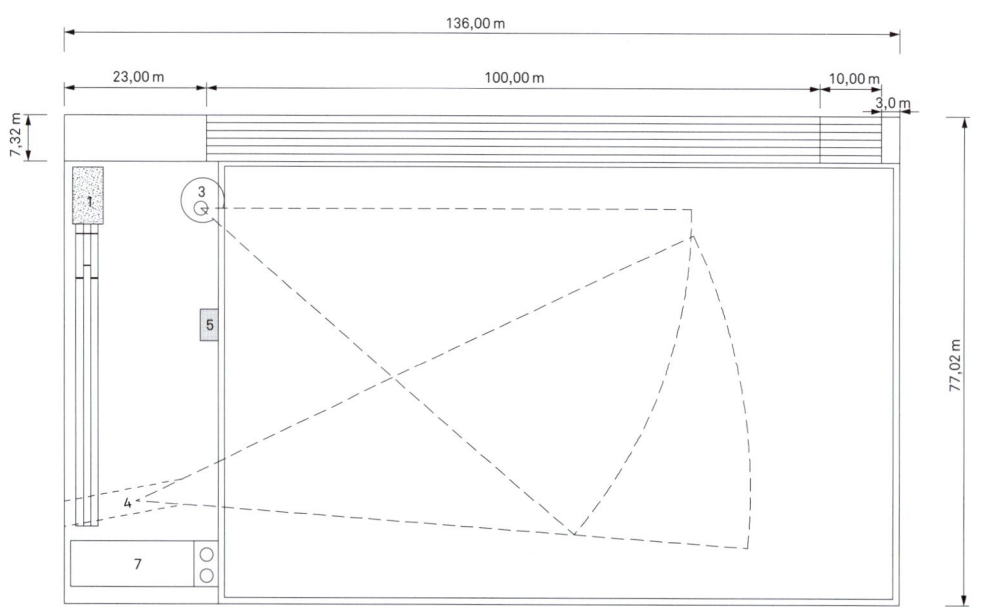

Kampfbahn Typ D   Maßstab 1:1000

Abb. 9.16   Kampfbahn Typ C und D

9.2 Sportanlagen

Sportart		Spielfeld/Bahn	Abstand zu seitlichen Barrieren	Belag
Pétanque (in Deutschland oft als Boule bezeichnet)	Internationaler/nationaler Wettkampf	Mind. 15 × 4 m		Jeder Boden, vorzugsweise wassergebundene Decken und verdichtete Sand-Splitt-Gemische
	Sonstige Wettkämpfe und Breitensport	Mind. 12 × 3 m (12 × 5 m Doppelbahn) oder Terrain libre		
Boule Lyonnaise		27,50 × 4,00 (2,50) m		Jeder Boden
Jeu Provençal		24 × 4 m oder Terrain libre	1,50 m	Jeder Boden
Boccia		26,50 × 4,50 m		Spezieller Belag, üblicherweise auf Natursandbahnen
Bowls		31–40 × 4,3–5,8 m		Rasen

Tab. 9.8 Kugelspiele

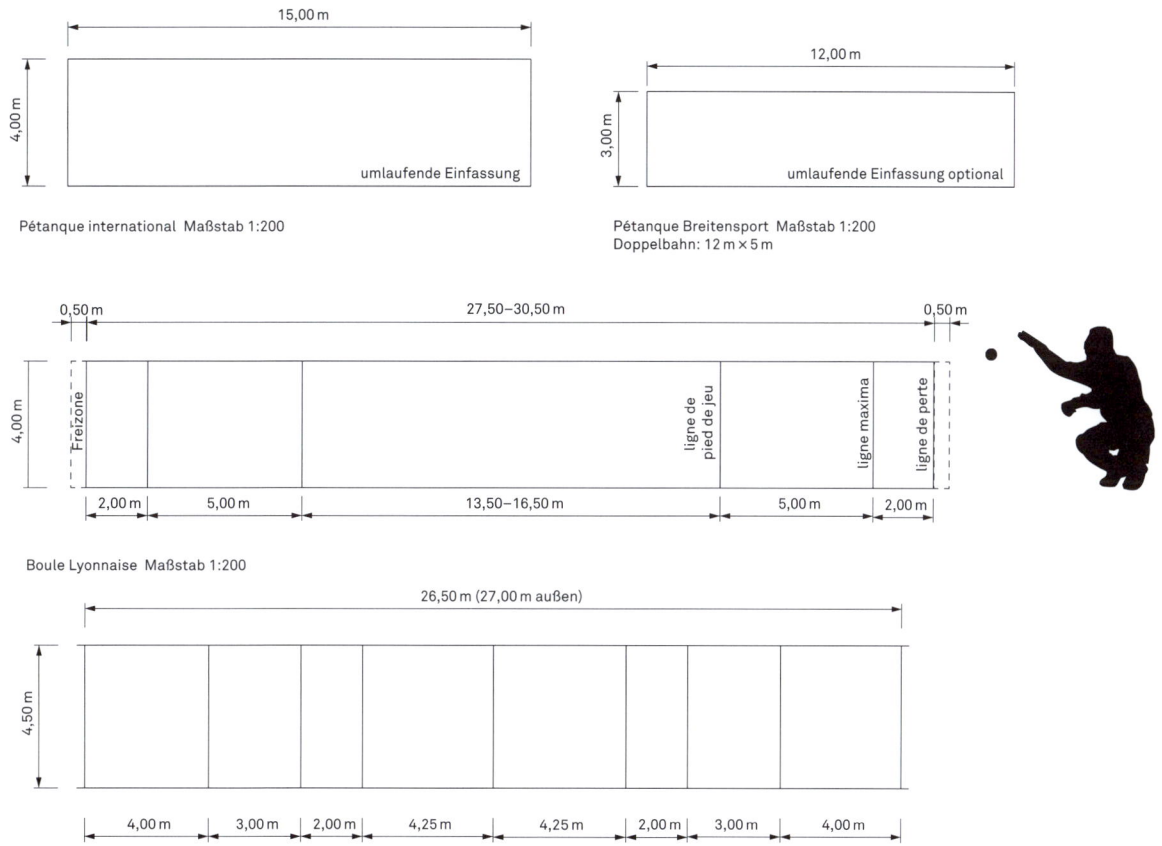

Abb. 9.17 Kugelspiele

9 Freizeitelemente

Pyramid

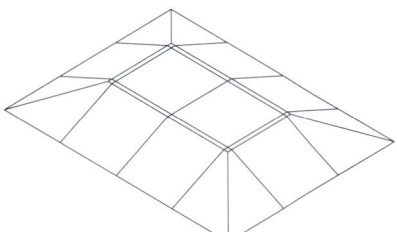

Jump-Box mit Rail-Slide

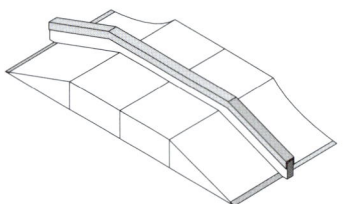

Fun-Box mit Ledge

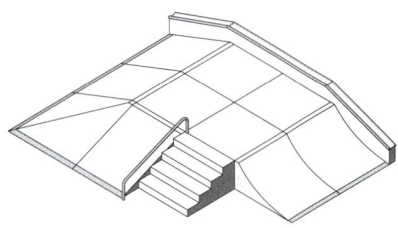

Quarter-Ramp freistehend

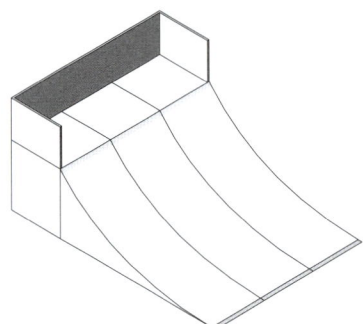

Table

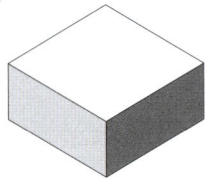

Spine-Ramp

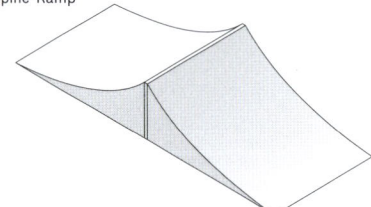

Bank

Jump-Box

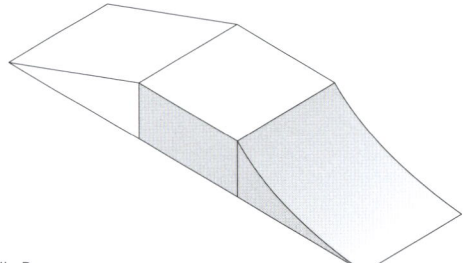

Jumo-Ramp

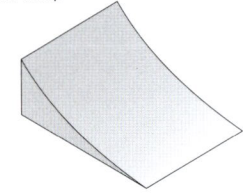

Olly-Box

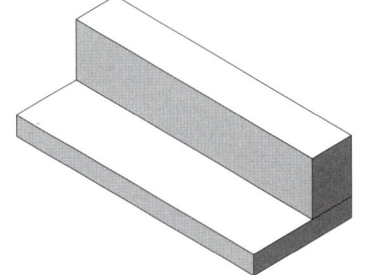

Abb. 9.18 Skateanlagen

9.2 Sportanlagen

Fuß-/Tritthöhe = freie Fallhöhe über OK-Boden	Sicherheitsbereich	Bodenbelag im Sicherheitsbereich	Sonstige Anforderungen
Boulderwände			
≤ 0,60 m	–	–	
> 0,60–1,0 m	2,0 m	Ungebunden (Rasen/Oberboden)	
> 1,0–3,0 m	2,0 m	Nicht bindiger Sand, Rundkornkies (4–8 mm), Holzspäne, Rindenmulch oder Fallschutzplatten	
Kletterwand mit Seilsicherung			
> 3,0 m			Mind. 2 m hohe Einzäunung des Geländes/der Kletterwand gegen unbefugtes Betreten oder Griffelemente erst ab einer Höhe von 2,50 m

Tab. 9.9   Klettersport

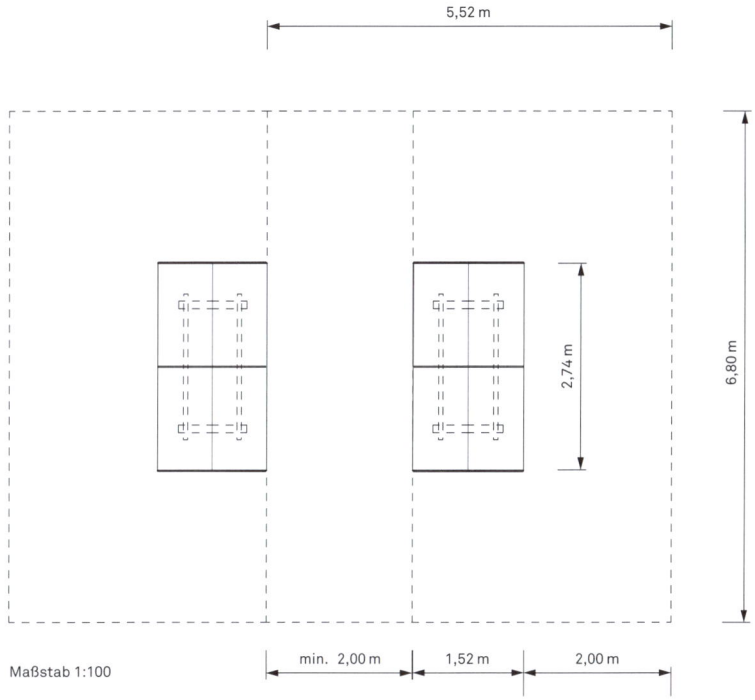

Maßstab 1:100

Abb. 9.19   Tischtennis (Freizeitnutzung)

9 Freizeitelemente

Sportart/Reitplätze	Bahnenmaße	Belag
Reitplatz allgemein	min. 20 × 40 m	
Dressurreiten	Dressurviereck Klassen A–L: 20 × 40 m Internationale Wettbewerbe: Klassen M–S: 20 × 60 m	Quarzsand, Sandgemische, z. B. Mischung aus Sand und Sägespänen/Vlieshäcksel
Springreiten	Training: Gesamtgröße: ≥ 3000 m² Springprüfung: 25 × 50 m	
Westernreiten	min. 20 × 40 m, optimal 30 × 60 m	
Longierzirkel, Round Pen	Durchmesser mind. 15 m, optimal 18–20 m	
Fahren	Turnierplatz 40 × 80 m	
Islandpferde-Wettkampfbahn	Bahn 6 × 250 m, Ovalbahn 46 × 79,44 m /46 × 110,70 m	

Tab. 9.10 Reitsport

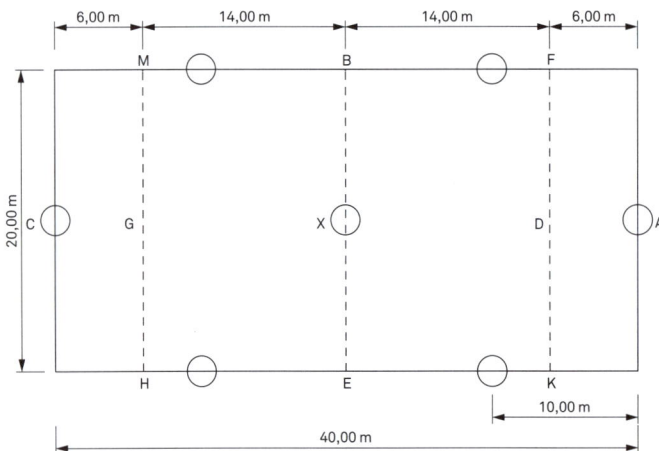

Abb. 9.20 Dressurviereck 20 × 40 m Maßstab 1:250

9.3 Campingplätze

Bei Campingplätzen wird zwischen Durchgangs-, Ferien- und Dauercampinganlagen. Dauercampingplätze zeichnen sich durch größere und parzellierte Standplätze aus, während Ferien- und Durchgangscampingplätze auch freie Standplätze auf Zeltwiesen aufweisen. In der Mehrzahl der Fälle werden beide Standplatztypen miteinander kombiniert. Parzellen sind für Wohnwagen und größere Zelte, meist in Verbindung mit einer Stellfläche für das Fahrzeug direkt vor Ort, geeignet, Flächen ohne Parzellierung besonders für Zelte ohne mitgeführte Pkw. Im letzteren Fall werden gesonderte Sammelstellplätze am Rand der Anlage ausgewiesen. Bei Zeltwiesen ist insgesamt mit einer geringeren Erschließungsfläche zu rechnen.

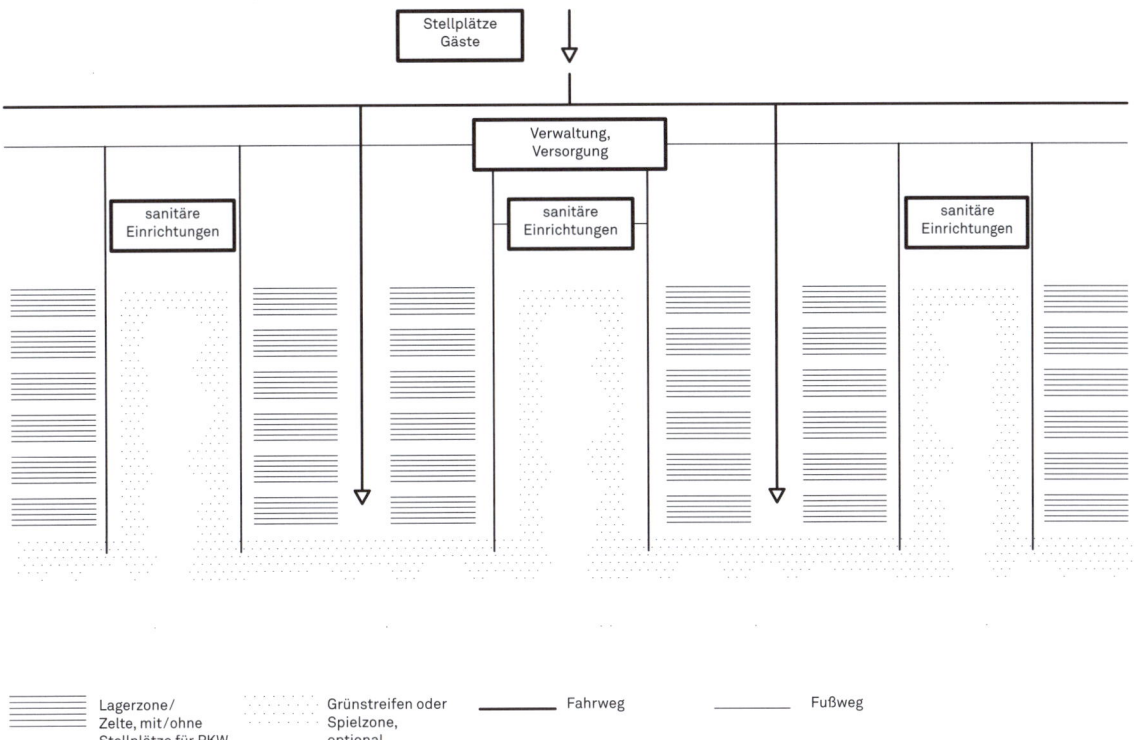

Abb. 9.21 Funktionsdiagramm eines Campingplatzes

9 Freizeitelemente

Art der Nutzung	Platzbedarf/Abmessung
Standplätze	
Kleine Zelte auf Campingwiese	40 m²
Große Zelte	80 m²
Durchschnittlicher Platzbedarf je Standfläche bei Campingwiesen	60–80 m²
Parzellierter Standplatz für Caravan oder großes Zelt mit Pkw-Unterbringung	100–120 m² (mind. 75 m² *)
Parzellierter Standplatz mit Pkw-Unterbringung auf Sammelstellplatz	mind. 65 m² *
Parzellierter Standplatz inkl. Nebenflächen (Wege und Abpflanzungen)	140 m²
Erschließung	
Zufahrten und Hauptwege	5,5 m breit
Nebenwege	3–4 m breit
Fahrwege mit Richtungsverkehr	3 m breit
Stichwege bis 100 m Länge	3 m breit
Erschließungsflächen gesamt	
Versorgungs- und Erschließungsflächen	50–100 % der eigentlichen Standflächen

* gem. Campingplatzverordnung Bayern

Tab. 9.11 Richtwerte für den Platzbedarf auf Campingplätzen

		Je 100 Standplätze	Je 200 Standplätze
Wascheinrichtungen	Waschplätze Männer	8 Waschplätze, davon 2 in Einzelzellen	Zusätzlich 1 Waschplatz und 1 Dusche behindertengerecht, geeignet für Rollstuhlfahrer
		4 Duschen als Einzelzellen	
	Waschplätze Frauen	8 Waschplätze, davon 2 in Einzelzellen	
		4 Duschen als Einzelzellen	
	Toiletten Männer	4 Toiletten und 4 Urinale	Zusätzlich 1 Toilette behindertengerecht, geeignet für Rollstuhlfahrer
	Toiletten Frauen	8 Toiletten	
Geschirrspül- und Wäschewascheinrichtungen		2 Geschirrspülbecken und ein Wäschewaschbecken oder eine Waschmaschine	Zugänglichkeit der Anlage für Behinderte ist sicherzustellen
Trinkwasserzapfstellen		4, auf dem Gelände zweckmäßig verteilt	

Tab. 9.12 Sanitäre Einrichtungen auf Campingplätzen (Richtwerte in Anlehnung an die Campingplatzverordnung von Baden-Württemberg/Bayern)

9.3 Campingplätze

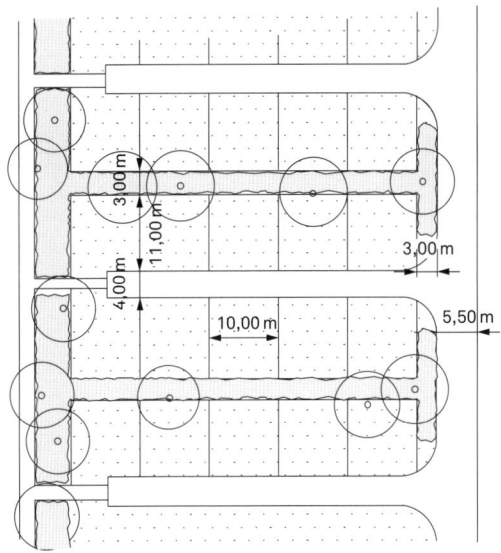

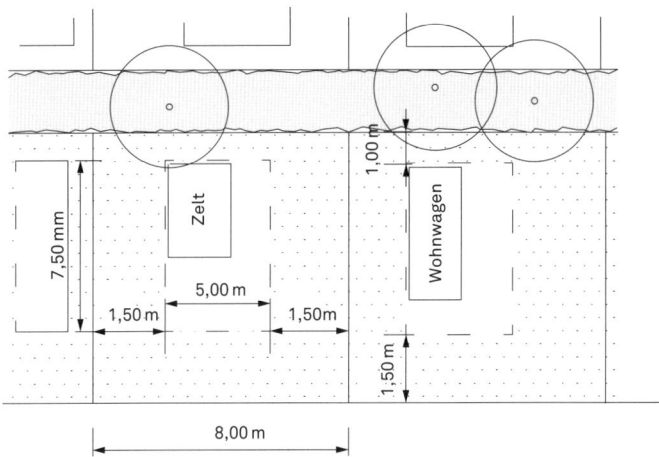

80 m² Standfläche für Zelt/Wohnwagen

Abb. 9.22   Abmessungen parzellierter Standplätze

9.4 Freilichtbühnen und Tribünen

Freilichtbühnen und tribünenartig oder im Halbrund angeordnete Sitzstufen in Freianlagen können für unterschiedliche Zwecke angelegt werden. Reine Stufenanlagen bilden häufig einen Sitzbereich, der beispielsweise in Schulen als Klassenzimmer im Freien oder in einer Parkanlage als einfacher Treffpunkt genutzt werden kann. Bei der Planung von Freilichtbühnen, die als Veranstaltungsort (Theater, Freiluftkino usw.) dienen sollen, oder bei Tribünen an Sportanlagen müssen bestimmte Anforderungen eingehalten, wenn der Besucherbereich mehr als 1000 Personen umfasst.

Überschlägig kann die Besucheranzahl einer Versammlungsstätte wie folgt bemessen werden:

- für Sitzplätze an Tischen 1 Besucher je Quadratmeter Grundfläche,
- für Sitzplätze in Reihen 2 Besucher je Quadratmeter Grundfläche,
- für Stehplätze 2 Besucher je laufendem Meter Stufenreihe.

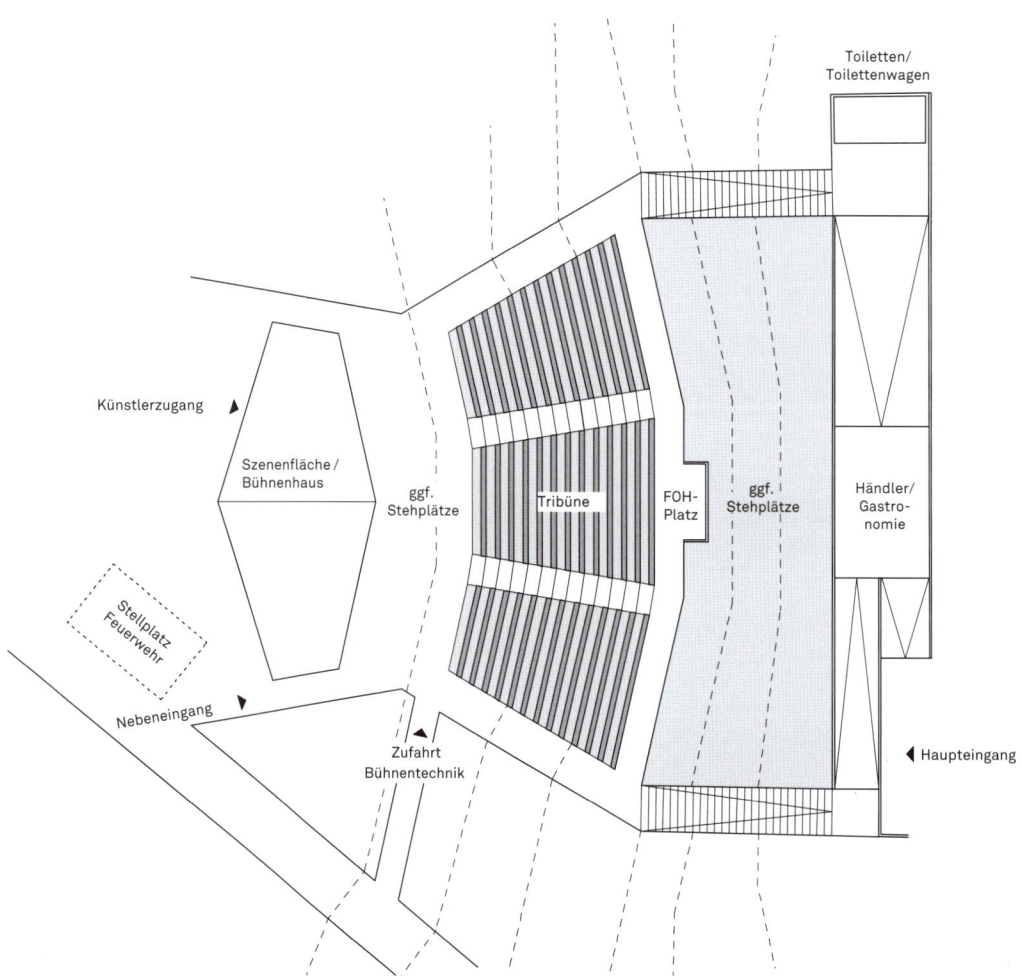

Abb. 9.23   Funktions- und Raumprogramm einer Freilichtbühne

9.4 Freilichtbühnen und Tribünen

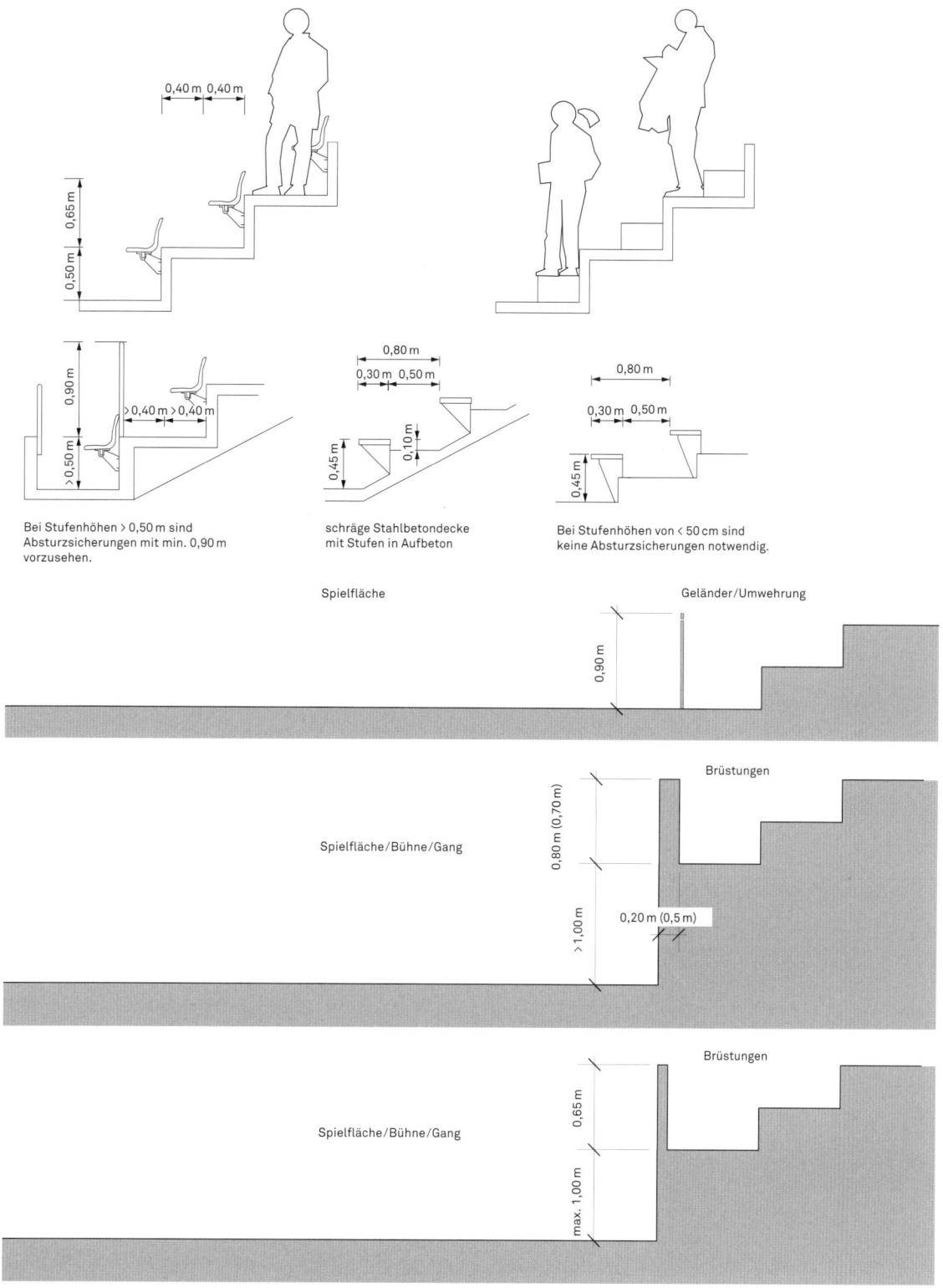

Abb. 9.24 Umwehrungen und Abmessungen von Sitzreihen und von Stehplätzen bei Versammlungsstätten im Freien

9 Freizeitelemente

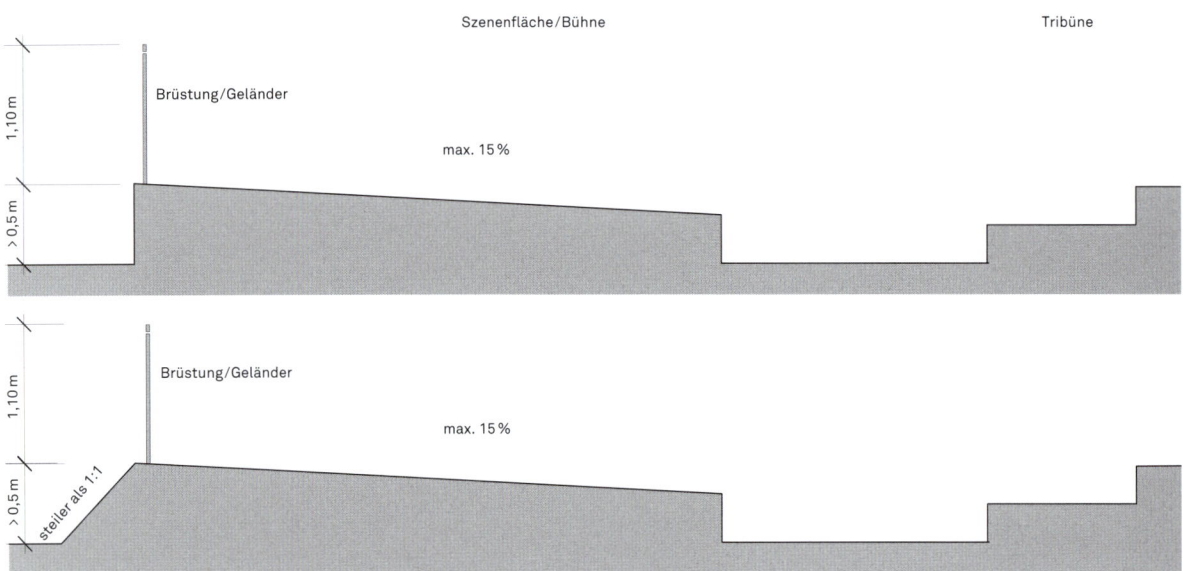

Abb. 9.25   Umwehrungen bei Szenen- und Spielflächen

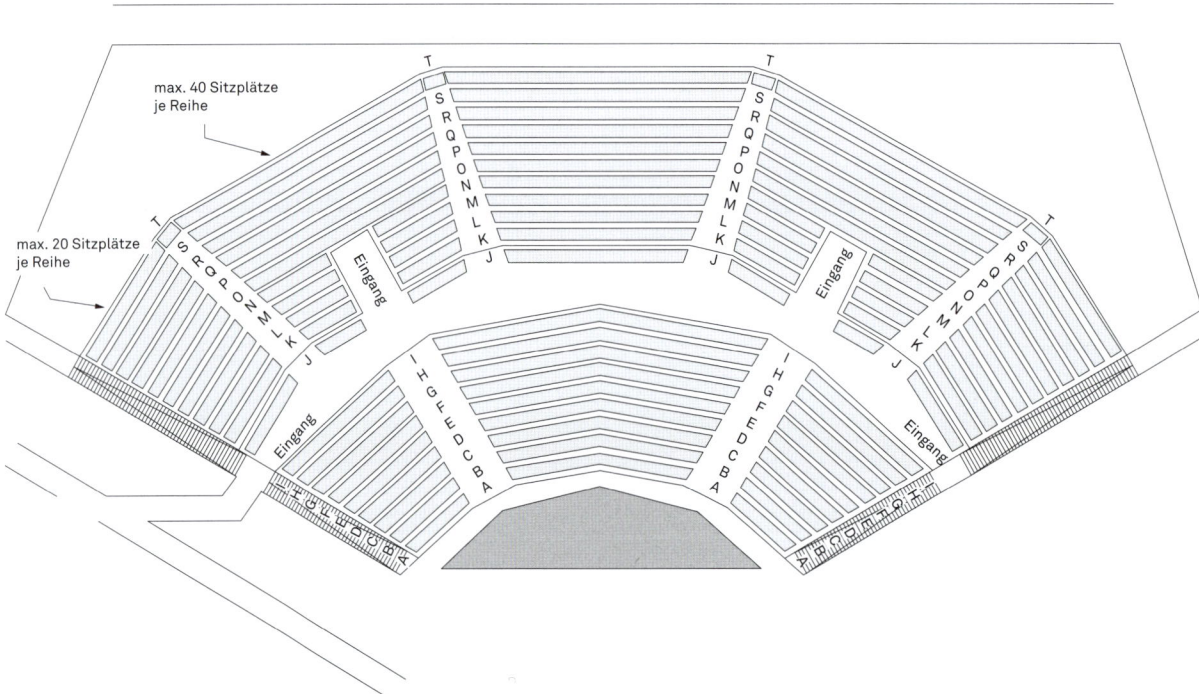

Abb. 9.26   Beispiel für die Organisation der Sitzblöcke und Erschließungswege

9.4 Freilichtbühnen und Tribünen

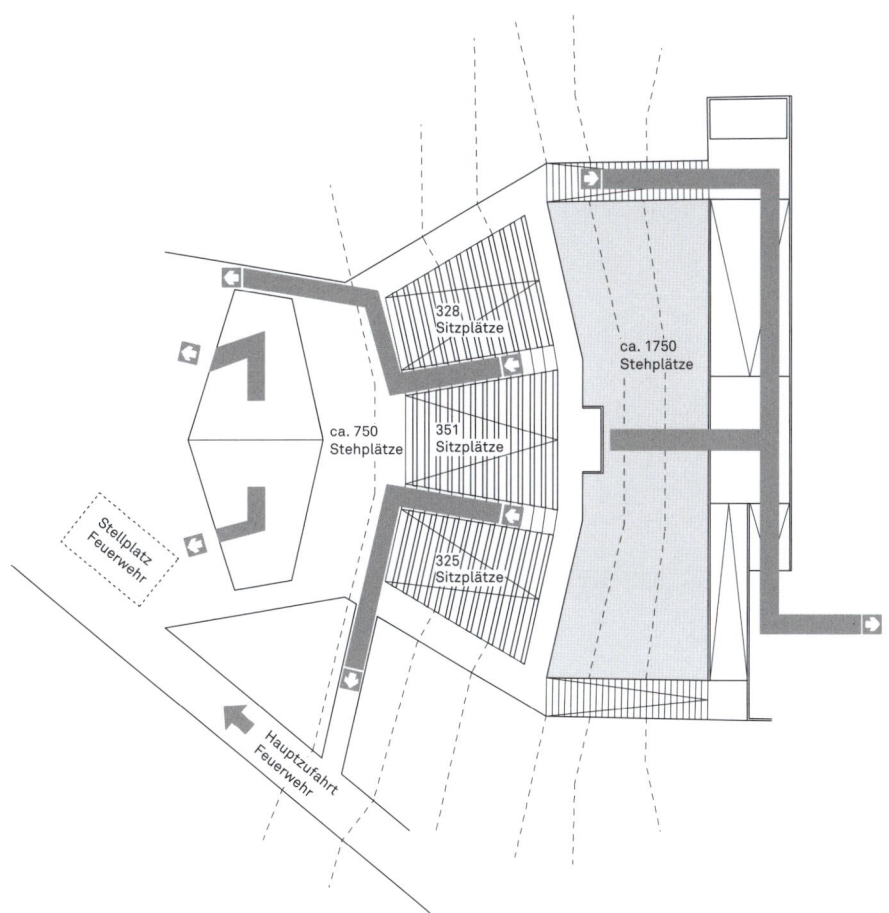

Abb. 9.27 Fluchtwegeplan am Beispiel der Freilichtbühne Spremberg

Besucherplätze	Für Frauen	Für Männer		Rollstuhlgerechte Toiletten
	Toilettenbecken	Toilettenbecken	Urinalbecken	
Bis 1000 Gäste				Mind. eine Toilette je 10 Plätze für Rollstuhlbenutzer
Je 100 Gäste	1,2	0,8	1,2	
Über 1000 Gäste				
Je weitere 100 Gäste	0,8	0,4	0,6	
Über 20 000 Gäste				
Je weitere 100 Gäste	0,4	0,3	0,6	

Tab. 9.13 Anzahl Besuchertoiletten (gem. Muster-Versammlungsstättenverordnung)

Literatur

Allgemeine Literatur (Auswahl)

Bielefeld, Bert; Skiba, Isabella: *Basics Technisches Zeichnen*, 2., überarb. Auflage, Basel 2011

Bielefeld, Bert (Hrsg.): *Architektur planen. Dimensionen, Räume, Typologien*, Basel 2015

Bielefeld, Bert: *Raummaße Architektur. Flächen, Abstände, Abmessungen*, Basel 2018

Brandl, Wolfgang; Schegk, Ingrid: *Baukonstruktionslehre für Landschaftsarchitekten*, Stuttgart 2009

DIN 32984:2011-10

Erhardt, Walter u. a.: *Der große Zander. Enzyklopädie der Pflanzennamen. Band 1: Familien und Gattungen – Band 2: Arten und Sorten*, Stuttgart 2008

Gälzer, Ralph: *Grünplanung für Städte*, Stuttgart 2001

Lay, Björn-Holger u. a.: *Bauen mit Grün. Die Bau- und Vegetationstechnik des Garten- und Landschaftsbaus*. 4. Auflage, Stuttgart 2010

Lay, Björn-Holger (Hrsg.) u. a.: *Lehr – Taschenbuch für den Garten-, Landschafts- und Sportplatzbau*. 7., neu bearb. Auflage, Stuttgart 2013

Heiss, Oliver; Degenhart, Christine; Ebe Johann: *Barrierefreies Bauen: Ein Handbuch für universelles Gestalten im Innen- und Außenraum (Detail Praxis)*, München 2009

Lohrer, Axel: *Basics Entwurfselement Wasser*, Basel 2019

Loidl, Hans; Bernard, Stefan: *Freiräum(en): Entwerfen als Landschaftsarchitektur*, Basel 2014

Margolis, Liat; Robinson, Alexander: *Living Systems. Innovative Materialien und Technologien für die Landschaftsarchitektur*, Basel 2007

Neufert, Ernst: *Neufert Bauentwurfslehre*, Wiesbaden 2018

Petschek, Peter: *Geländemodellierung: Landscaping-SMART 3D Maschinensteuerung Regenwassermanagement*, Basel 2014

Petschek, Peter; Gass, Siegfried (Hrsg.): *Schatten konstruieren: Zelte, Pergolen, Seile, Pflanzen*, Basel 2011

Richter, Gerhard: *Handbuch Stadtgrün: Landschaftsarchitektur im städtischen Freiraum*, München 1981

Skiba, Isabella; Züger, Rahel: *Basics Barrierefrei planen*, Basel 2016

Steenbergen, Clemens. *Composing Landscapes: Analysis, Typology and Experiments for Design*, Basel 2009

Wöhrle, Regine Ellen; Wöhrle, Hans-Jörg: *Basics Entwurfselement Pflanze*, Basel 2019

Zimmermann, Astrid (Hrsg.): *Landschaft konstruieren. Materialien, Techniken, Bauelemente*. 3. Auflage, Basel 2015

Zimmermann, Astrid: *Landschaft planen. Dimensionen, Elemente, Typologien*, Basel 2014

Kapitel 2 Maßstab Menschen

Bogardus, Emory S.: „Measuring Social Distances", in: *Journal of Applied Sociology* 9 (1925): 299–308

Bundesministerium für Gesundheit: *Handbuch für Planer und Praktiker*, Bad Homburg 1996

Edward T. Hall: *Die Sprache des Raumes*, Düsseldorf 1976 (Original: *The Hidden Dimension*, 1966)

Hansestadt Hamburg: *Landschaftsprogramm einschließlich Artenschutzprogramm*, Hamburg 1997

Hansestadt Hamburg: *Musterflächenprogramm für allgemeinbildende Schulen in Hamburg*, Hamburg 2011

Gälzer, Ralph: *Grünplanung für Städte*, Stuttgart 2001

Gehl, Jan: *Leben zwischen Häusern. Konzepte für den öffentlichen Raum*, Berlin 2011 (engl. Ausgabe: *Life Between Buildings*, 1987; Originalausgabe: *Livet mellem husene*, 1971)

Le Corbusier: *Le Modulor. Essai sur une mesure harmonique, à l'échelle humaine applicable universellement, à l'architecture et à la mécanique*, Boulogne (Sein) 1952

Richter, Gerhard: Handbuch Stadtgrün: *Landschaftsarchitektur im städtischen Freiraum*, München 1981

Stolzenberg, H.; Kahl, H.; Bergmann, K.E.: „Körpermaße bei Kindern und Jugendlichen in Deutschland", in: *Bundesgesundheitsblatt – Gesundheitsforschung – Gesundheitsschutz*, 50, 2007, 5/6

Kapitel 3 Topografie

Mader, Günter: *Freiraumplanung: Hausgärten, Grünanlagen, Stadtlandschaften*, München 2004

Kapitel 4 Erschließung

De Groot, Rik: *Ontwerpwijzer fietsverkeer*, Ede 2006 (= Publicatie; 230)

Deutsche Verkehrswacht e. V.: *Skate & Roll: Inline-Skaten – aber sicher*, Meckenheim 2002

Deutscher Blinden- und Sehbehindertenverband e. V.: *Erkennbarkeit des unteren Aufmerksamkeitsfeldes und der letzten Trittstufenmarkierung bei Treppen*, Ausarbeitung vom 01.07.2013. www.dbsv.org (zuletzt aufgerufen: 07.04.2014)

DIN 32984:2011-10

DIN 18040-1:2010-10

EAR 05

ERA 10

Gargulla, Nadja; Geskes, Christof: *Treppen und Rampen in der Landschaftsarchitektur*, Stuttgart 2007

Gerlach, Jürgen u. a.: „Sinn und Unsinn von Shared Space – Zur Versachlichung einer populären Gestaltungsphilosophie", in: *Straßenverkehrstechnik 2*, 2008 (Teil 1) und 03, 2008 (Teil 2)

Harris, Charles und Dines, Nicholas: *Time-Saver Standards for Landscape Architecture. Design and Construction Data*, New York u. a. 1998

Kalwitzki, Klaus-Peter: „Shared Space – Den Raum miteinander teilen. Von einer Exkursion nach Drachten und Haren/NL", in: *Verkehrszeichen* 03, 2007

Land Salzburg, Abteilung Soziales: *Barrierefrei Bauen*, Salzburg 2008

Mader, Günter: „Treppenbau, Teil 1: Kleine Mathematik des Treppenbaus", in: *DEGA Galabau*, H. 45, 2002

RASt 06

Robatsch, Klaus: „Geschwindigkeiten, Bremsweg und Breitenbedarf von Inline-Skatern", in: *Zeitschrift für Verkehrssicherheit*, 44, 1998

Mahabadi, Mehdi; Meyer, Alexandra: *Treppen im Freiraum. Planungs- und Baugrundsätze*, Stuttgart 2006

Ministerium für Bau und Verkehr des Landes Sachsen-Anhalt: *Empfehlungen für den Bau und die Unterhaltung von straßenbegleitenden Radverkehrsanlagen in Sachsen-Anhalt*, Magdeburg 1998

Senatsverwaltung für Stadtentwicklung, Berlin: *Fußverkehrsstrategie für Berlin – Ziele, Maßnahmen, Modellprojekte*, Berlin 2011

The Danish Cyclists Federation: *Bicycle parking manual*, Kopenhagen 2008

Schuster, Andreas; Sattler, Josef; Hoffmann, Stephan: „Benötigen wir ein neues Pkw-Bemessungsfahrzeug für den Entwurf von Anlagen des ruhenden Verkehrs?", in: *Straßenverkehrstechnik*, 56, 2012, H. 1

Senatsverwaltung für Stadtentwicklung Berlin: *Fahrradparken in Berlin – Leitfaden für die Planung*, Berlin 2008

Kapitel 5 Vertikale Bauelemente

Bayerisches Landesamt für Umwelt (Hrsg.)/Dr. Katharina Stroh (LfU): *Lärm – Straße und Schiene*, http://www.lfu.bayern.de/umweltwissen/index.htm (zuletzt aufgerufen: 07.04.2014)

DIN 18065:2011-06

Mader, Günter; Zimmermann, Elke: *Zäune und Tore aus Holz und Metall*, München 2006

Wirtschaftsministerium Baden-Württemberg: *Städtebauliche Lärmfibel Online*, Stuttgart 2007: http://www.staedtebauliche-laermfibel.de (zuletzt abgerufen: 07.04.2014)

Kapitel 6 Möblierung

Abfallwirtschaftsbetrieb München: *Müllräume und Müllbehälter-Standplätze – Vorschriften und Hinweise*, München 2011

Bauordnung Wien, LGBl. Nr. 11/1930, zuletzt geändert durch das Gesetz LGBl. Nr. 46/2013

Berliner Stadtreinigung: *Grundlagen für die Gestaltung von Standorten und Transportwegen für Abfallbehälter*, Berlin 2011

Beucker, Nicolas; Zurnatzis, Monika: *Stadtmobiliar für Senioren – Ausstattungskriterien für eine alten-gerechte Stadt. Studienbericht 2011*, http://socialdesign.hs-niederrhein.de (zuletzt aufgerufen: 07.04.2014)

Deutsche Lichttechnische Gesellschaft (LiTG) e. V. „Fachausschuss Außenbeleuchtung" (LiTG); Steck, Bernhard: *Zur Einwirkung von Außenbeleuchtungsanlagen auf nachtaktive Insekten*, Berlin 1997 (= LiTG-Publikation; 15)

Deutsche Lichttechnische Gesellschaft (LiTG) e. V. „Fachausschuss Außenbeleuchtung" (LiTG); Eckert, Martin: *Straßenbeleuchtung und Sicherheit*, Berlin 1998 (= LiTG-Publikation; 17)

Gesetz über die Vermeidung und Behandlung von Abfällen und die Einhebung einer hierfür erforderlichen Abgabe im Gebiete des Landes Wien (Wiener Abfallwirtschaftsgesetz), LGBl. für Wien Nr. 13/1994, zuletzt geändert durch das Gesetz LGBl. für Wien Nr. 31/2013

Ris, Hans Rudolf: *Beleuchtungstechnik für Praktiker*, Berlin 2008

Stadt Zürich, ERZ Entsorgung + Recycling Zürich: *Wegleitung II: Kostenloser, neuer Kunststoffcontainer*, Zürich 2008

TRILUX-LENZE GmbH + Co KG: *Licht für Europas Straßen – Beleuchtung von Straßen, Wegen und Plätzen nach DIN EN 13 201*, Arnsberg 2005

Kapitel 7 Wasser

Baumhauer, Jörg; Schmidt, Carsten: *Schwimmteichbau: Handbuch für Planung, Technik und Betrieb*; Berlin 2008

Deutsche Gesellschaft für das Badewesen: *Merkblatt 94.05 Verkehrssicherungs- und Aufsichtspflicht in öffentlichen Bädern während des Badebetriebs*, 2008

Deutsche Gesellschaft für das Badewesen: Merkblatt 94.12 Verkehrssicherungs- und Aufsichtspflicht in öffentlichen Naturbädern während des Badebetrieb, 2014

Deutscher Schwimm-Verband e. V.: *Bau- und Ausstattungsanforderungen für wettkampfgerechte Schwimmsportstätten*, 2012

Deutscher Wetterdienst – Institut für Technisch-Wissenschaftliche Hydrologie (Hrsg.): *KOSTRA-DWD 2000: koordinierte Starkniederschlags-Regionalisierungs-Auswertungen*, Offenbach 2006

DIN EN 13451-10

DWA-A 138 – Planung, Bau und Betrieb von Anlagen zur Versickerung von Niederschlagswasser

FLL-Richtlinie Richtlinien für Planung, Bau, Instandhaltung und Betrieb von Freibädern mit biologischer Wasseraufbereitung, 2010

Hansen, Richard; Stahl, Friedrich: *Die Stauden und ihre Lebensbereiche in Gärten und Grünanlagen*, Stuttgart 1997

Koordinierungskreis Bäder: *Richtlinien für den Bäderbau (KOK-Richtlinien)*, 2013

Lomer, Wolfgang (Hrsg.): *Garten- und Landschaftsbau*, Stuttgart 2001 (= Der Gärtner; 4)

Literatur

Mahabadi, Mehdi: *Regenwasserversickerung, Regenwassernutzung. Planungsgrundsätze und Bauweisen*, Stuttgart 2012

Mahabadi, Mehdi; Rohlfing, Inés M.: *Schwimm- und Badeteichanlagen. Planungs- und Baugrundsätze*, Stuttgart 2008

Mahabadi, Mehdi; Rohlfing, Inés M.: *Schwimm- und Badeteichanlagen. Planungs- und Baugrundsätze*, Stuttgart 2005

Niesel, Alfred (Hrsg.): *Grünflächen-Pflegemanagement – dynamische Pflege von Grün*, Stuttgart 2006

Stadt Graz: *Barrierefreies Bauen für alle*, 2006

Kapitel 8 Pflanzen

Deutsche Gartenamtsleiterkonferenz (GALK), Arbeitskreis Stadtbäume: *GALK-Straßenbaumliste*, Stand 29.10.2013. Aktuelle Liste abrufbar unter: http://www.galk.de/

FLL – *Empfehlungen für Baumpflanzungen – Teil 2*, 2010

Florineth, Florin: *Pflanzen statt Beton*, Berlin 2012

Gaida, Wolfgang; Grothe, Helmut: *Gehölze. Handbuch für Planung und Ausführung*, Berlin 2000

Roloff, Andreas: *Bäume in der Stadt: Besonderheiten, Funktion, Nutzen, Arten, Risiken*, Stuttgart 2013

Kaltenbach, Frank: „Lebende Wände, vertikale Gärten – vom Blumentopf zur grünen Systemfassade", in: Detail, 2008, 12

Köhler, Manfred; Barth, Georg; Brandwein, Thorwald; Gast, Dagmar: *Fassaden- und Dachbegrünung*, Stuttgart 1993

Krupka, Bernd: *Dachbegrünung. Pflanzen- und Vegetationsanwendung an Bauwerken*, Stuttgart 1992

Zentralverband des Deutschen Dachdeckerhandwerks – ZDVH (Hrsg.): *Fachregel für Abdichtungen – Flachdachrichtlinien*, Köln 10/2008, geändert Dez. 2011

ZinCo GmbH (Hrsg.): *Planungshilfe „Das grüne Dach". Standardwerk für Planung und Ausführung genutzter Dachflächen*, Untersingen 1998

ZinCo GmbH (Hrsg.): *Planungshilfe Geh- und Fahrbeläge auf Dächern und Decken*, Untersingen o. J.

Beccaletto, Jacques; Retournard, Denis: *Obstgehölze erziehen und formen: Spaliere, Kordons, Palmetten*, Stuttgart 2007

Beltz, Heinrich: *Spalierobst im Garten – Sorten, Pflege, Schnitt*, München 2012

Großmann, Gerd; Wackwitz, Wolf-Dietmar: *Spalierobst*, Stuttgart 1998

Gunkel, Rita: *Fassadenbegrünung – Kletterpflanzen und Klettergerüste*, Stuttgart 2004

Köhler, Manfred; Barth, Georg; Brandwein, Thorwald; Gast, Dagmar: *Fassaden- und Dachbegrünung*, Stuttgart 1993

Magistrat der Stadt Wien, Programm für umweltgerechte Leistungen „ÖkoKauf Wien" (Hrsg.): *Leitfaden Fassadenbegrünung*, Wien 2013

Petschek, Peter; Gass, Siegfried: *Schatten konstruieren: Zelte, Pergolen, Seile, Pflanzen*, Basel 2011

Bundeskleingartengesetz (Deutschland), 28. Februar 1983, zuletzt geändert 19.9.2006

Bundesgesetz über die Regelung des Kleingartenwesens (Kleingartengesetz). (Österreich), 16. Dezember 1958, zuletzt geändert durch: BGBl. I Nr. 98/2001

Wiener Kleingartengesetz, LGBl. für Wien Nr. 57/1996, zuletzt geändert durch das Gesetz LGBl. für Wien Nr. 35/2013

Gälzer, Ralph: *Grünplanung für Städte*, Stuttgart 2001

Prinz, Dieter: *Städtebau. Band 1: Städtebauliches Entwerfen*, Stuttgart 1995

RAS-LP 4 Richtlinie für die Anlage von Straßen, Teil: Landschaftspflege, Abschnitt 4: Schutz von Baumen, Vegetationsbestanden und Tieren bei Baumaßnahmen, 1999

Richter, Gerhard: *Handbuch Stadtgrün: Landschaftsarchitektur im Städtischen Freiraum*, München 1981

Senatsverwaltung für Stadtentwicklung Berlin: *Das bunte Grün – Kleingärten in Berlin*, Berlin 2010

Straßenbaumliste der Deutschen Gartenamtsleiterkonferenz (GALK) und KLimaArtenMatrix für Stadtbaumarten

ZinCo GmbH (Hrsg.): *Planungshilfe „Das grüne Dach". Standardwerk für Planung und Ausführung genutzter Dachflachen*, Untersingen 1998

Kapitel 9 Sport- und Freizeitelemente

ILA – Institut für Landschaftsarchitektur, Universität für Bodenkultur Wien: *Schul:FREI – Empfehlungen für Schulfreiräume*, Wien 2004, http://www.schulfreiraum.com/ (zuletzt aufgerufen: 07.04.2014)

Sekretariat der Kultusministerkonferenz, Zentralstelle für Normungsfragen und Wirtschaftlichkeit im Bildungswesen (ZNWB): *Arbeitshilfen zum Schulbau*, Berlin 2009

Bundesministerium für Umwelt, Naturschutz und Reaktorsicherheit: *Liste giftiger Pflanzenarten*, 2000

EN 1176-1:2008

EN 1176-3:2008

Landwirtschaftskammer Nordrhein-Westfalen: *Wege zum Naturverständnis – Pflanzenverwendung in Kindergärten und kinderfreundlichen Anlagen*, 2002

Dittrich, Gerhard (Hrsg.): *Kinderspielplätze: Analysen, empirische Befunde und Planungsempfehlungen*, Stuttgart 1974

Lorenz von Ehren – Baumschule: *Planungshilfen – Eigenschaften + Verwendungsmöglichkeiten unserer Gehölze*: http://lve-baumschule.de, siehe Service/Planungshilfen

Natur- und Umweltschutzakademie des Landes NRW (Hrsg.): *Naturspielräume für Kinder – eine Arbeitshilfe zur Gestaltung naturnaher Spielräume an Kindergärten und anderswo*, Recklinghausen 1999

Verordnung der Wiener Landesregierung, mit der nähere Vorschriften für Kleinkinderspielplätze, Kinder- und Jugendspielplätze und Kinder- und Jugendspielräume erlassen werden (Spielplatzverordnung), 1993

Literatur

Satzung über die Beschaffenheit und Größe privater Spielplätze für Kleinkinder (Spielplatzsatzung), 14.01.1986

Verband Garten- und Landschaftsbau Rheinland: *Giftige Pflanzen an Kinderspielplätzen*, 1974

Bayerisches Landesamt für Umwelt (LfU): *Geräusche von Trendsportanlagen*, Teil 1 und 2, 2005

Forschungsgesellschaft Landschaftsentwicklung Landschaftsbau (FLL), in Kooperation mit der deutschen Reiterlichen Vereinigung (FN): *Empfehlungen für Planung, Bau und Instandhaltung von Reitplätzen*, 2014

Stürzebecher, Peter; Ulrich, Sigrid: *Architektur für Sport: Neue Konzepte, internationale Projekte für Sport und Freizeit*, München 2001

Forschungsgesellschaft Landschaftsentwicklung Landschaftsbau (FLL), in Kooperation mit der deutschen Reiterlichen Vereinigung (FN): *Empfehlungen für Planung, Bau und Instandhaltung von Reitplätzen* im Freien

Gälzer, Ralph: *Grünplanung für Städte*, Stuttgart 2001

Richter, Gerhard: *Handbuch Stadtgrün: Landschaftsarchitektur im Städtischen Freiraum*, München 1981

Index

A

Abfallentsorgung — 69
Absturzsicherung — 59, 66, 132
Altenheime — 13, 44
Anlehnbügel — 47–48

B

Badegewässer — 12
Badeteiche — 4, 86, 92
Badminton — 137
Basketball — 135
Bäume — 5, 14, 27, 97, 102, 114, 122–123
Bäume, Lichtraumprofil — 5, 14, 27, 97, 102, 114, 122–123
Baumpflanzung — 98
Bauwerksbegrünung — 114, 118
Beckenbäder — 4, 86
Bedarfsgrößen, städtische Freiräume — 4, 12
Beleuchtung — 4, 69, 77–79
Beleuchtungssituation — 79
Beleuchtungsstärke — 79
Bestandshöhen — 17
Bewässerung — 115, 126
Bewegungsflächen — 32, 130
Boccia — 143
Bodenbelag — 130, 132, 145
Bodenindikatoren — 25
Bordhöhen — 25
Bordsteine — 25, 40
Boulderwände — 145
Boule — 143
Brüstungen — 4, 66–67
Bushaltestellen — 41

C

Campingplätze — 5, 129, 147

D

Dachbegrünung — 114

E

Einfriedung — 13, 59, 66, 111
Entwässerung — 4, 17–18, 20, 22
Erschließung — 4, 25, 27, 53, 66, 69, 148
Erschließung, barrierefreie — 4, 25, 27, 53, 66, 69, 148
Erschließungsstraße — 39
Extensivbegrünung — 114–115

F

Fahrbahn — 25, 28–29, 33, 39
Fahrbahntypen — 38
Fahrräder — 10, 35, 44–48, 79
Fahrräder, Abstellplätze — 44–48
Fallhöhen — 132
Fallraumbreite — 130
Fallräume — 129, 131
Fallschutz — 130
Formschnitthecken — 111–112
Freibäder — 12, 45, 86
Freilichtbühnen — 5, 150
Freiräume — 12–13, 131
Fußball — 133, 134
Fußgängerverkehr — 25
Fußwege — 25–27

G

GALK — 100–110
Gärten — 27
Gartenhöfe — 65
Gefälle — 20, 53–55
Gehölze — 5, 97, 111, 113–115, 118, 127
Gehölze, geschnittene — 5, 97, 111, 113–115, 118, 127
Gehwege — 25, 27, 79
Geländeneigung — 53
Geländer — 4, 59, 66–67, 132
Gerüstkletterer — 121, 126
Grenzabstände — 65
Grünflächen — 12, 25
Grünzüge — 14

H

Haftscheibenranker — 121
Haftwurzelkletterer — 120
Handläufe — 4, 66
Hängematten — 76
Hauptverkehrsstraße — 39
Hecken — 5, 59, 111–113
Hockey — 135
Höhen — 17, 59–60, 65
Höhenbezug — 17
Höhenbezugssystem — 19

I

Inlineskater — 18, 35, 135
Intensivbegrünung — 114–115

K

Kindergärten — 13, 46, 60, 67
KLAM — 100–110
Kleingärten — 13, 46
Kleingartenanlagen — 46
Kletterhilfen — 120
Kletterpflanzen, einjährige — 115, 118, 120–125, 127
Kletterpflanzen, mehrjährige — 115, 118, 120–125, 127

Kletterwand — 130, 145
Klima — 114
Kombinationsanlagen — 133
Kombinierte Geh- und Radwege — 29, 31
Kraftfahrzeuge — 4, 35, 44
Krankenhäuser — 13
Kronenbereich — 97
Kugelspiele — 143

L

Lampen — 78
Längsneigung — 18, 56
Lärm — 59
Lärmschutz — 59, 61
Laufbahnen — 133, 139
Leichtathletik — 139–142
Leuchtentypen — 77
Lichtraumprofil — 99 ff., 102–106, 108–110

M

Mietergärten — 12
Mindestbedarf — 129
Mindestgrößen — 82, 88, 91, 129–130
Mindestkurvenradien — 30
Motorradstellplätze — 49
Müllbehälter — 70
Müllsammelfahrzeuge — 71

N

Nachbargrundstück — 65

P

Parkplätze, Beleuchtung — 13
Pétanque — 143
Pflanzen, Dachbegrünung — 81, 91, 113, 115, 118, 122, 124, 126–127
Pflanzen, Vertikalbegrünung — 81, 91, 113, 115, 118, 122, 124, 126–127
Pflanzenverwendung, Spielplätze — 7, 115
Pkw-Stellplätze — 44–46
Planungshöhen — 17, 19
Podeste — 56–57, 87

Q

Querneigung — 18, 30, 56
Querungsstellen — 25

R

Radverkehr — 25, 27–28, 30–31, 39, 49, 98
Radverkehr, straßenbegleitend — 25, 27–28, 30–31, 39, 49, 98
Radwege — 4, 18, 25, 30–31, 79

Rahmenhalter — 48
Rampen — 4, 18, 53, 56, 69
Ranker — 123
Regelbreite — 14, 26–27
Reitsport — 146
Regenwasser — 20, 84
Regenwasserversickerung — 4, 84
Rohrleitungen — 98

S

Schatten — 113, 120
Schlinger — 121, 123
Schrittmaß — 53, 55
Schulen — 46, 67, 133, 150
Schutzstreifen — 25, 28–29, 39, 115
Schwimmteiche — 86, 91
Selbstklimmer — 120, 126
Sicherheitsraum — 29–30, 35, 99
Sitzplätze — 4, 19, 45, 69, 72, 75, 150
Skateanlagen — 130
Sonnenschirm — 74
Spaliere — 118, 125
Spielfelder, Ausrichtung — 130
Spielflächen — 12–13, 129, 152
Spielflächen, Orientierungswerte — 12–13, 129, 152
Spielgeräte — 129
Spielgeräte, für Kleinkinder — 129
Spielplätze — 5, 13, 59–60, 129
Spielplatzflächen, Mindestbedarf — 129
Spielräume — 5, 129
Sportanlagen — 5, 60, 129, 133–146, 150
Sportanlagen, Beleuchtung — 5, 60, 129, 133
Sportflächen — 12–13, 59
Sporthallen — 12, 45
Sportplätze — 12, 19
Spreizklimmer — 124
Sprunganlagen — 86–87, 90
Steigungen — 53–55
Stellflächen für Rollstühle — 72
Stellplätze — 44–46, 50, 84
Straßen — 4, 17–18, 25, 27, 33, 69, 77, 79, 84, 99, 102
Straßenfahrbahntypen — 38
Straßenräume — 100
Straßenraumprofile — 33, 42
Stufen — 53–55, 66, 69, 79
Stufenmaß — 53

T

Teich — 66, 81
Tennis — 60, 138
Terrassen — 19, 73, 75
Tischtennis — 145
Treppen — 4, 53, 55, 66, 77, 79
Treppenbreite — 53
Treppenlauf — 66
Tribünen — 5, 150

U

Umlaufsperre — 32

V

Verkehrsräume — 33, 35, 98
Verkehrsteilnehmer — 25, 33, 35
Versickerung — 84, 85
Versickerungseinrichtungen — 84
Versickerungssysteme — 85
Vertikalbegrünung — 5, 118
Volleyball — 136

W

Wasseranlagen — 4, 81
Wasserpflanzen — 83
Wassertiefen — 82, 88
Wassertretanlagen — 4, 95
Wege — 18, 20, 25, 79, 148
Wendehammer — 40, 71
Winder — 121
Wurzelraum — 97, 127

Z

Zufahrten — 18, 148

Impressum

Autorin: Dipl.-Ing. Astrid Zimmermann, Zplus Landschaftsarchitektur, Berlin

Zeichnungen: Rike Kirstein, Andreas König, Stefan Wolf, Christian Zimmermann, Christian Schellhorn

Umschlagabbildung: Zplus Landschaftsarchitektur, Freianlagen Kita in Berlin-Karlshorst (Foto Astrid Zimmermann)

Konzept und Lektorat: Annette Gref

Projektkoordination: Annette Gref, Katharina Kulke

Herstellung: Bettina Chang

Layout Grundkonzept: Hug & Eberlein

Satz und Covergestaltung: Sven Schrape

Papier: Amber Graphic, 130 g/m²

Druck: Kösel GmbH & Co. KG, Altusried-Krugzell

Die Erstellung bzw. das Endlayout aller CAD-Zeichnungen erfolgte mit dem Programm Vectorworks Landschaft.

Die in dem Buch enthaltenen technischen Empfehlungen reflektieren den aktuellen Stand der Technik, bedürfen aber ausdrücklich der expliziten Abstimmung durch die verantwortlichen Fachplaner mit den geltenden und aktuellen Gesetzen, Vorschriften und Normen des jeweiligen Landes. Autor und Verlag können in keiner Weise für den Entwurf, die Planung oder die Ausführung von fehlerhaften Umsetzungen haftbar gemacht werden.

Dank
An dieser Stelle möchte ich allen Institutionen und Einzelpersonen danken, die zum Gelingen der Publikation beigetragen haben.
Besonderer Dank gilt dabei Annette Gref und Katharina Kulke für die konzeptionelle und inhaltliche Begleitung. Für fachliche Diskussionen, Recherchearbeiten und sonstige Unterstützung sei außerdem Thilo Folkerts, Ulrike Zimmermann, Inge Zimmermann, Gabriele Schneider und dem Fachgebiet Landschaftsbau-Objektbau an der TU Berlin/Prof. Cordula Loidl-Reisch besondere Dank ausgesprochen.

Library of Congress Control Number: 2019943831

Bibliografische Information der Deutschen Nationalbibliothek
Die Deutsche Nationalbibliothek verzeichnet diese Publikation in der Deutschen Nationalbibliografie; detaillierte bibliografische Daten sind im Internet über http://dnb.dnb.de abrufbar.

Dieses Werk ist urheberrechtlich geschützt. Die dadurch begründeten Rechte, insbesondere die der Übersetzung, des Nachdrucks, des Vortrags, der Entnahme von Abbildungen und Tabellen, der Funksendung, der Mikroverfilmung oder der Vervielfältigung auf anderen Wegen und der Speicherung in Datenverarbeitungsanlagen, bleiben, auch bei nur auszugsweiser Verwertung, vorbehalten. Eine Vervielfältigung dieses Werkes oder von Teilen dieses Werkes ist auch im Einzelfall nur in den Grenzen der gesetzlichen Bestimmungen des Urheberrechtsgesetzes in der jeweils geltenden Fassung zulässig. Sie ist grundsätzlich vergütungspflichtig. Zuwiderhandlungen unterliegen den Strafbestimmungen des Urheberrechts.

ISBN 978-3-0356-1856-3

Dieses Buch ist auch in englischer Sprache erschienen (Print-ISBN 978-3-0356-1857-0).

© 2020 Birkhäuser Verlag GmbH, Basel
Postfach 44, 4009 Basel, Schweiz
Ein Unternehmen der Walter de Gruyter GmbH,
Berlin/Boston

9 8 7 6 5 4 3 2 1

www.birkhauser.com